La magia del orden

marie kondo

Ilustraciones de yuko uramoto

La magia del orden

Una novela ilustrada

marie kondo

Ilustraciones de yuko uramoto

Título original: *The life-changing manga of tidyind up. A magical history*
Primera edición: junio de 2018

© 2017, Marie Kondo
© 2017, de las ilustraciones, Yuko Uramoto
Todos los derechos reservados
Publicada en Estados Unidos por Ten Speed Press, sello editorial de Crown Publishing Group,
división de Penguin Random House LLC, Nueva York.
Edición original publicada en Japón como Manga de Yomu Jinsei ga Tokimeku Kataduke
no Maho por Sunmark Publishing, Inc. Tokio en 2017.
© 2018, de la presente edición en castellano para todo el mundo:
Penguin Random House Grupo Editorial, S.A.U.
Travessera de Gràcia, 47-49. 08021 Barcelona.

© 2018, de la traducción, Laura Vidal
Diseño: George Carpenter

Printed in Spain — Impreso en España

ISBN: 978-84-03-51894-0
Depósito legal: B-6578-2018

Impreso en Impreso en Limpergraf
Barberà del Vallès (Barcelona)

AG1894A

Penguin
Random House
GrupoEditorial

La magia del orden

———————

La magia

índice

1   decídete a ordenar .. 11

2   visualiza tu estilo
de vida ideal 29

3   primero descarta 47

4   ordena por
categoría 65

5   dobla y guarda
en vertical 83

6   selecciona libros
al tacto 101

7   papeles y
komono 119

8   deja para lo último
lo que tenga valor
sentimental 137

9   guarda cada cosa
en el lugar que le
corresponde 159

10   la vida empieza de
verdad después
de ordenar tu
casa. 177

epílogo 196

Chiaki Suzuki

29 años. Es comercial. Se
enamora con facilidad, pero
enseguida pierde el interés,
por lo que le cuesta tener
relaciones largas.

del orden

Una novela ilustrada

presentación de los personajes

Marie Kondo

Consultora de organización. Seudónimo: KonMari. Tiene una sonrisa irresistible, pero es una profesora exigente.

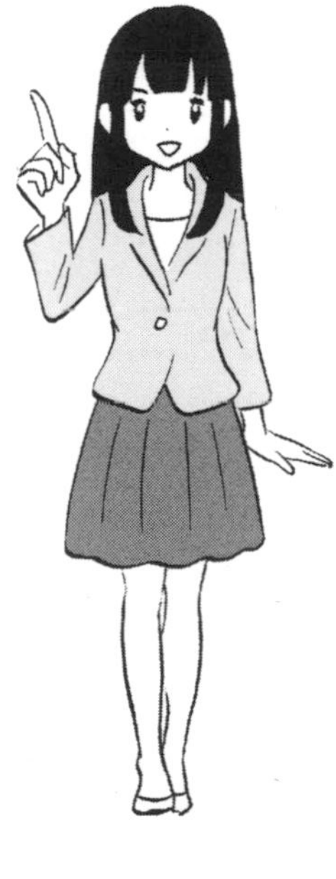

Vecino de Chiaki

Chico atractivo que vive en el apartamento contiguo al de Chiaki. Trabaja de cocinero en un café. Le gusta tener sus cosas ordenadas.

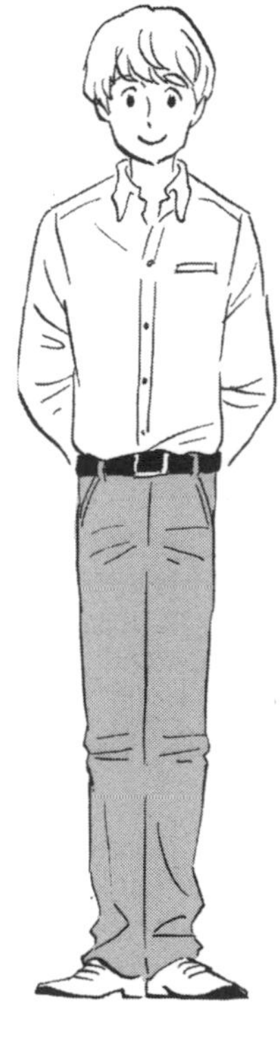

Tienes verdaderos deseos de ordenar, pero no te crees capaz. Si esta frase te describe, no te preocupes. Tú también puedes ser como Chiaki en esta historia.

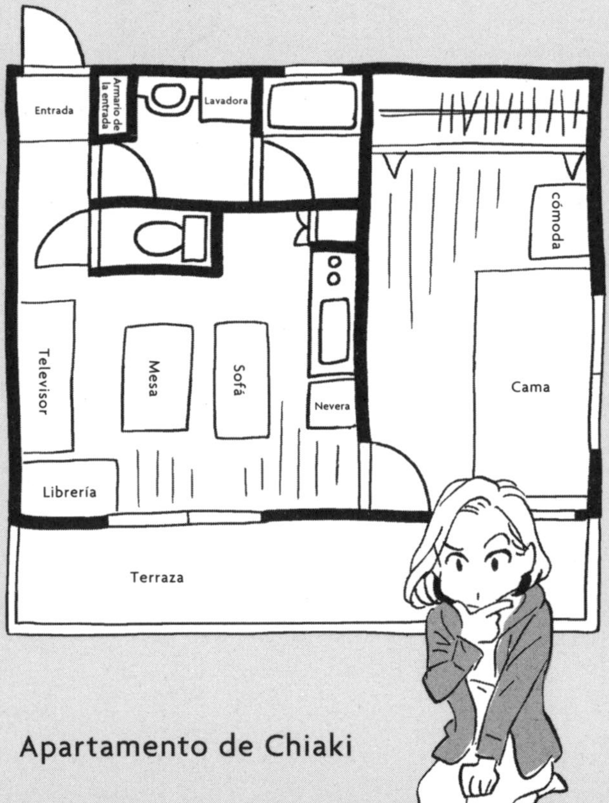
Entrada
Armario de la entrada
Lavadora
cómoda
Televisor
Mesa
Sofá
Nevera
Cama
Librería
Terraza

Apartamento de Chiaki

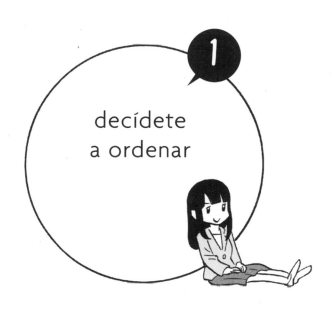

1

decídete
a ordenar

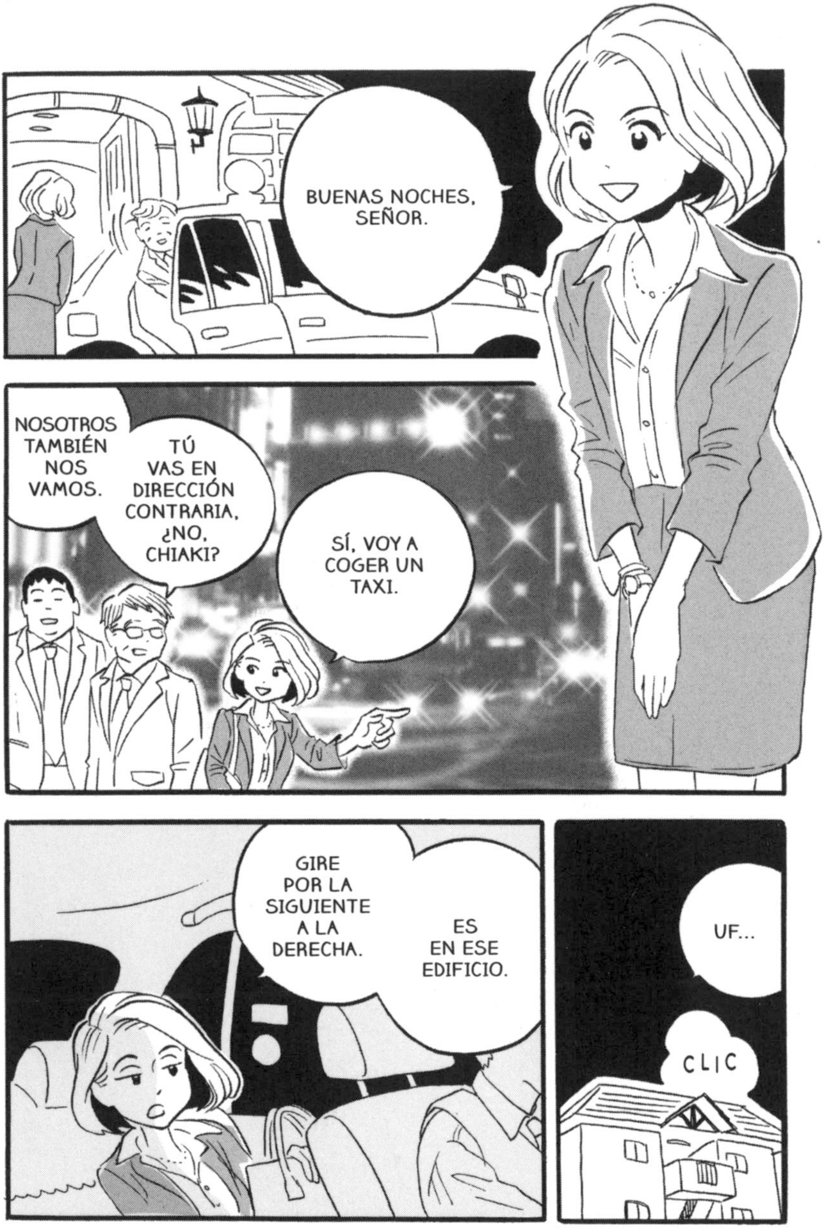
BUENAS NOCHES, SEÑOR.
NOSOTROS TAMBIÉN NOS VAMOS.
TÚ VAS EN DIRECCIÓN CONTRARIA, ¿NO, CHIAKI?
SÍ, VOY A COGER UN TAXI.
GIRE POR LA SIGUIENTE A LA DERECHA.
ES EN ESE EDIFICIO.
UF...
CLIC

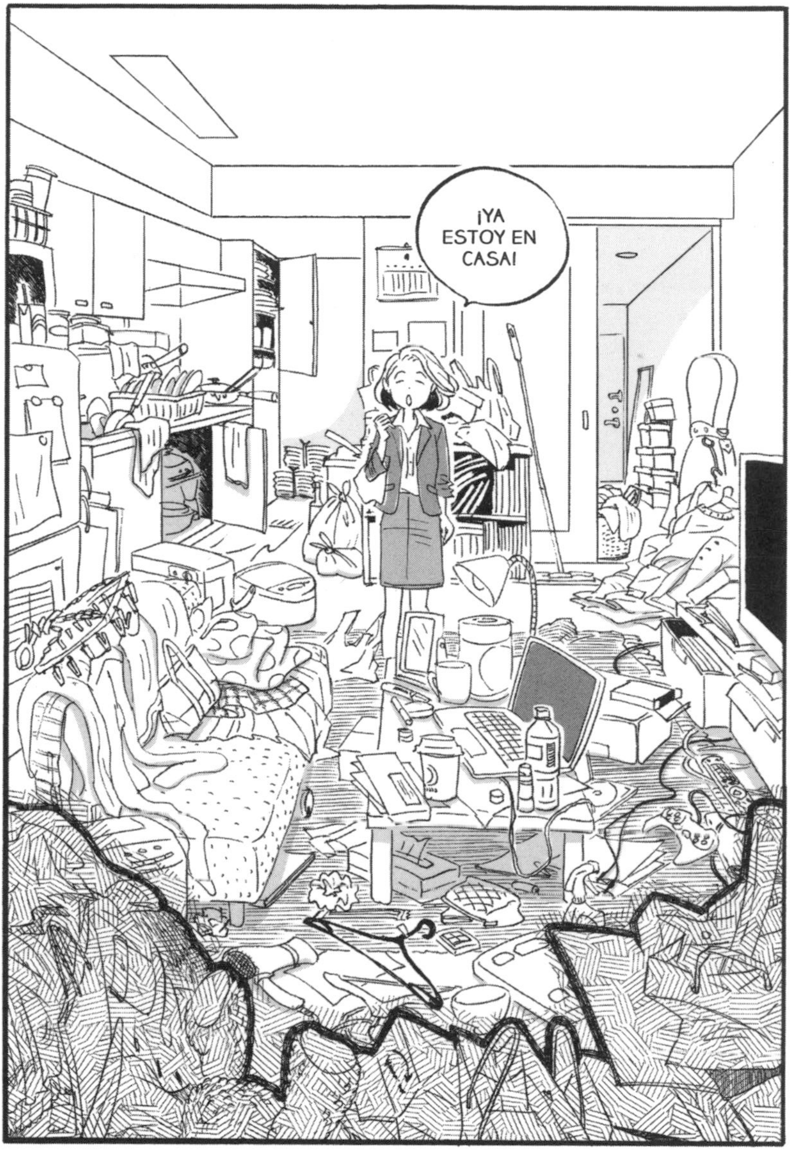
¡YA ESTOY EN CASA!

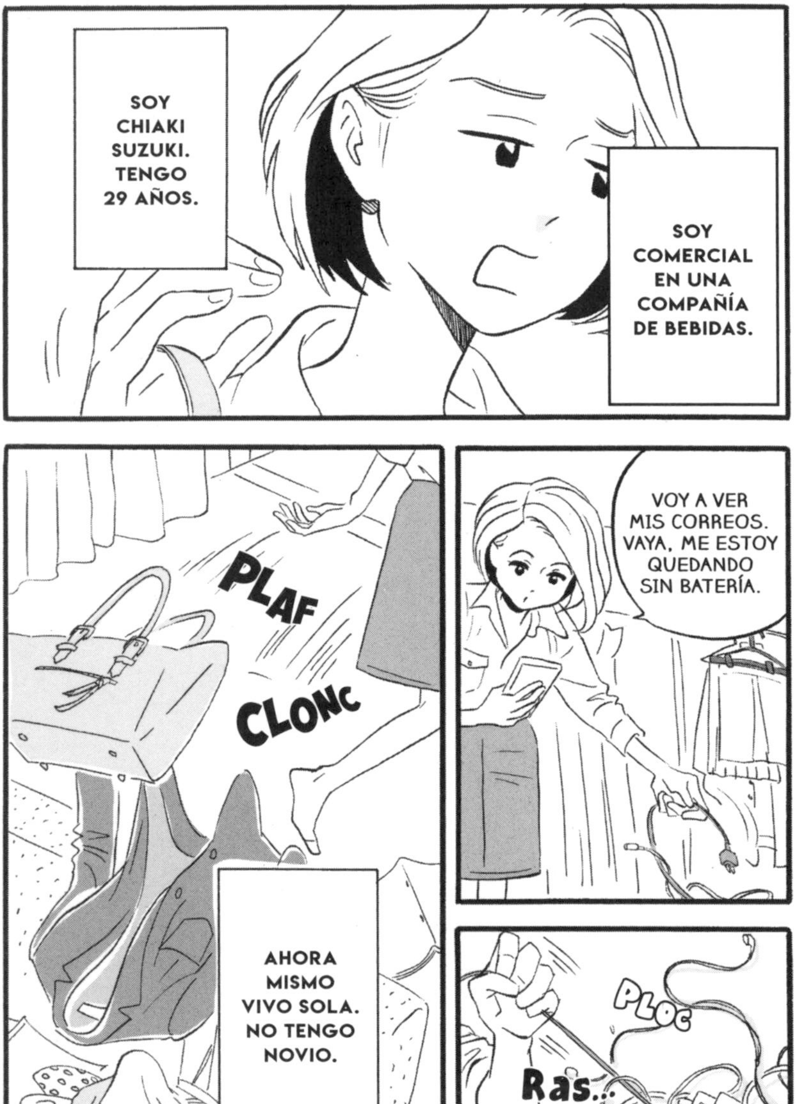
SOY CHIAKI SUZUKI. TENGO 29 AÑOS.
SOY COMERCIAL EN UNA COMPAÑÍA DE BEBIDAS.
PLAF
CLONC
AHORA MISMO VIVO SOLA. NO TENGO NOVIO.
VOY A VER MIS CORREOS. VAYA, ME ESTOY QUEDANDO SIN BATERÍA.
PLOC
Ras...

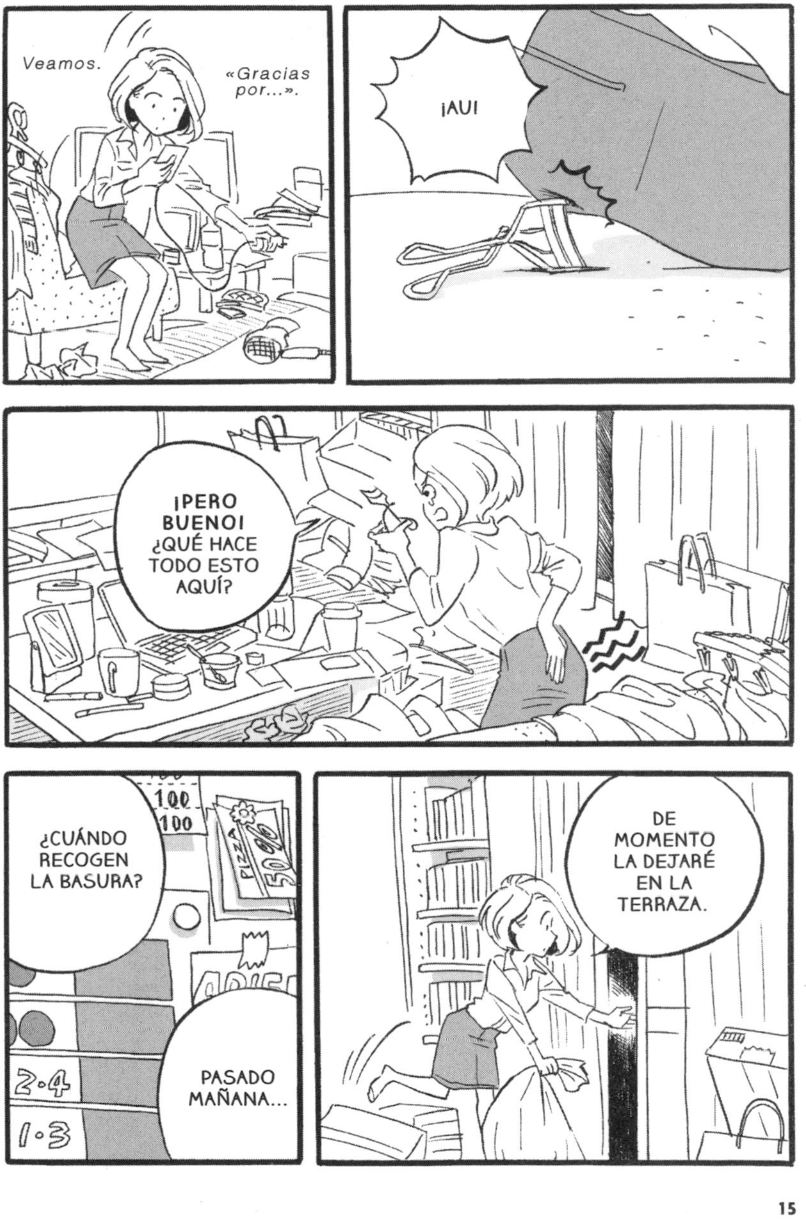
Veamos.
«Gracias por...».
¡AU!
¡PERO BUENO! ¿QUÉ HACE TODO ESTO AQUÍ?
100
100
PIZZA
¿CUÁNDO RECOGEN LA BASURA?
2·4
1·3
PASADO MAÑANA...
DE MOMENTO LA DEJARÉ EN LA TERRAZA.

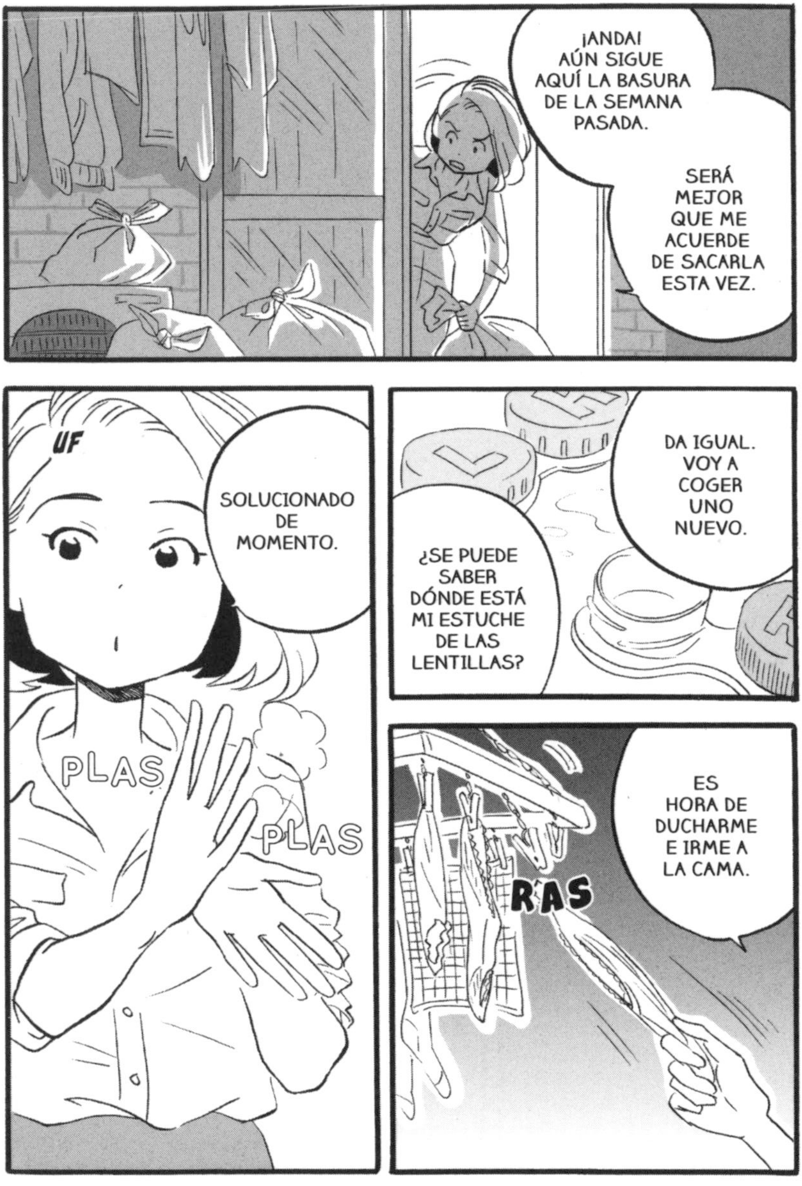
¡ANDA! AÚN SIGUE AQUÍ LA BASURA DE LA SEMANA PASADA.
SERÁ MEJOR QUE ME ACUERDE DE SACARLA ESTA VEZ.
UF
SOLUCIONADO DE MOMENTO.
PLAS
PLAS
¿SE PUEDE SABER DÓNDE ESTÁ MI ESTUCHE DE LAS LENTILLAS?
DA IGUAL. VOY A COGER UNO NUEVO.
ES HORA DE DUCHARME E IRME A LA CAMA.
RAS

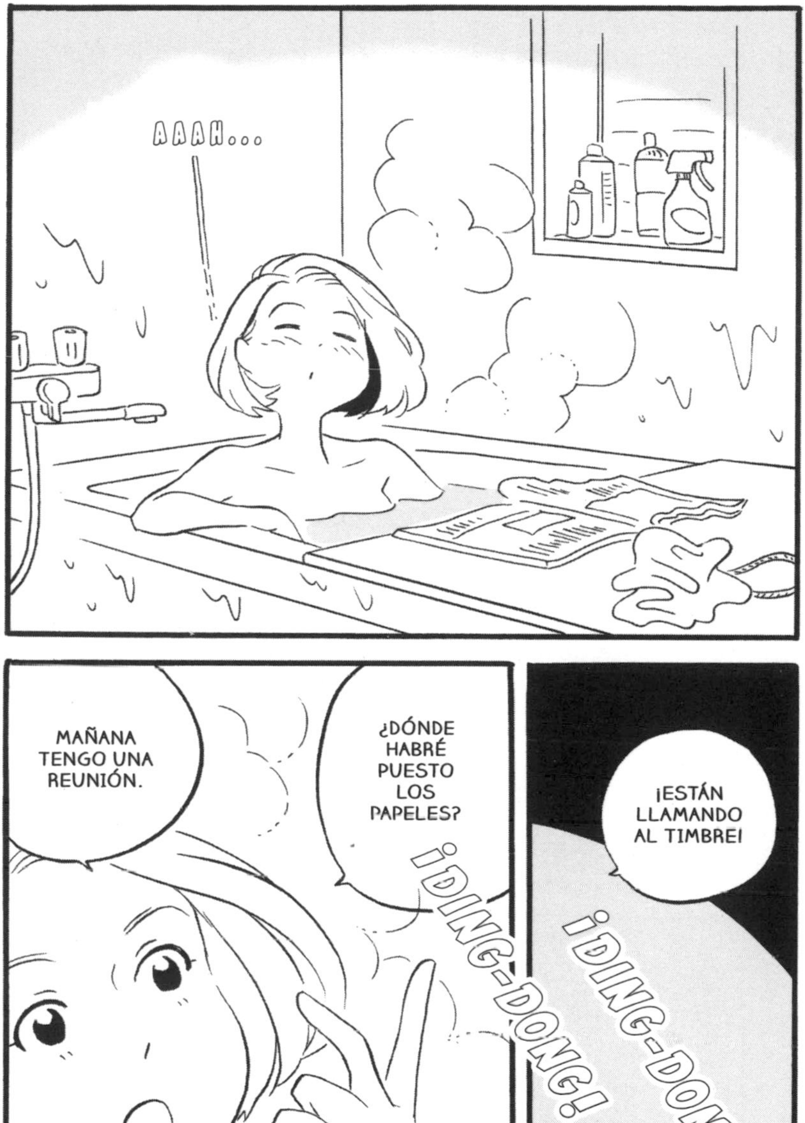
AAAH...
MAÑANA TENGO UNA REUNIÓN.
¿DÓNDE HABRÉ PUESTO LOS PAPELES?
¡DING-DONG!
¡ESTÁN LLAMANDO AL TIMBRE!
¡DING-DONG!

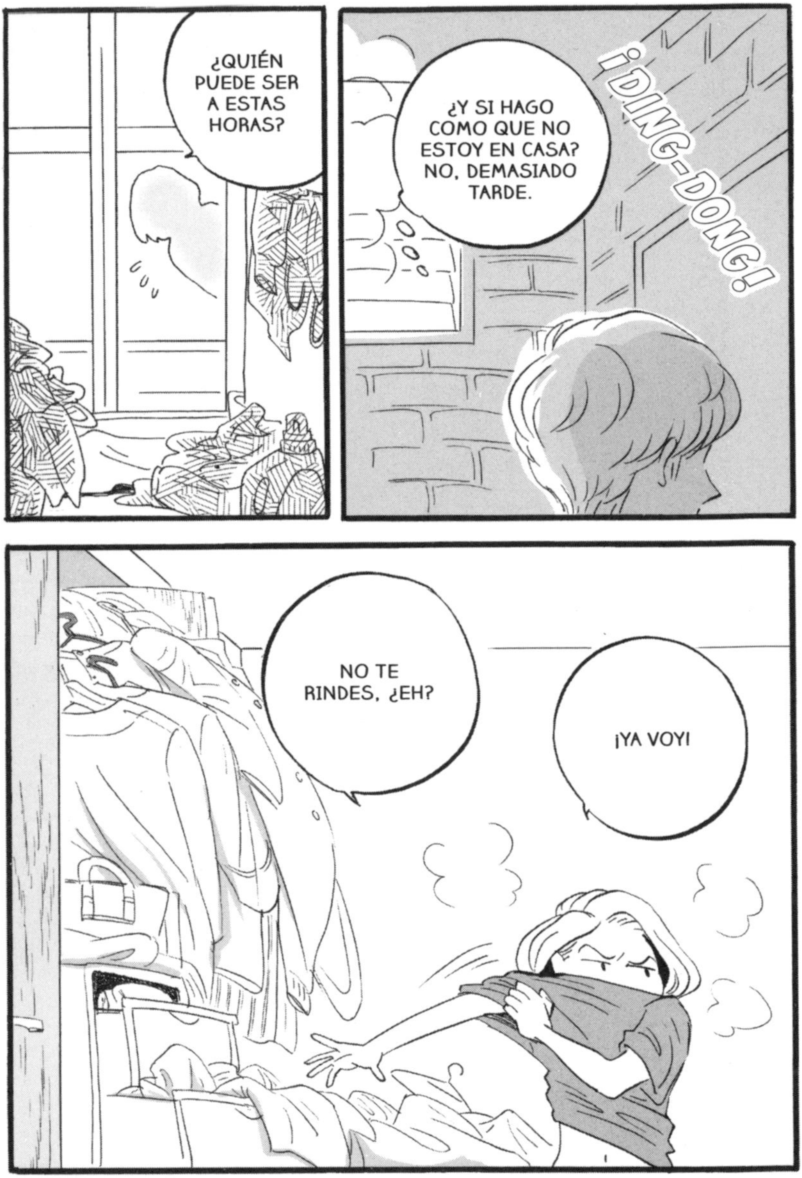
¿QUIÉN PUEDE SER A ESTAS HORAS?
¿Y SI HAGO COMO QUE NO ESTOY EN CASA? NO, DEMASIADO TARDE.
¡DING-DONG!
NO TE RINDES, ¿EH?
¡YA VOY!

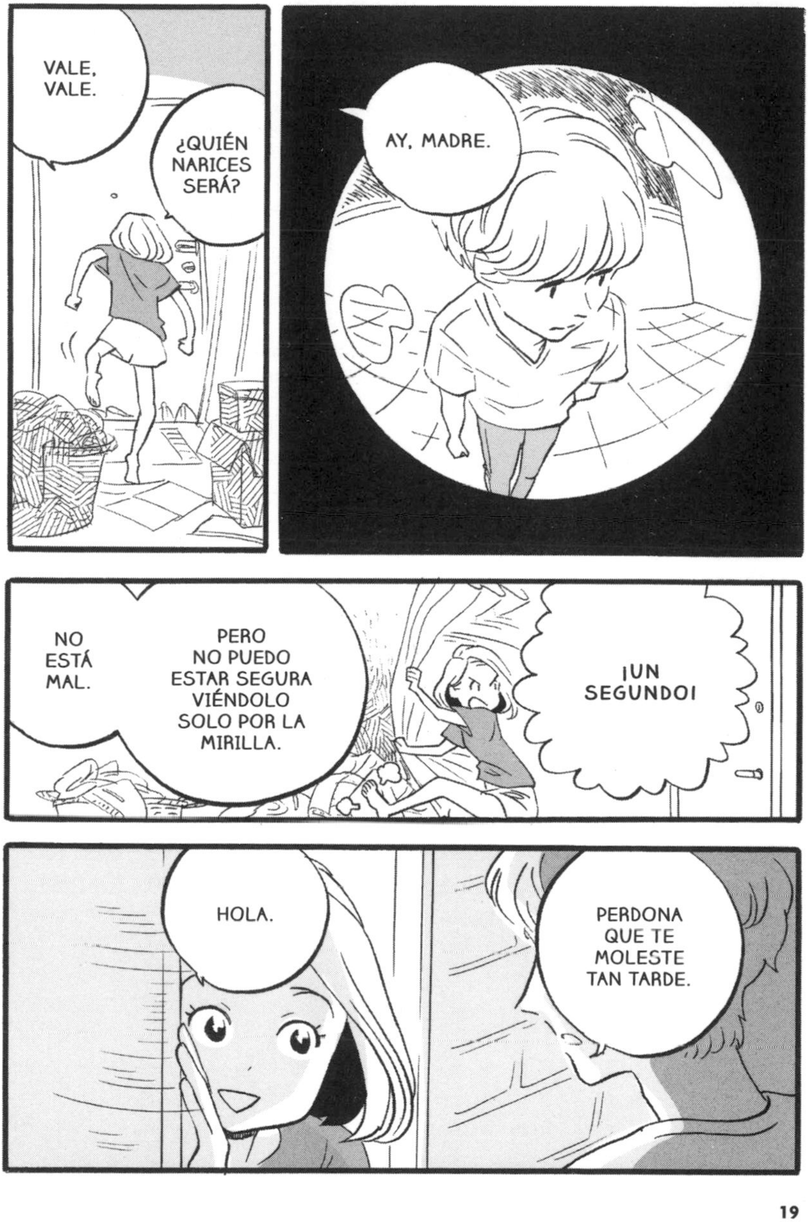
VALE, VALE.
¿QUIÉN NARICES SERÁ?
AY, MADRE.
NO ESTÁ MAL.
PERO NO PUEDO ESTAR SEGURA VIÉNDOLO SOLO POR LA MIRILLA.
¡UN SEGUNDO!
HOLA.
PERDONA QUE TE MOLESTE TAN TARDE.

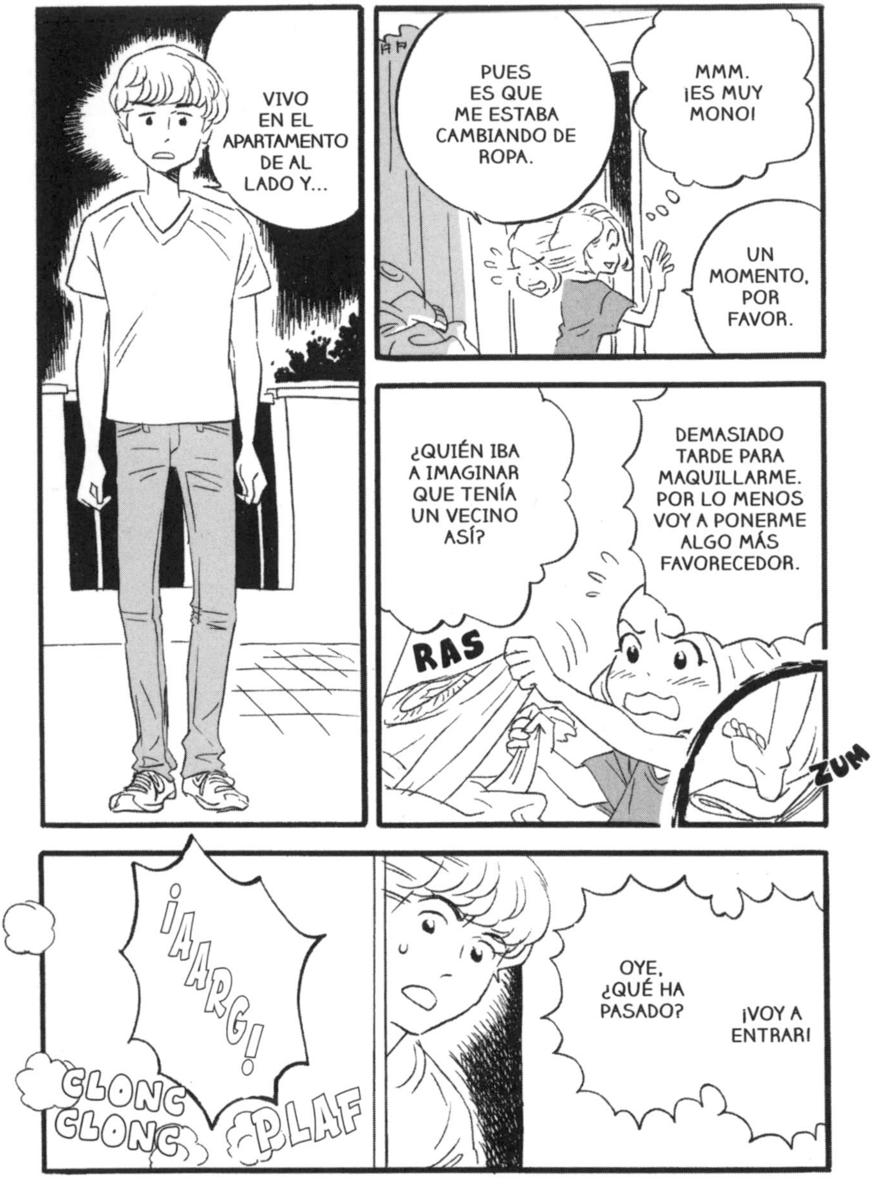
VIVO EN EL APARTAMENTO DE AL LADO Y...
PUES ES QUE ME ESTABA CAMBIANDO DE ROPA.
MMM. ¡ES MUY MONO!
UN MOMENTO, POR FAVOR.
¿QUIÉN IBA A IMAGINAR QUE TENÍA UN VECINO ASÍ?
DEMASIADO TARDE PARA MAQUILLARME. POR LO MENOS VOY A PONERME ALGO MÁS FAVORECEDOR.
RAS
ZUM
¡AARG!
CLONC CLONC
PLAF
OYE, ¿QUÉ HA PASADO?
¡VOY A ENTRAR!

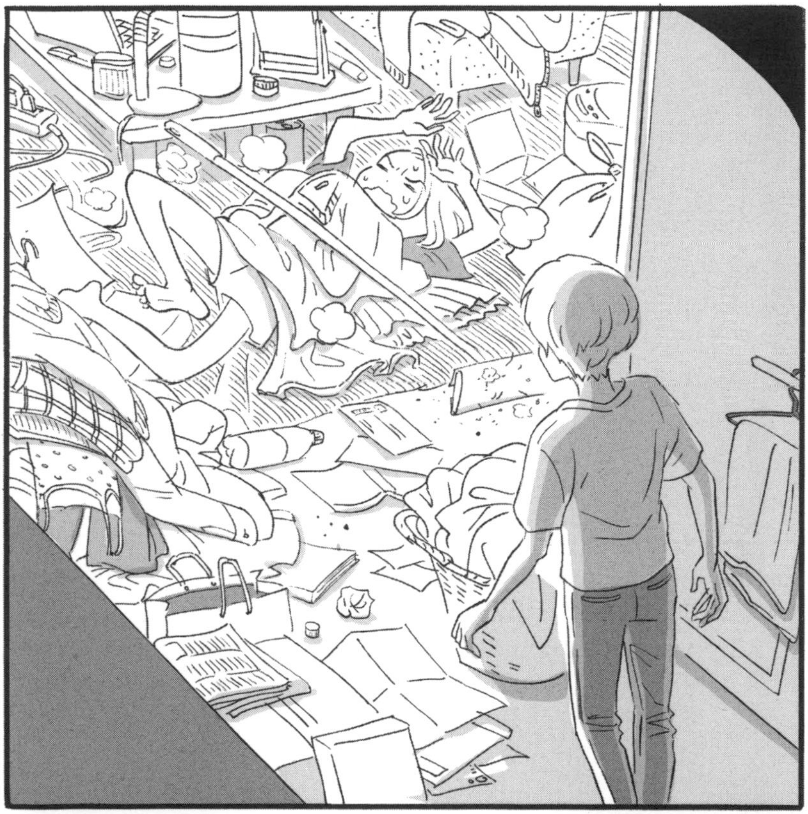

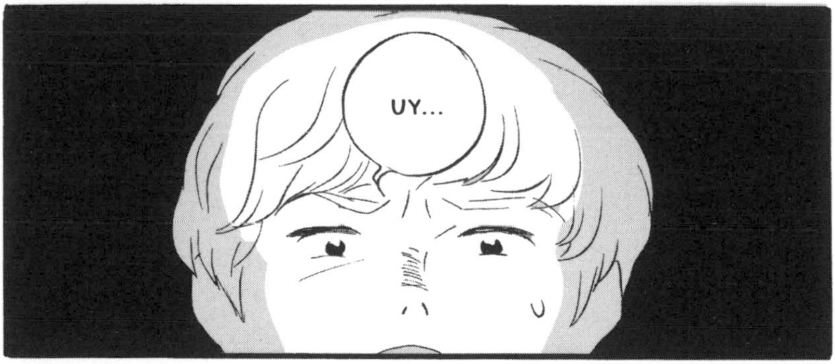
UY...

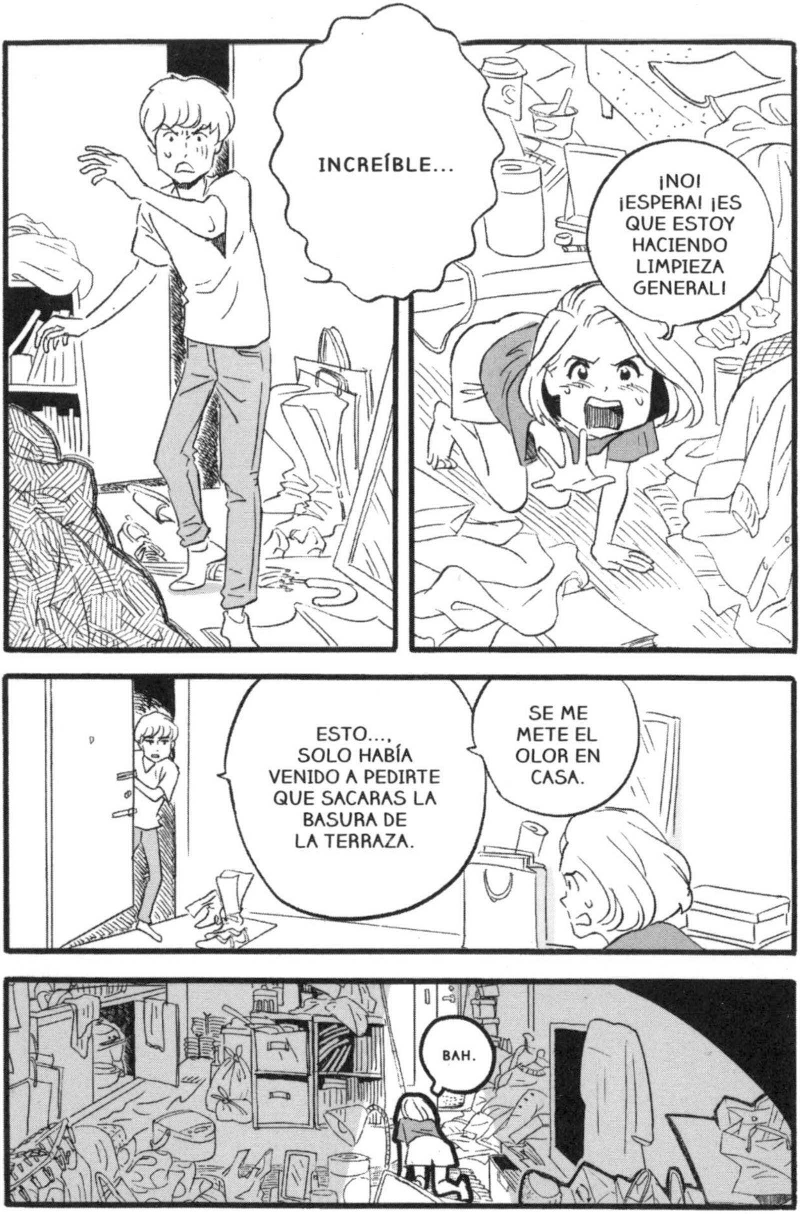
INCREÍBLE...
¡NO! ¡ESPERA! ¡ES QUE ESTOY HACIENDO LIMPIEZA GENERAL!
ESTO..., SOLO HABÍA VENIDO A PEDIRTE QUE SACARAS LA BASURA DE LA TERRAZA.
SE ME METE EL OLOR EN CASA.
BAH.

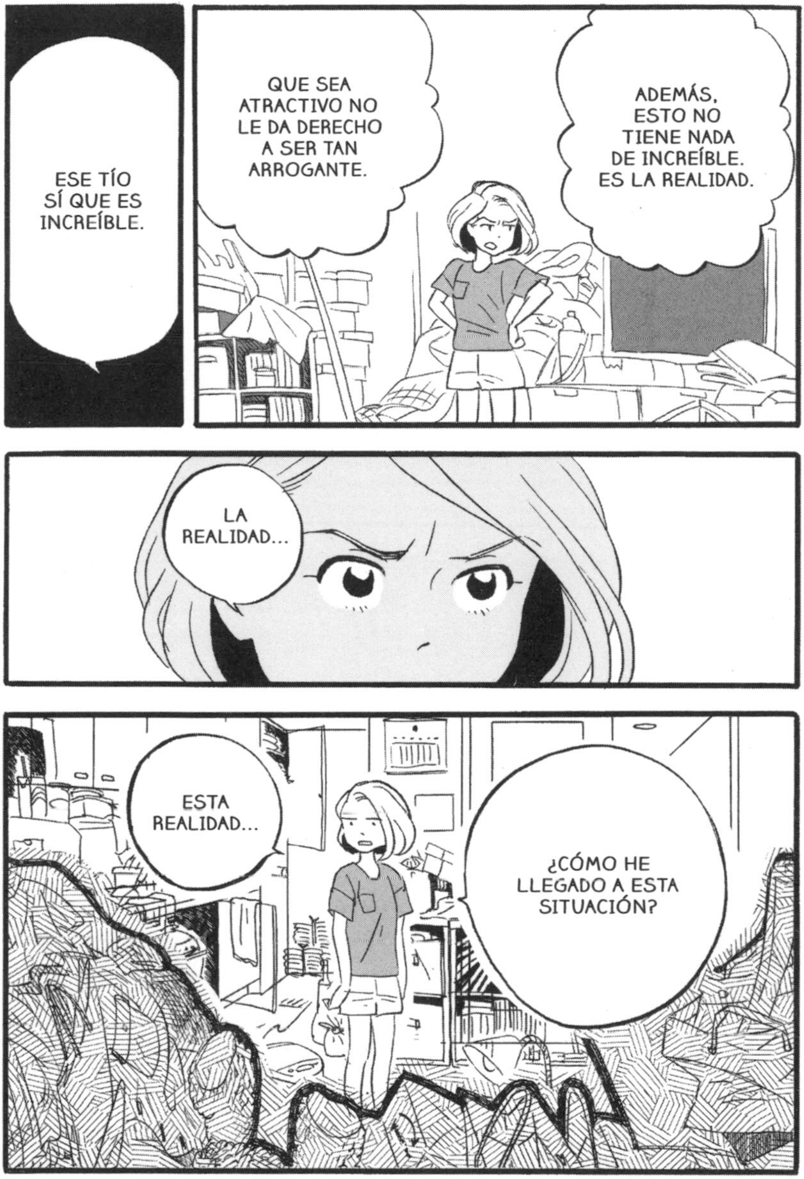
ESE TÍO SÍ QUE ES INCREÍBLE.
QUE SEA ATRACTIVO NO LE DA DERECHO A SER TAN ARROGANTE.
ADEMÁS, ESTO NO TIENE NADA DE INCREÍBLE. ES LA REALIDAD.
LA REALIDAD...
ESTA REALIDAD...
¿CÓMO HE LLEGADO A ESTA SITUACIÓN?

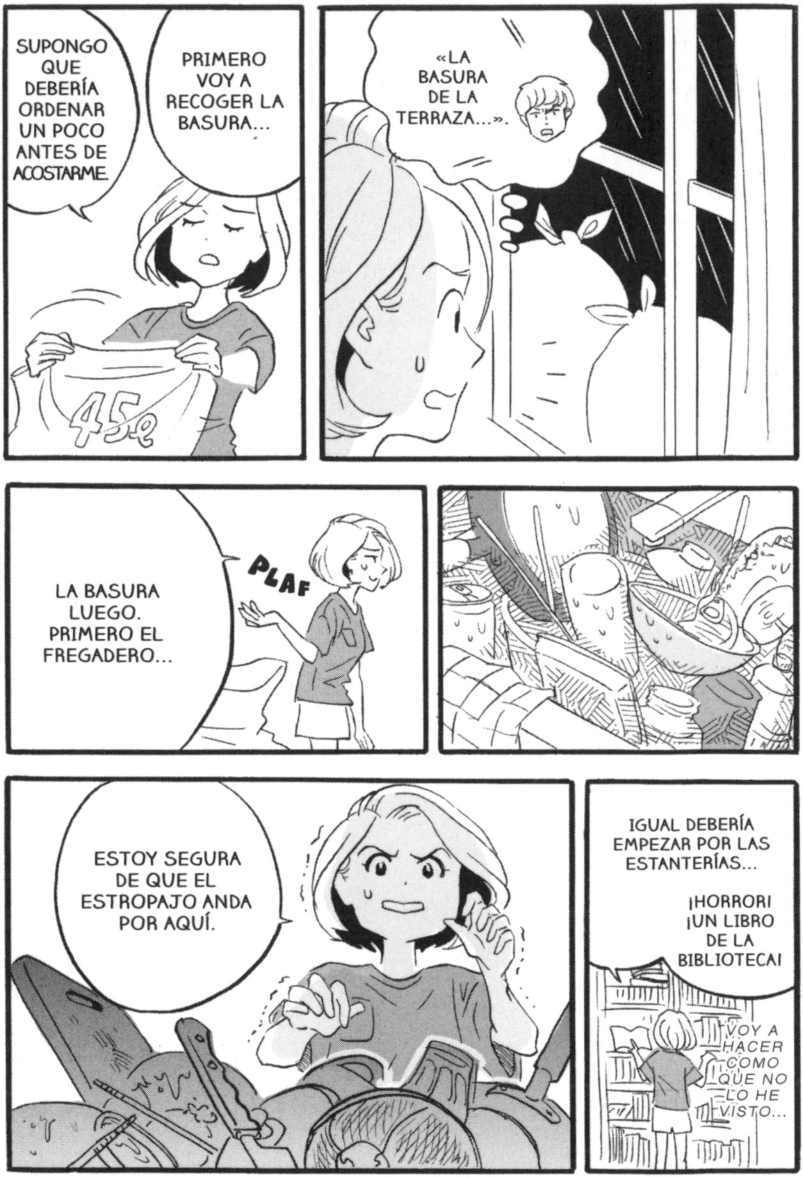
SUPONGO QUE DEBERÍA ORDENAR UN POCO ANTES DE ACOSTARME.
PRIMERO VOY A RECOGER LA BASURA...
«LA BASURA DE LA TERRAZA...».
PLAF
LA BASURA LUEGO. PRIMERO EL FREGADERO...
ESTOY SEGURA DE QUE EL ESTROPAJO ANDA POR AQUÍ.
IGUAL DEBERÍA EMPEZAR POR LAS ESTANTERÍAS...
¡HORROR! ¡UN LIBRO DE LA BIBLIOTECA!
VOY A HACER COMO QUE NO LO HE VISTO...

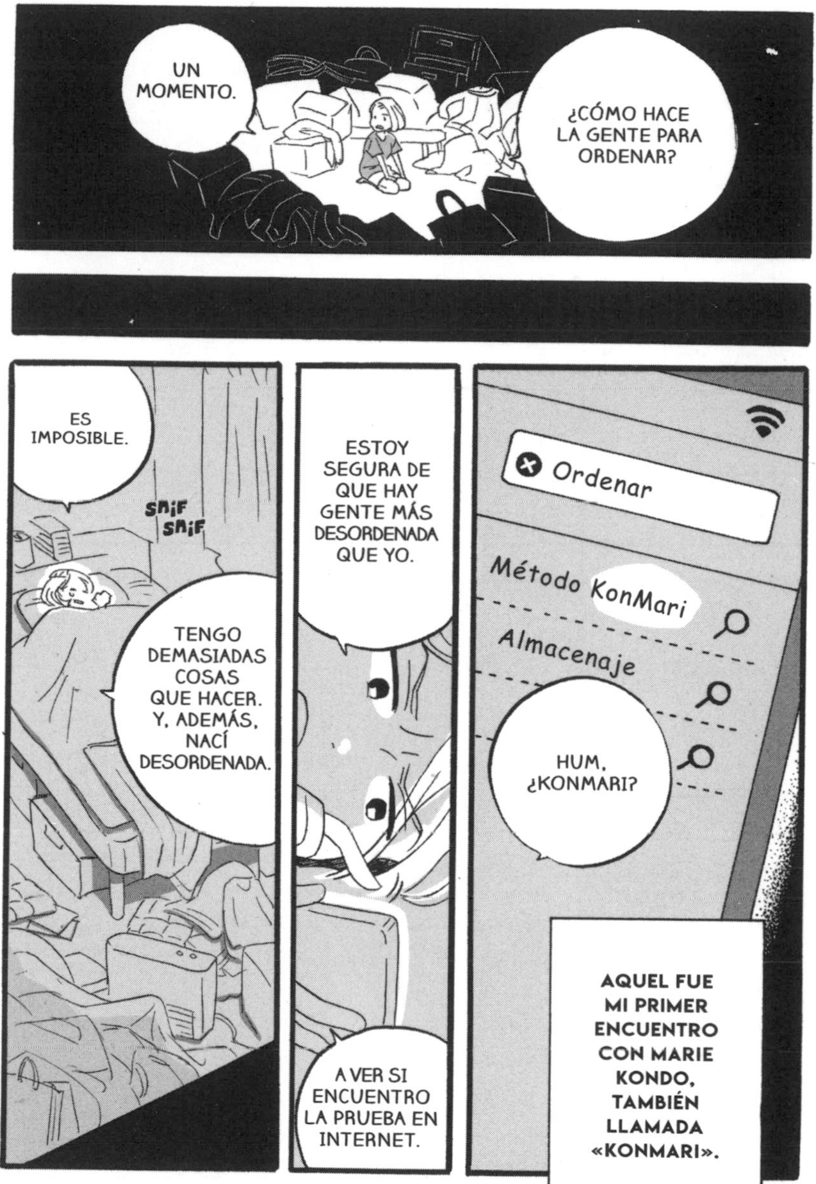
UN MOMENTO.
¿CÓMO HACE LA GENTE PARA ORDENAR?
ES IMPOSIBLE.
SNIF SNIF
TENGO DEMASIADAS COSAS QUE HACER. Y, ADEMÁS, NACÍ DESORDENADA.
ESTOY SEGURA DE QUE HAY GENTE MÁS DESORDENADA QUE YO.
A VER SI ENCUENTRO LA PRUEBA EN INTERNET.
Ordenar
Método KonMari
Almacenaje
HUM, ¿KONMARI?
AQUEL FUE MI PRIMER ENCUENTRO CON MARIE KONDO, TAMBIÉN LLAMADA «KONMARI».

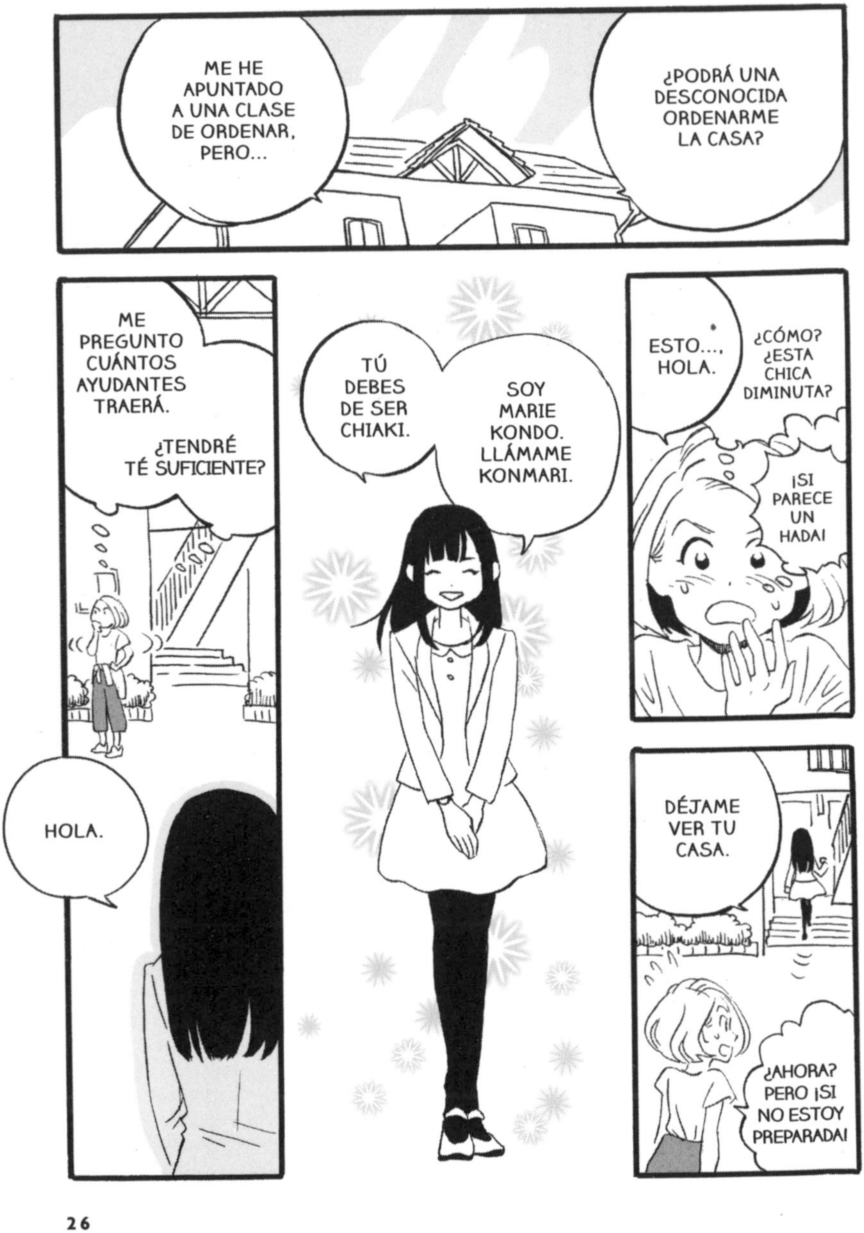
ME HE APUNTADO A UNA CLASE DE ORDENAR, PERO...
¿PODRÁ UNA DESCONOCIDA ORDENARME LA CASA?
ME PREGUNTO CUÁNTOS AYUDANTES TRAERÁ.
¿TENDRÉ TÉ SUFICIENTE?
HOLA.
TÚ DEBES DE SER CHIAKI.
SOY MARIE KONDO. LLÁMAME KONMARI.
ESTO..., HOLA.
¿CÓMO? ¿ESTA CHICA DIMINUTA?
¡SI PARECE UN HADA!
DÉJAME VER TU CASA.
¿AHORA? PERO ¡SI NO ESTOY PREPARADA!

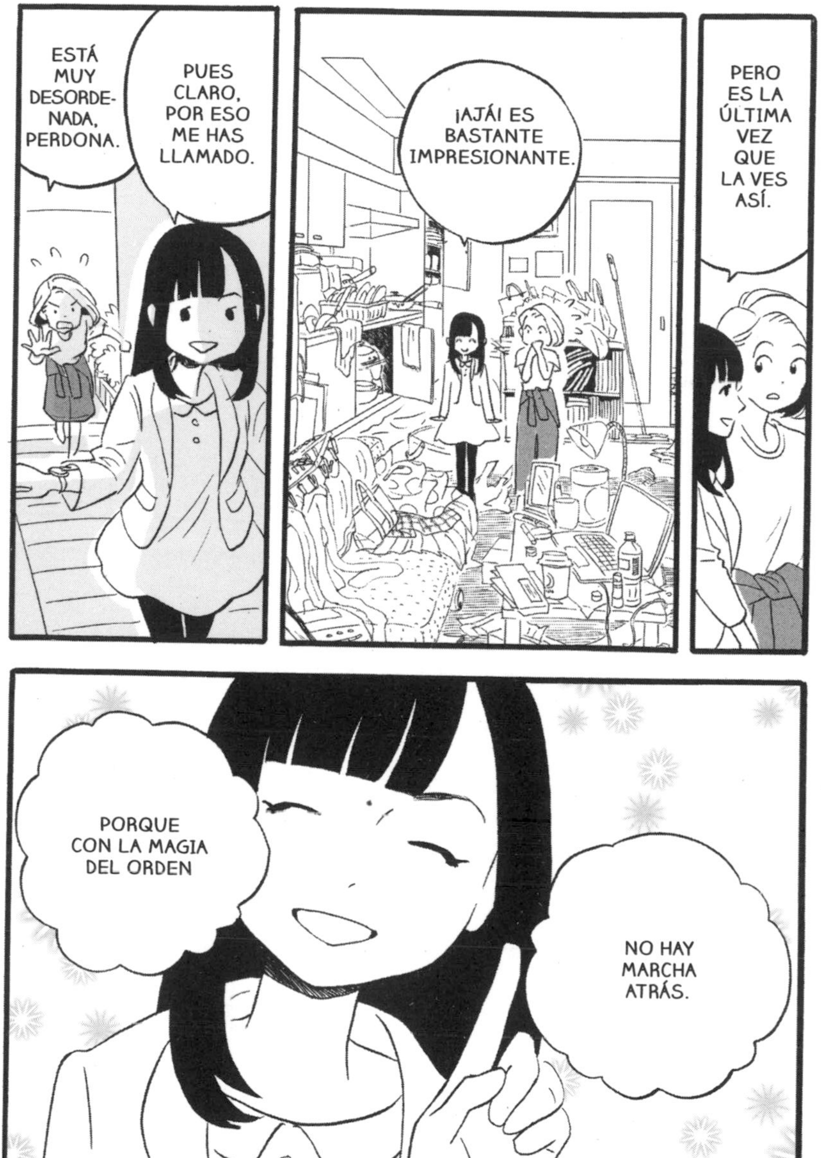
ESTÁ MUY DESORDENADA, PERDONA.
PUES CLARO, POR ESO ME HAS LLAMADO.
¡AJÁ! ES BASTANTE IMPRESIONANTE.
PERO ES LA ÚLTIMA VEZ QUE LA VES ASÍ.
PORQUE CON LA MAGIA DEL ORDEN
NO HAY MARCHA ATRÁS.

¿No te sientes capaz de hacerlo? Si es así, te equivocas. Todos podemos aprender a ser ordenados.

El éxito del orden depende en un 80 por ciento de tu disposición. Por supuesto, saber hacerlo es importante también, pero las posibilidades de recaer son más altas si te limitas solo a aprender «cómo» ordenar.

El enfoque que estás a punto de poner en práctica no consiste en despejar tu casa o hacer que parezca ordenada cuando tienes visitas. En lugar de eso cambiará tu vida y la llenará de felicidad.

Empieza por creer de corazón que puedes y que vas a ser una persona ordenada.

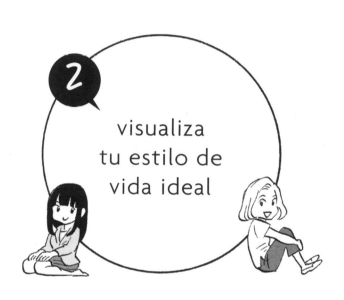

2

visualiza tu estilo de vida ideal

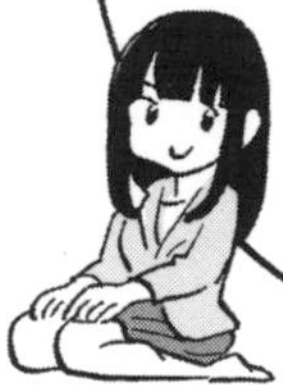

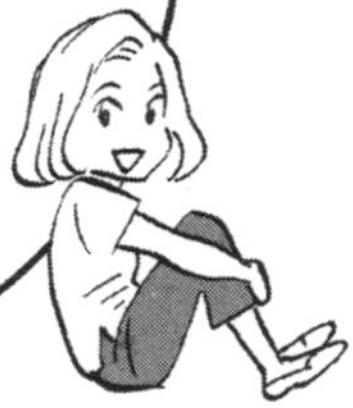

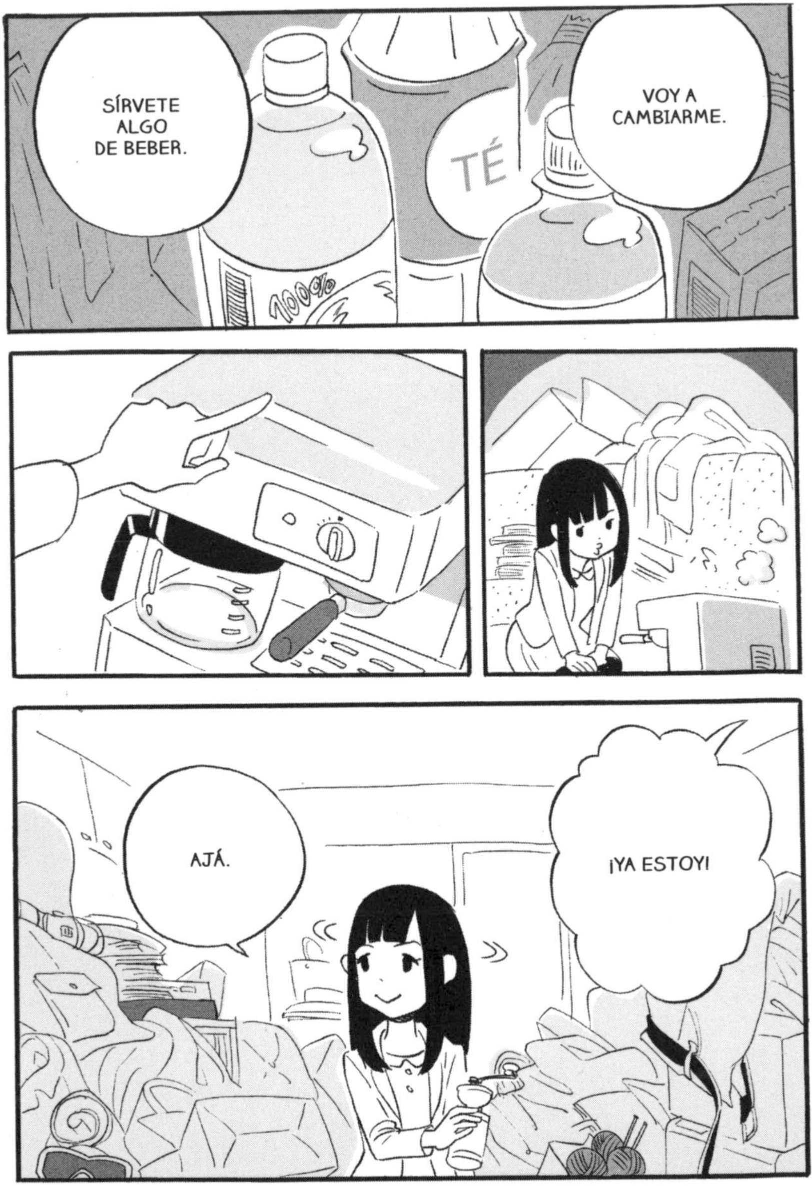
SÍRVETE ALGO DE BEBER.
VOY A CAMBIARME.
TÉ
100%
AJÁ.
¡YA ESTOY!

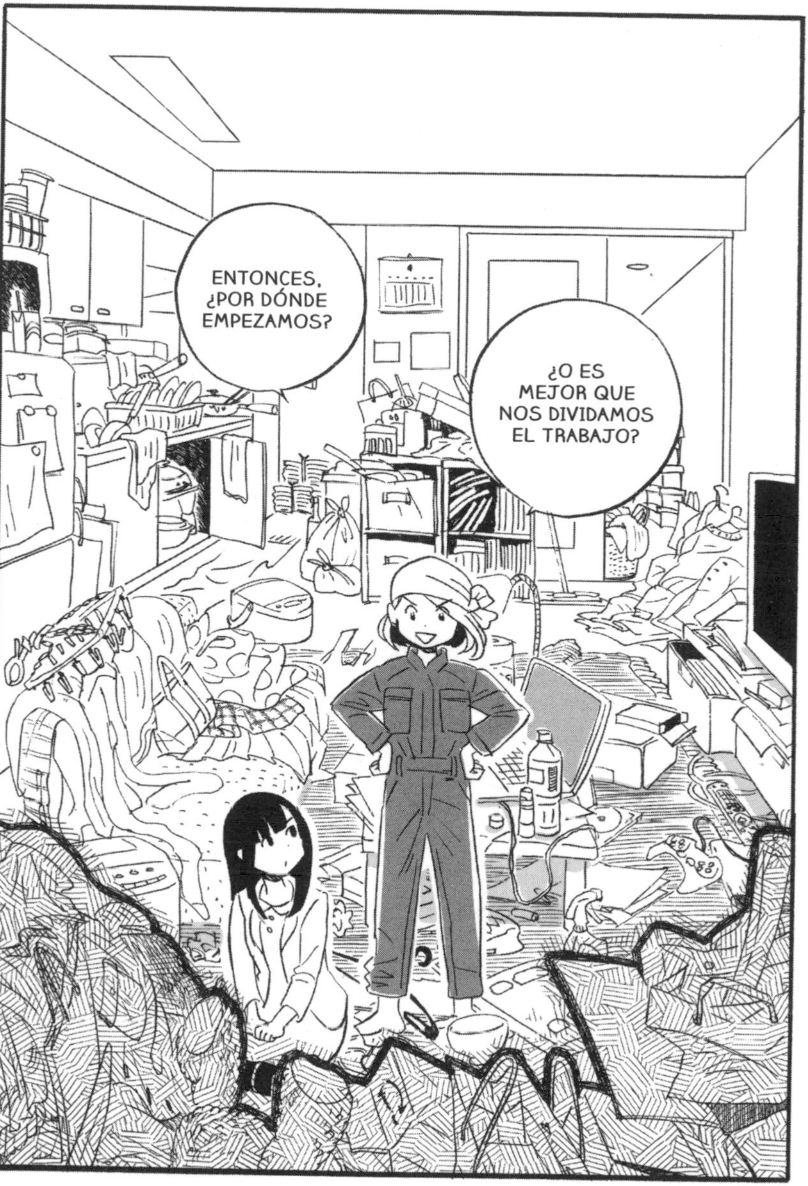
ENTONCES, ¿POR DÓNDE EMPEZAMOS?
¿O ES MEJOR QUE NOS DIVIDAMOS EL TRABAJO?

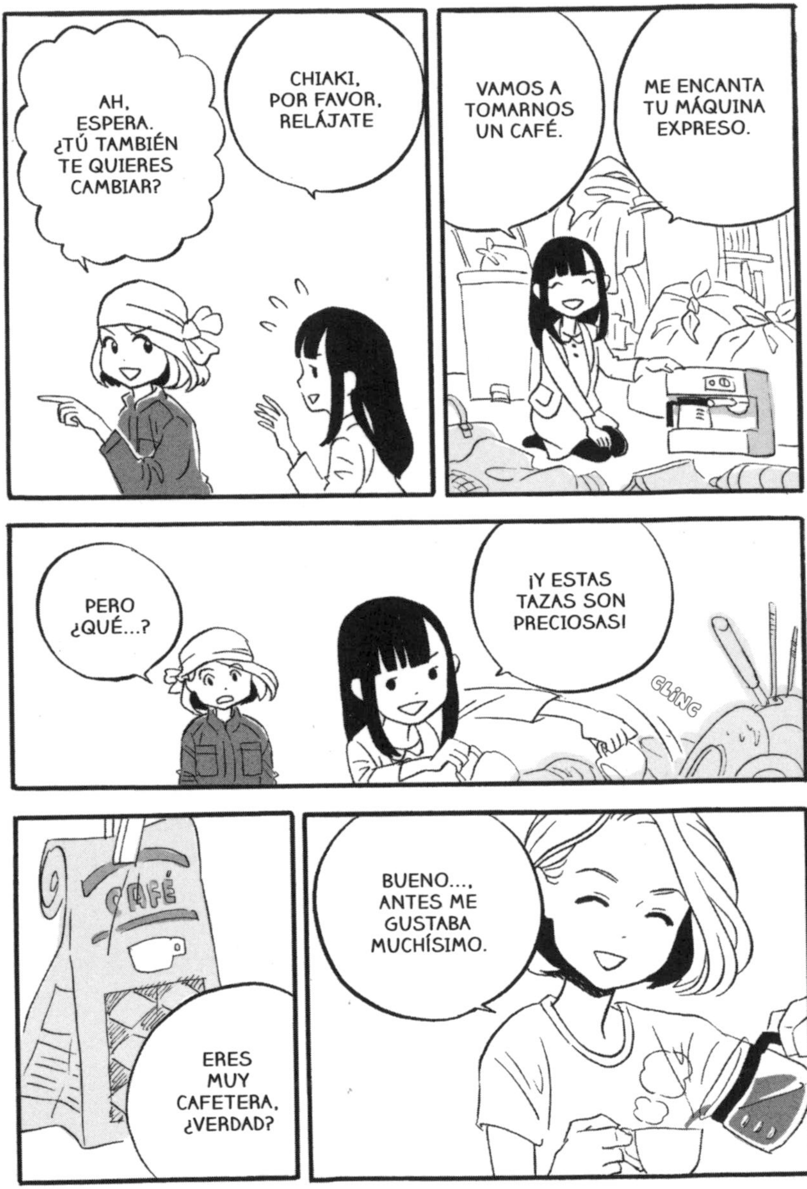
AH, ESPERA. ¿TÚ TAMBIÉN TE QUIERES CAMBIAR?
CHIAKI, POR FAVOR, RELÁJATE
VAMOS A TOMARNOS UN CAFÉ.
ME ENCANTA TU MÁQUINA EXPRESO.
PERO ¿QUÉ...?
¡Y ESTAS TAZAS SON PRECIOSAS!
CLINC
CAFÉ
ERES MUY CAFETERA, ¿VERDAD?
BUENO..., ANTES ME GUSTABA MUCHÍSIMO.

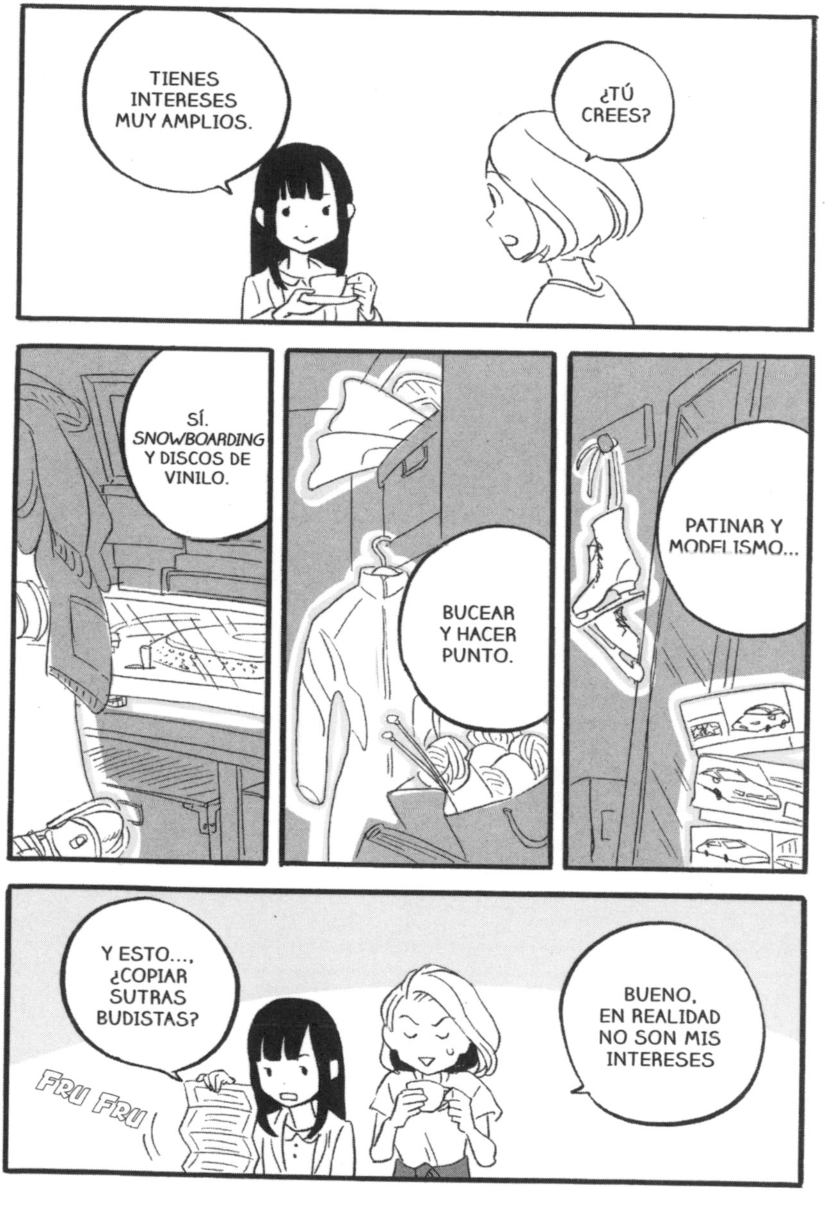
TIENES INTERESES MUY AMPLIOS.
¿TÚ CREES?
SÍ. *SNOWBOARDING* Y DISCOS DE VINILO.
BUCEAR Y HACER PUNTO.
PATINAR Y MODELISMO...
Y ESTO..., ¿COPIAR SUTRAS BUDISTAS?
FRU FRU
BUENO, EN REALIDAD NO SON MIS INTERESES

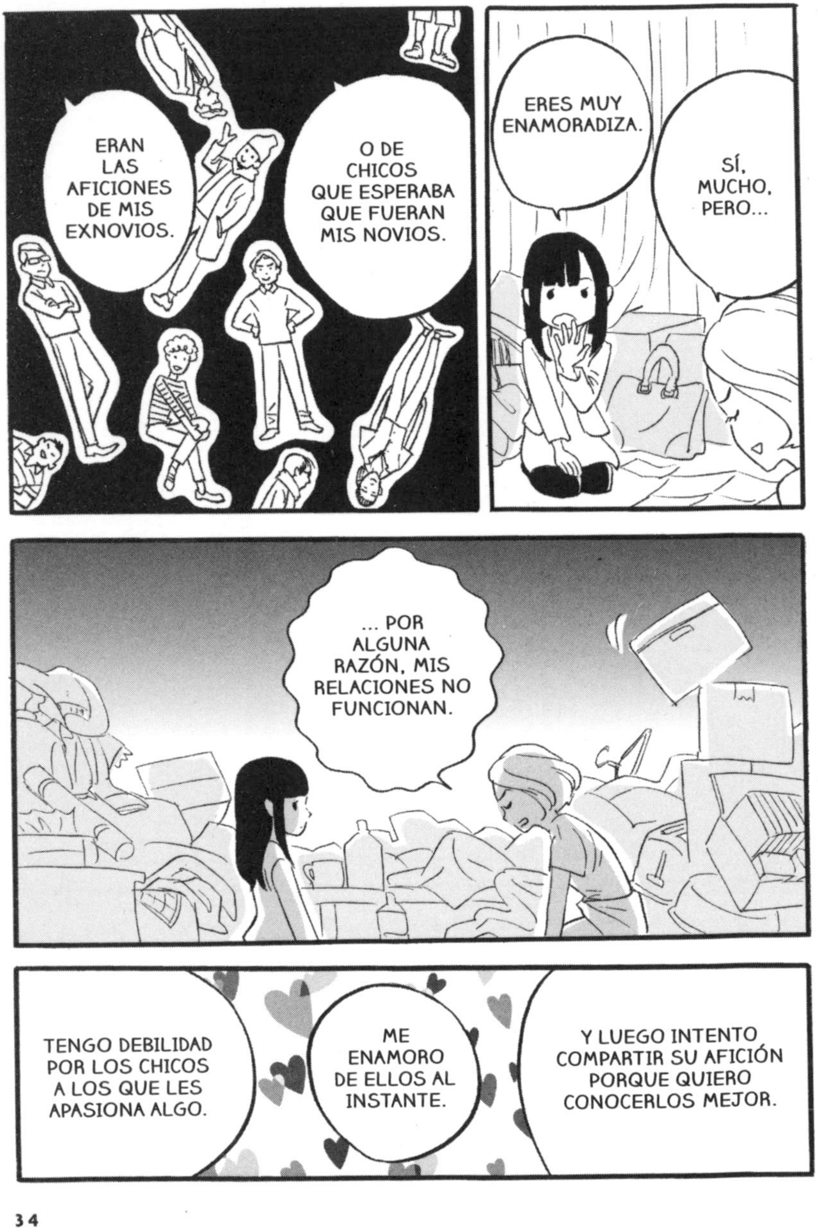
ERAN LAS AFICIONES DE MIS EXNOVIOS.
O DE CHICOS QUE ESPERABA QUE FUERAN MIS NOVIOS.
ERES MUY ENAMORADIZA.
SÍ, MUCHO, PERO...
... POR ALGUNA RAZÓN, MIS RELACIONES NO FUNCIONAN.
TENGO DEBILIDAD POR LOS CHICOS A LOS QUE LES APASIONA ALGO.
ME ENAMORO DE ELLOS AL INSTANTE.
Y LUEGO INTENTO COMPARTIR SU AFICIÓN PORQUE QUIERO CONOCERLOS MEJOR.

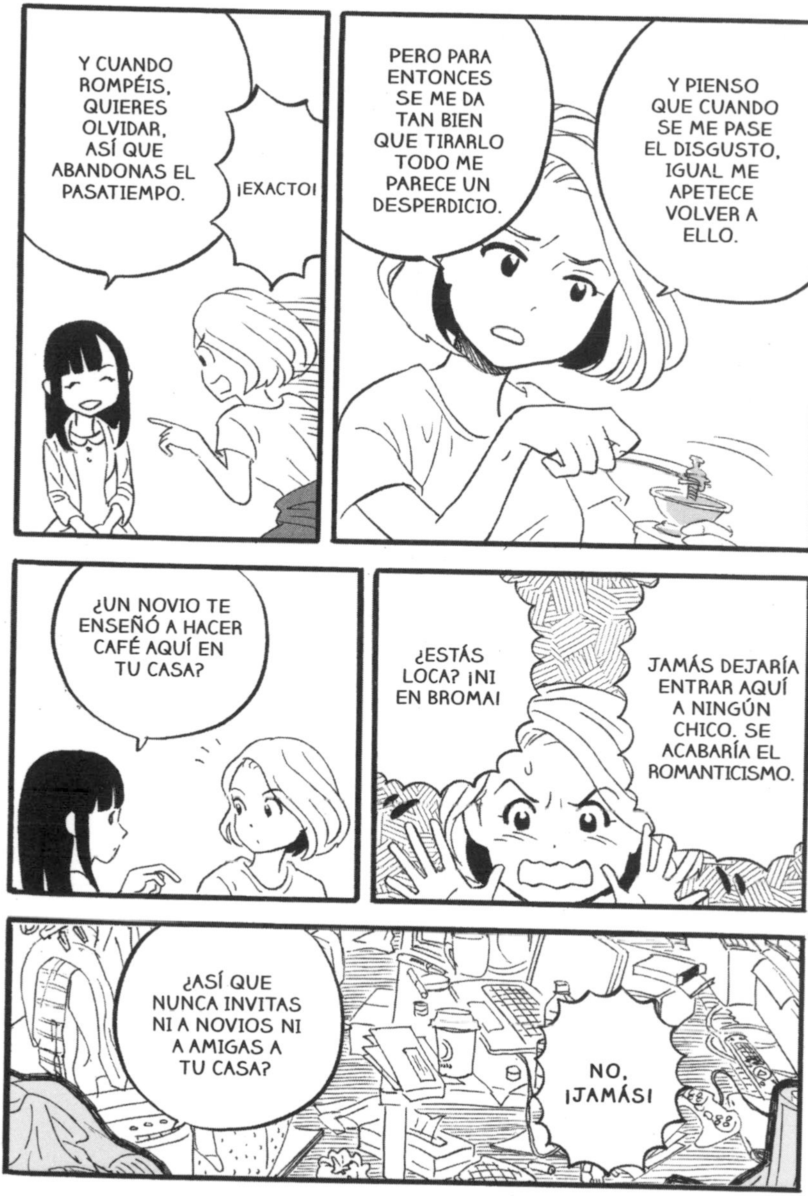
Y CUANDO ROMPÉIS, QUIERES OLVIDAR, ASÍ QUE ABANDONAS EL PASATIEMPO.
¡EXACTO!
PERO PARA ENTONCES SE ME DA TAN BIEN QUE TIRARLO TODO ME PARECE UN DESPERDICIO.
Y PIENSO QUE CUANDO SE ME PASE EL DISGUSTO, IGUAL ME APETECE VOLVER A ELLO.
¿UN NOVIO TE ENSEÑÓ A HACER CAFÉ AQUÍ EN TU CASA?
¿ESTÁS LOCA? ¡NI EN BROMA!
JAMÁS DEJARÍA ENTRAR AQUÍ A NINGÚN CHICO. SE ACABARÍA EL ROMANTICISMO.
¿ASÍ QUE NUNCA INVITAS NI A NOVIOS NI A AMIGAS A TU CASA?
NO, ¡JAMÁS!

PUEDE QUE ESTA CASA SEA UN DESASTRE,

PERO CUANDO SALGO, HAGO COMO SI LO TUVIERA TODO CONTROLADO.

TRABAJAS EN VENTAS, ¿VERDAD?

TRABAJO EN UNA COMPAÑÍA DE BEBIDAS. MUCHOS DÍAS ME QUEDO HASTA TARDE LEYENDO INFORMES O REUNIDA CON CLIENTES.

¡SÍ!

ASÍ QUE SOLO PUEDO ORDENAR LOS FINES DE SEMANA... O AL MENOS ESO ES LO QUE SIEMPRE ME PROPONGO.

CON TANTO NOVIO, TIENES QUE TENER LOS FINES DE SEMANA OCUPADÍSIMOS.

IGUAL SOY UNA AVARICIOSA POR QUERER TENER UNA CARRERA PROFESIONAL Y TAMBIÉN UNA VIDA AMOROSA.

AINS

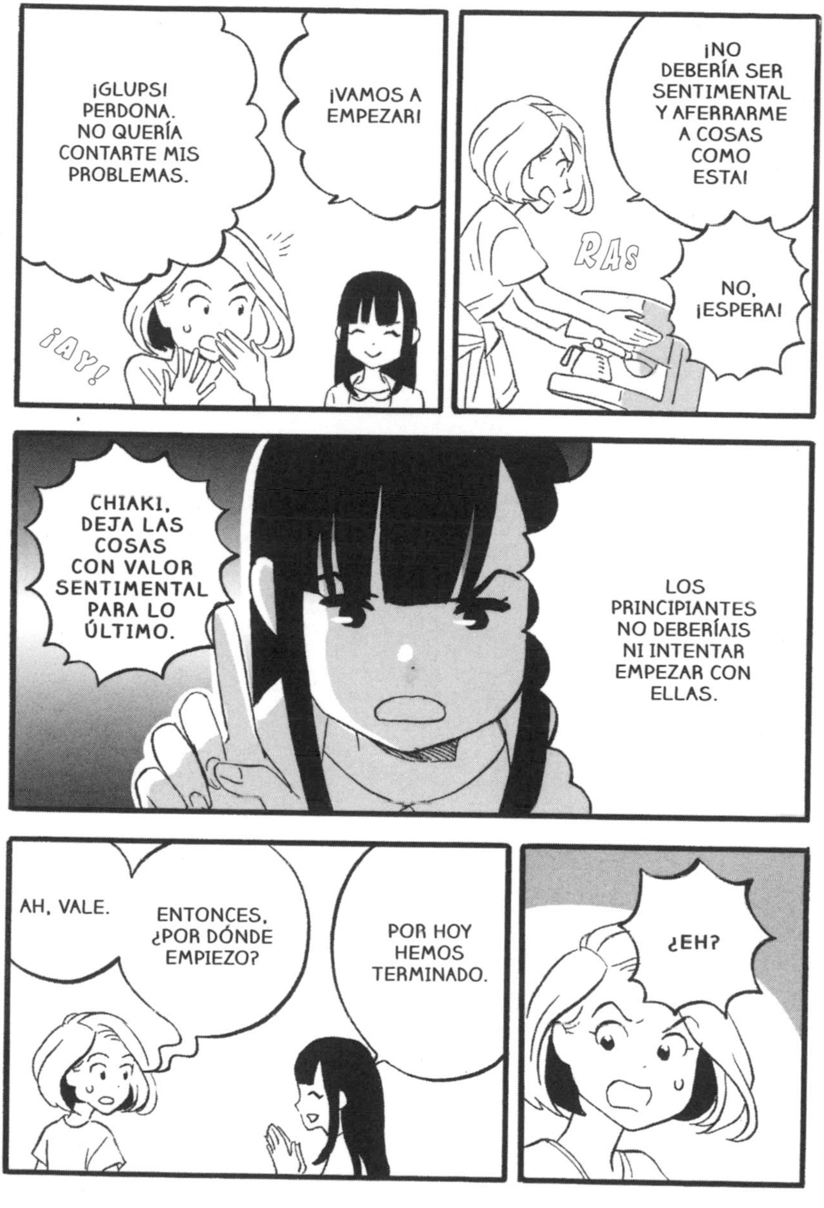
¡GLUPS! PERDONA. NO QUERÍA CONTARTE MIS PROBLEMAS.
¡VAMOS A EMPEZAR!
¡AY!
¡NO DEBERÍA SER SENTIMENTAL Y AFERRARME A COSAS COMO ESTA!
RAs
NO, ¡ESPERA!
CHIAKI, DEJA LAS COSAS CON VALOR SENTIMENTAL PARA LO ÚLTIMO.
LOS PRINCIPIANTES NO DEBERÍAIS NI INTENTAR EMPEZAR CON ELLAS.
AH, VALE.
ENTONCES, ¿POR DÓNDE EMPIEZO?
POR HOY HEMOS TERMINADO.
¿EH?

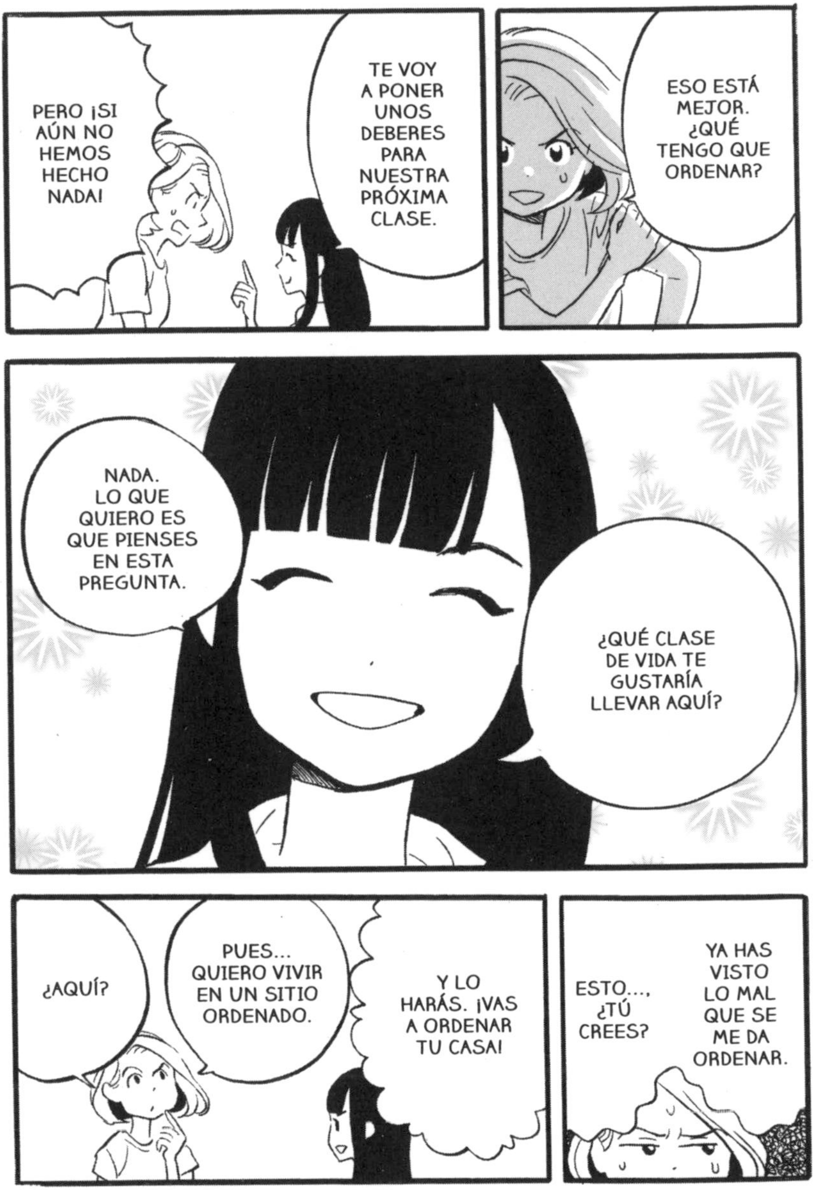
PERO ¡SI AÚN NO HEMOS HECHO NADA!
TE VOY A PONER UNOS DEBERES PARA NUESTRA PRÓXIMA CLASE.
ESO ESTÁ MEJOR. ¿QUÉ TENGO QUE ORDENAR?
NADA. LO QUE QUIERO ES QUE PIENSES EN ESTA PREGUNTA.
¿QUÉ CLASE DE VIDA TE GUSTARÍA LLEVAR AQUÍ?
¿AQUÍ?
PUES... QUIERO VIVIR EN UN SITIO ORDENADO.
Y LO HARÁS. ¡VAS A ORDENAR TU CASA!
ESTO..., ¿TÚ CREES?
YA HAS VISTO LO MAL QUE SE ME DA ORDENAR.

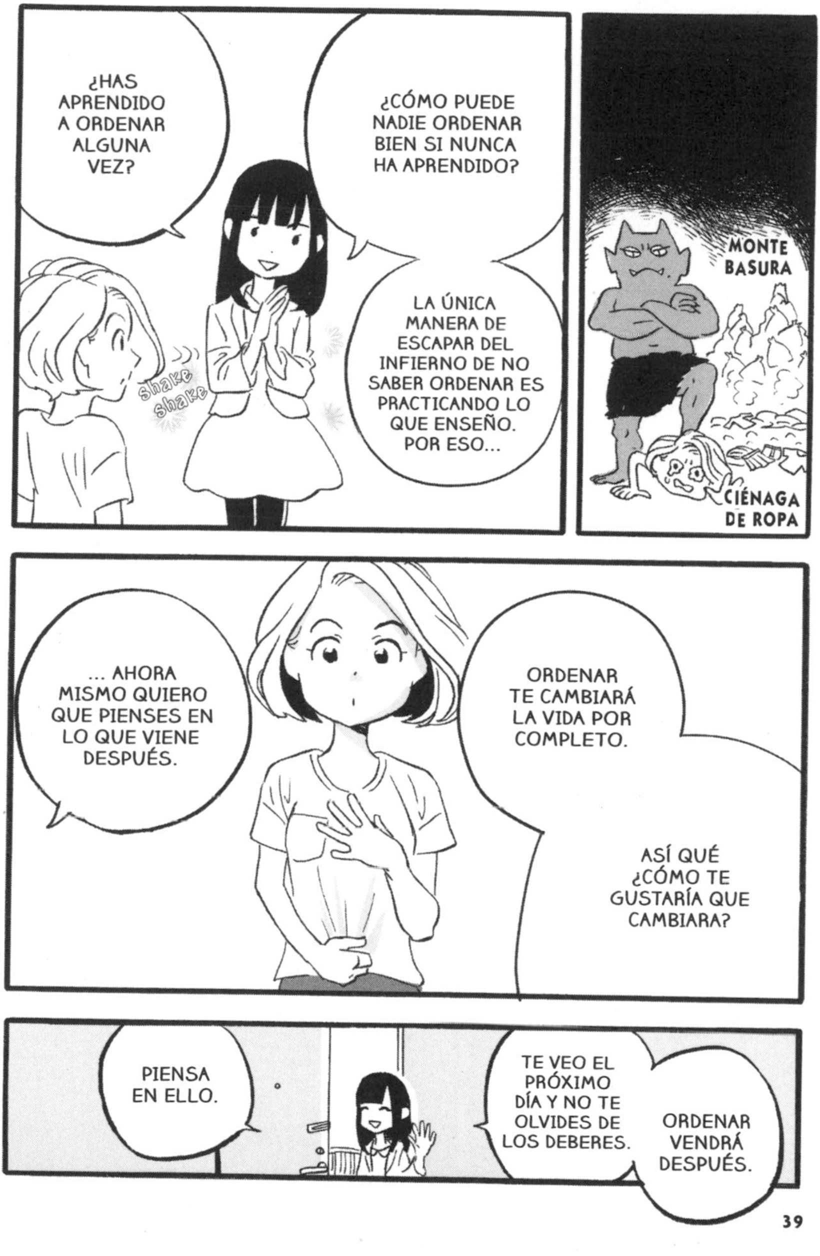
¿HAS APRENDIDO A ORDENAR ALGUNA VEZ?
¿CÓMO PUEDE NADIE ORDENAR BIEN SI NUNCA HA APRENDIDO?
Shake shake
LA ÚNICA MANERA DE ESCAPAR DEL INFIERNO DE NO SABER ORDENAR ES PRACTICANDO LO QUE ENSEÑO. POR ESO...
MONTE BASURA
CIÉNAGA DE ROPA
... AHORA MISMO QUIERO QUE PIENSES EN LO QUE VIENE DESPUÉS.
ORDENAR TE CAMBIARÁ LA VIDA POR COMPLETO.
ASÍ QUÉ ¿CÓMO TE GUSTARÍA QUE CAMBIARA?
PIENSA EN ELLO.
TE VEO EL PRÓXIMO DÍA Y NO TE OLVIDES DE LOS DEBERES.
ORDENAR VENDRÁ DESPUÉS.

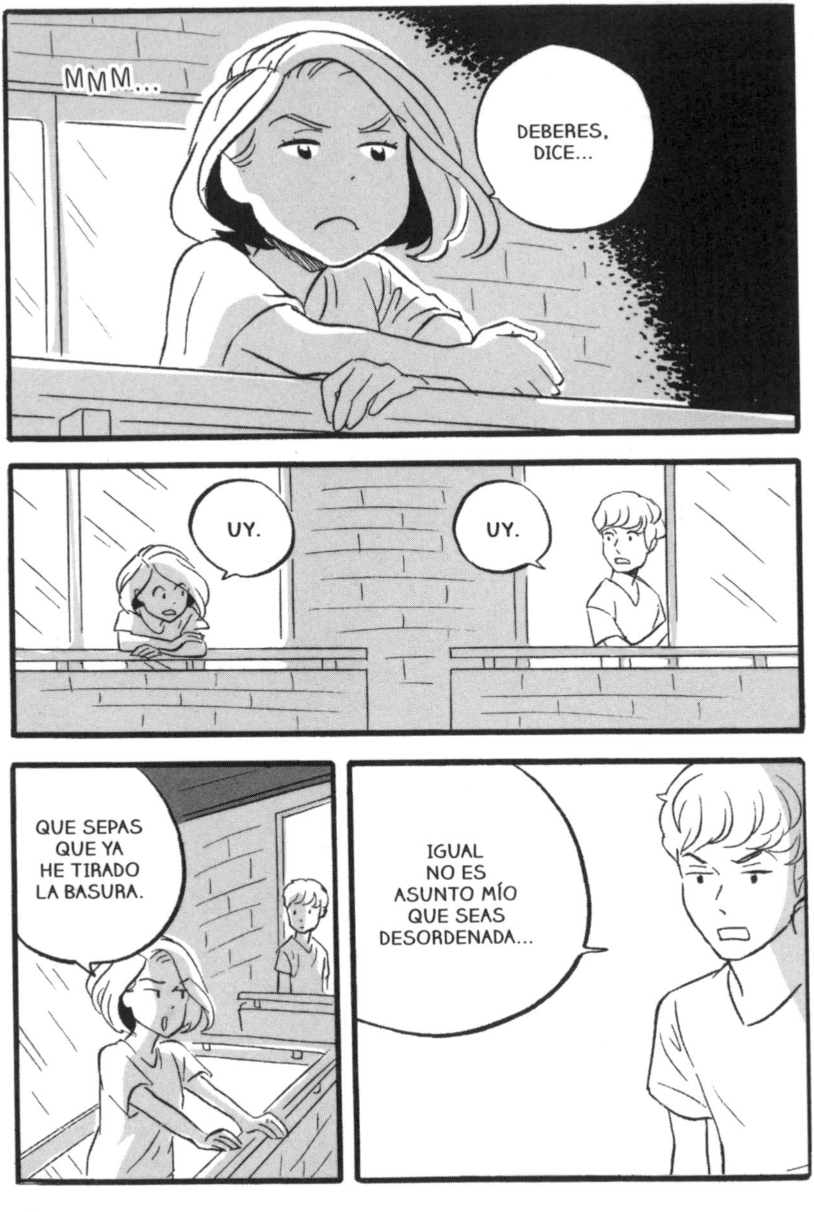
MMM...
DEBERES, DICE...
UY.
UY.
QUE SEPAS QUE YA HE TIRADO LA BASURA.
IGUAL NO ES ASUNTO MÍO QUE SEAS DESORDENADA...

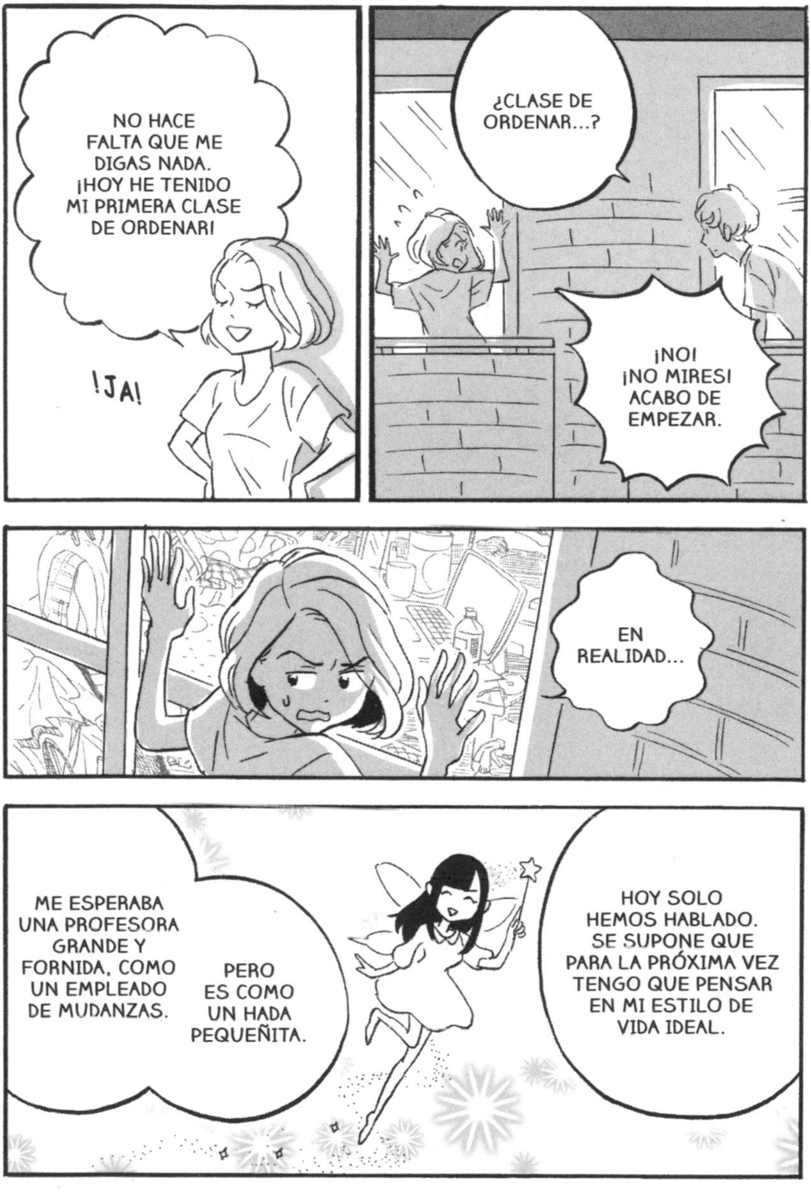
NO HACE FALTA QUE ME DIGAS NADA. ¡HOY HE TENIDO MI PRIMERA CLASE DE ORDENAR!
¡JA!
¿CLASE DE ORDENAR...?
¡NO! ¡NO MIRES! ACABO DE EMPEZAR.
EN REALIDAD...
ME ESPERABA UNA PROFESORA GRANDE Y FORNIDA, COMO UN EMPLEADO DE MUDANZAS.
PERO ES COMO UN HADA PEQUEÑITA.
HOY SOLO HEMOS HABLADO. SE SUPONE QUE PARA LA PRÓXIMA VEZ TENGO QUE PENSAR EN MI ESTILO DE VIDA IDEAL.

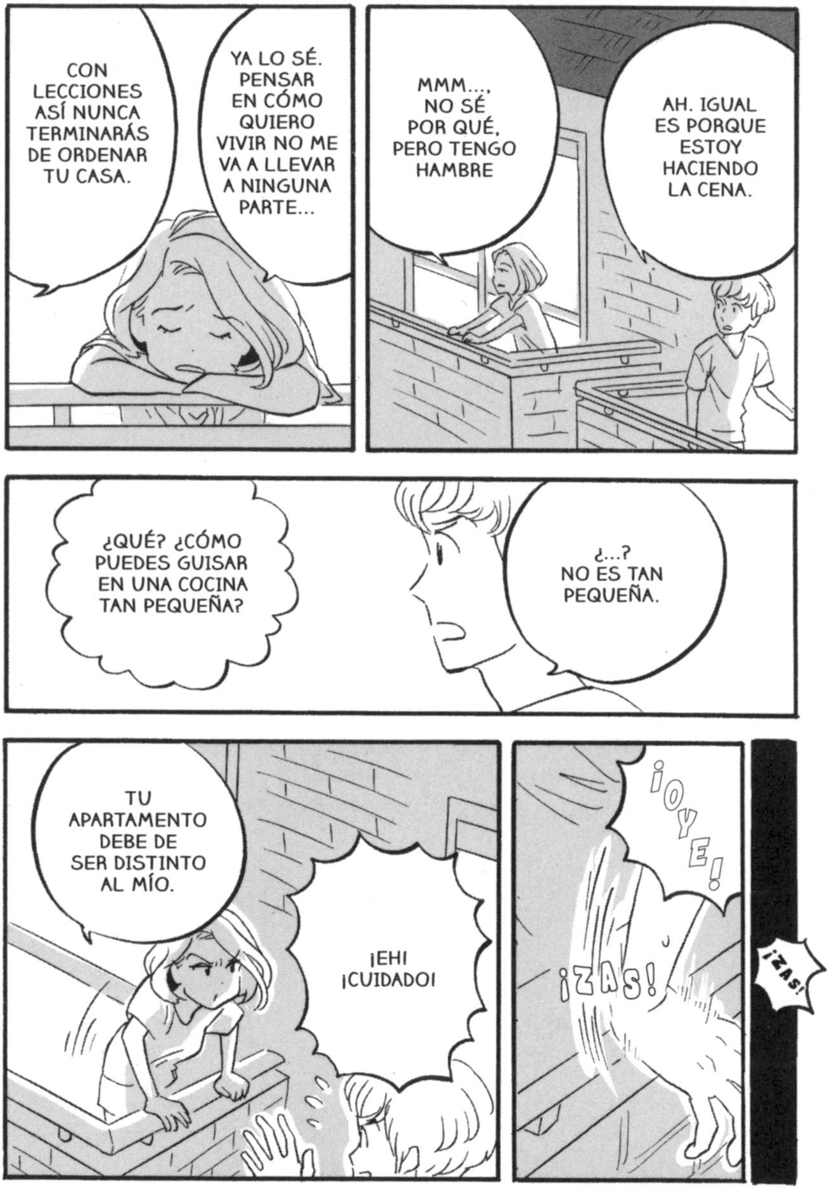
CON LECCIONES ASÍ NUNCA TERMINARÁS DE ORDENAR TU CASA.
YA LO SÉ. PENSAR EN CÓMO QUIERO VIVIR NO ME VA A LLEVAR A NINGUNA PARTE...
MMM..., NO SÉ POR QUÉ, PERO TENGO HAMBRE
AH. IGUAL ES PORQUE ESTOY HACIENDO LA CENA.
¿QUÉ? ¿CÓMO PUEDES GUISAR EN UNA COCINA TAN PEQUEÑA?
¿...? NO ES TAN PEQUEÑA.
TU APARTAMENTO DEBE DE SER DISTINTO AL MÍO.
¡EH! ¡CUIDADO!
¡OYE!
¡ZAS!
¡ZAS!

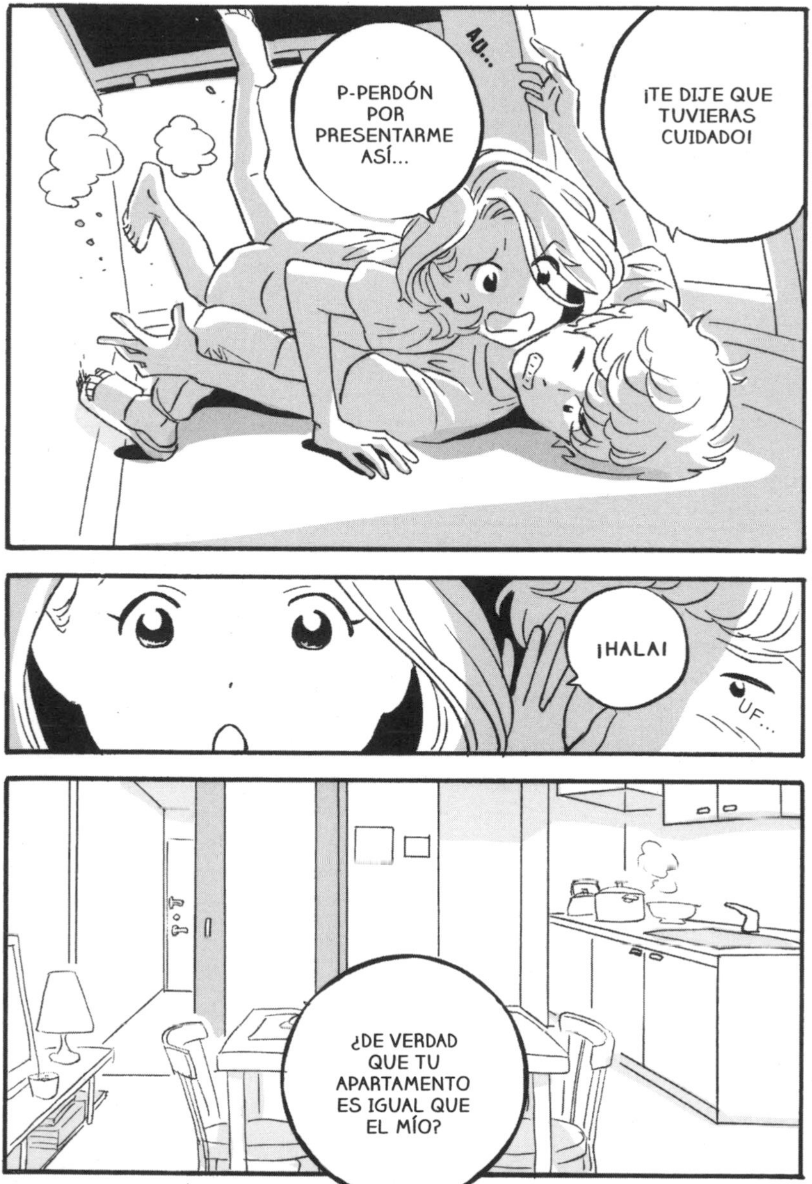
AU...
P-PERDÓN POR PRESENTARME ASÍ...
¡TE DIJE QUE TUVIERAS CUIDADO!
¡HALA!
UF...
¿DE VERDAD QUE TU APARTAMENTO ES IGUAL QUE EL MÍO?

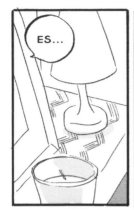

ES...

PARECE UN RESTAURANTE ACOGEDOR.

¡HASTA LA COMIDA TIENE BUENA PINTA!

¿SE PUEDE SABER DE DÓNDE SALES TÚ?

BUENO, EN REALIDAD SOY COCINERO EN UN CAFÉ.

QUÉ SUERTE...

YO ALMUERZO *ONIGRI* EN EL COCHE DE LA EMPRESA

Y DE VUELTA A CASA COMPRO COMIDA HECHA EN LA TIENDA 24 HORAS.

ME ENCANTARÍA COMER COMO ES DEBIDO, EN CASA, COMO TÚ.

QUÉ VIDA MÁS DURA...

PERO TU APARTAMENTO ES IDEAL...

¿EH?

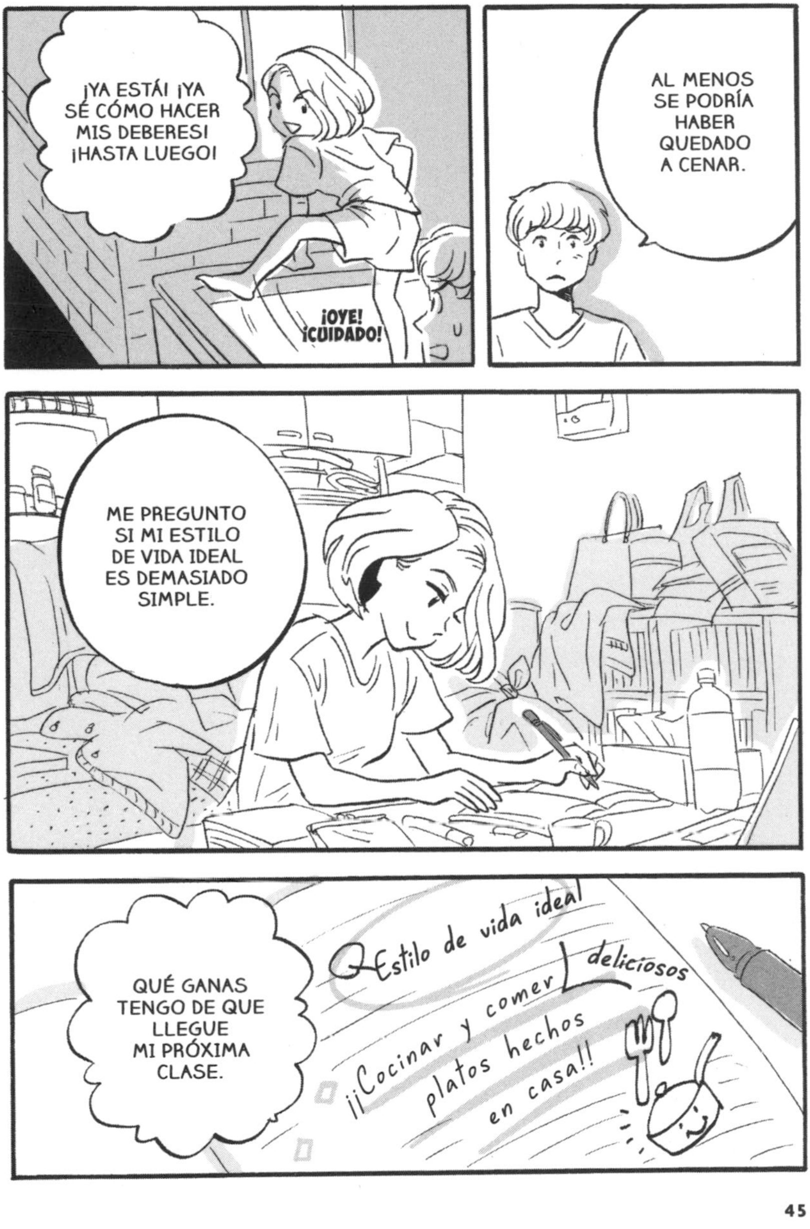
¡YA ESTÁ! ¡YA SÉ CÓMO HACER MIS DEBERES! ¡HASTA LUEGO!
¡OYE! ¡CUIDADO!
AL MENOS SE PODRÍA HABER QUEDADO A CENAR.
ME PREGUNTO SI MI ESTILO DE VIDA IDEAL ES DEMASIADO SIMPLE.
QUÉ GANAS TENGO DE QUE LLEGUE MI PRÓXIMA CLASE.
Estilo de vida ideal
¡¡Cocinar y comer deliciosos platos hechos en casa!!

Lo primero es visualizar tu estilo de vida ideal.

Empieza pensando cómo quieres vivir de verdad. ¿Qué clase de casa te gustaría tener y qué tipo de vida te gustaría llevar en ella?

Si tienes vena artística, haz un dibujo. Si te satisface escribir, pon tus ideas en un papel. También recomiendo recortar fotografías de casas que te agraden de revistas de decoración.

Pensando en tu estilo de vida ideal empezarás a entender por qué quieres en realidad ordenar y una vez que lo hayas hecho, decidirás la clase de vida que quieres llevar. Así de mágica puede ser la experiencia de ordenar.

primero
descarta

3

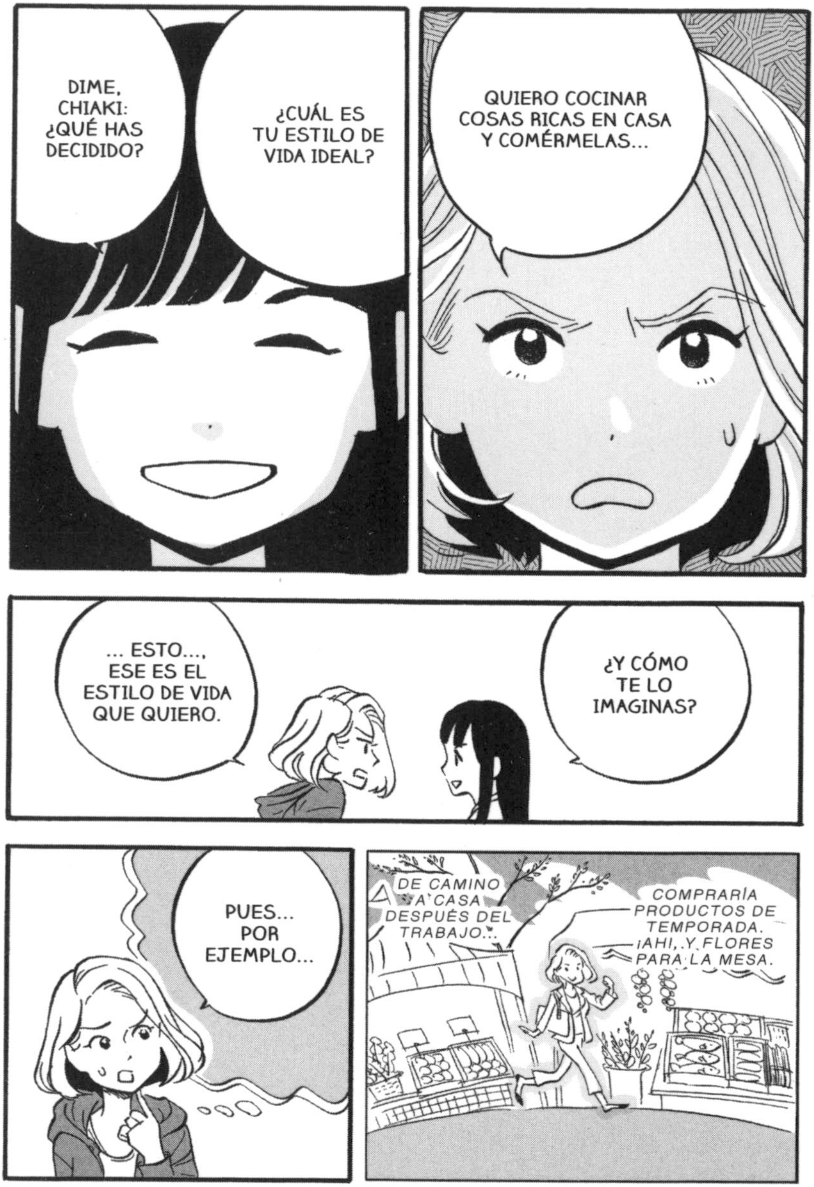

DIME, CHIAKI: ¿QUÉ HAS DECIDIDO?
¿CUÁL ES TU ESTILO DE VIDA IDEAL?
QUIERO COCINAR COSAS RICAS EN CASA Y COMÉRMELAS...
... ESTO..., ESE ES EL ESTILO DE VIDA QUE QUIERO.
¿Y CÓMO TE LO IMAGINAS?
PUES... POR EJEMPLO...
DE CAMINO A CASA DESPUÉS DEL TRABAJO...
COMPRARÍA PRODUCTOS DE TEMPORADA. ¡AHI, Y FLORES PARA LA MESA.

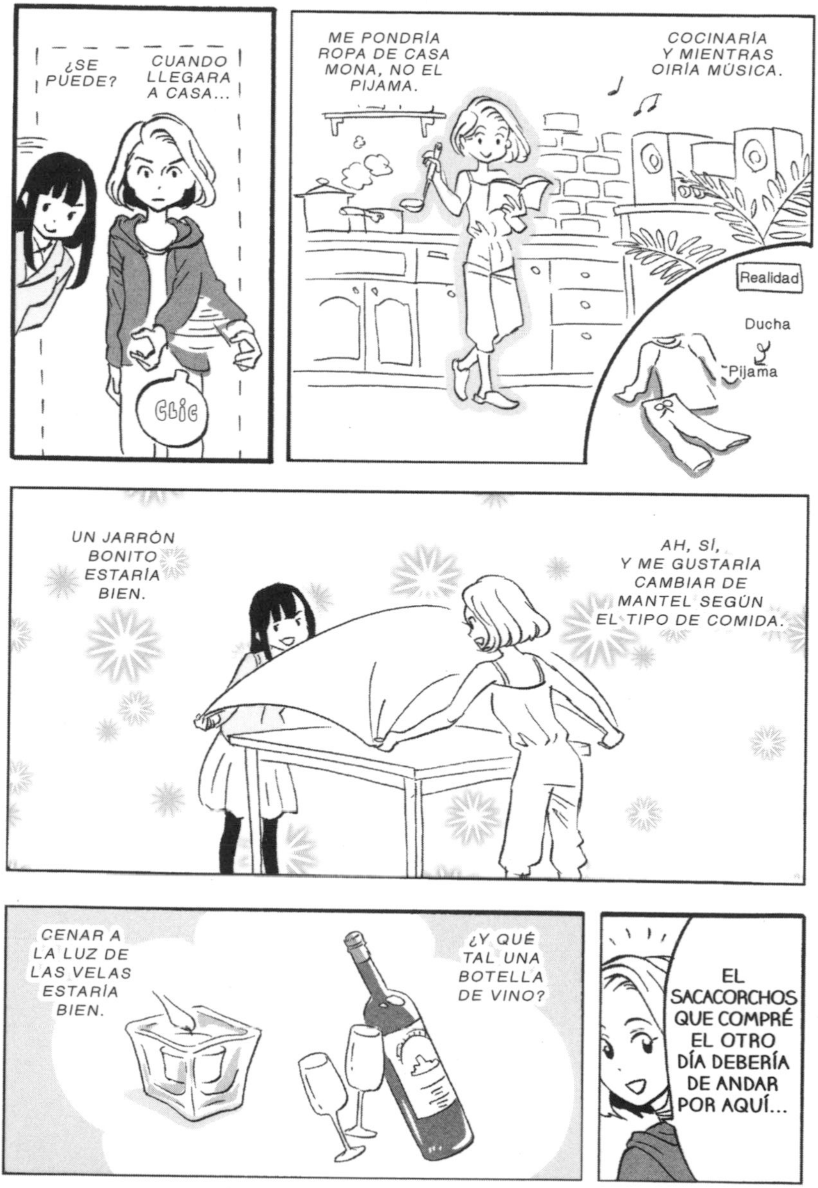
¿SE PUEDE?
CUANDO LLEGARA A CASA...
CLIC
ME PONDRÍA ROPA DE CASA MONA, NO EL PIJAMA.
COCINARÍA Y MIENTRAS OIRÍA MÚSICA.
Realidad
Ducha
Pijama
UN JARRÓN BONITO ESTARÍA BIEN.
AH, SÍ, Y ME GUSTARÍA CAMBIAR DE MANTEL SEGÚN EL TIPO DE COMIDA.
CENAR A LA LUZ DE LAS VELAS ESTARÍA BIEN.
¿Y QUÉ TAL UNA BOTELLA DE VINO?
EL SACACORCHOS QUE COMPRÉ EL OTRO DÍA DEBERÍA DE ANDAR POR AQUÍ...

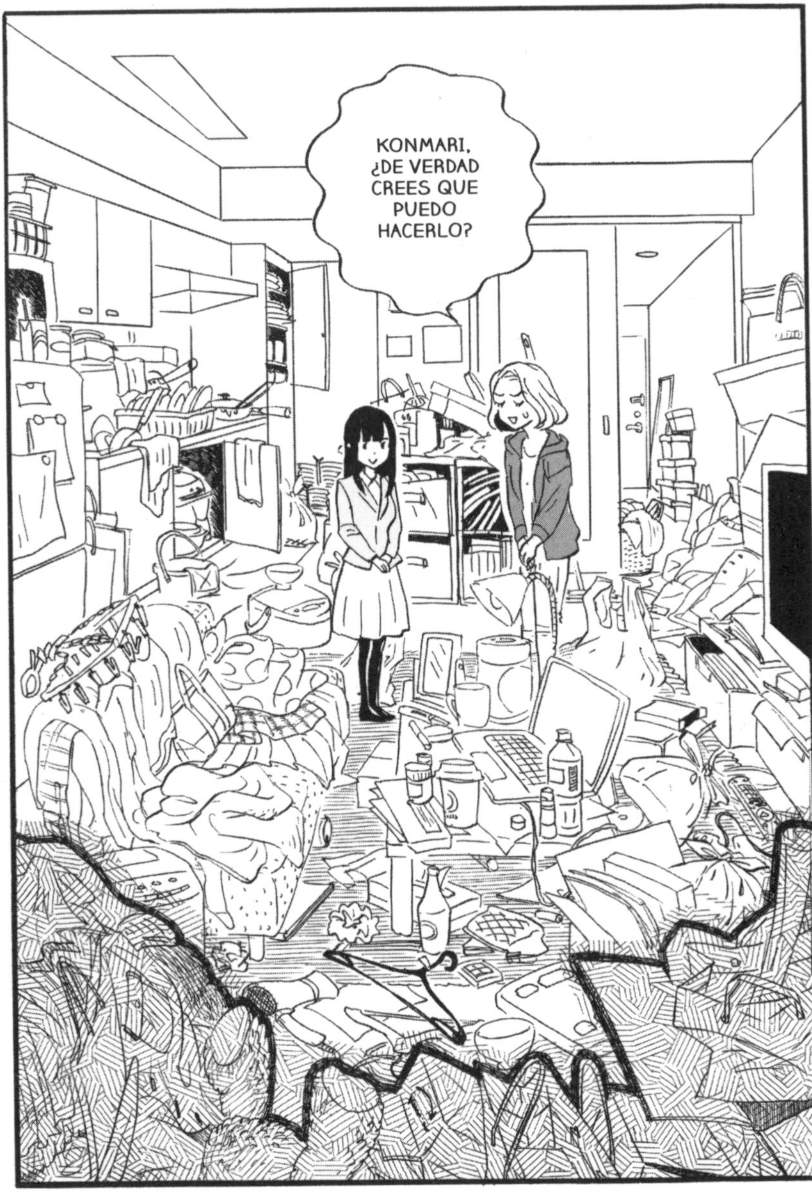
KONMARI, ¿DE VERDAD CREES QUE PUEDO HACERLO?

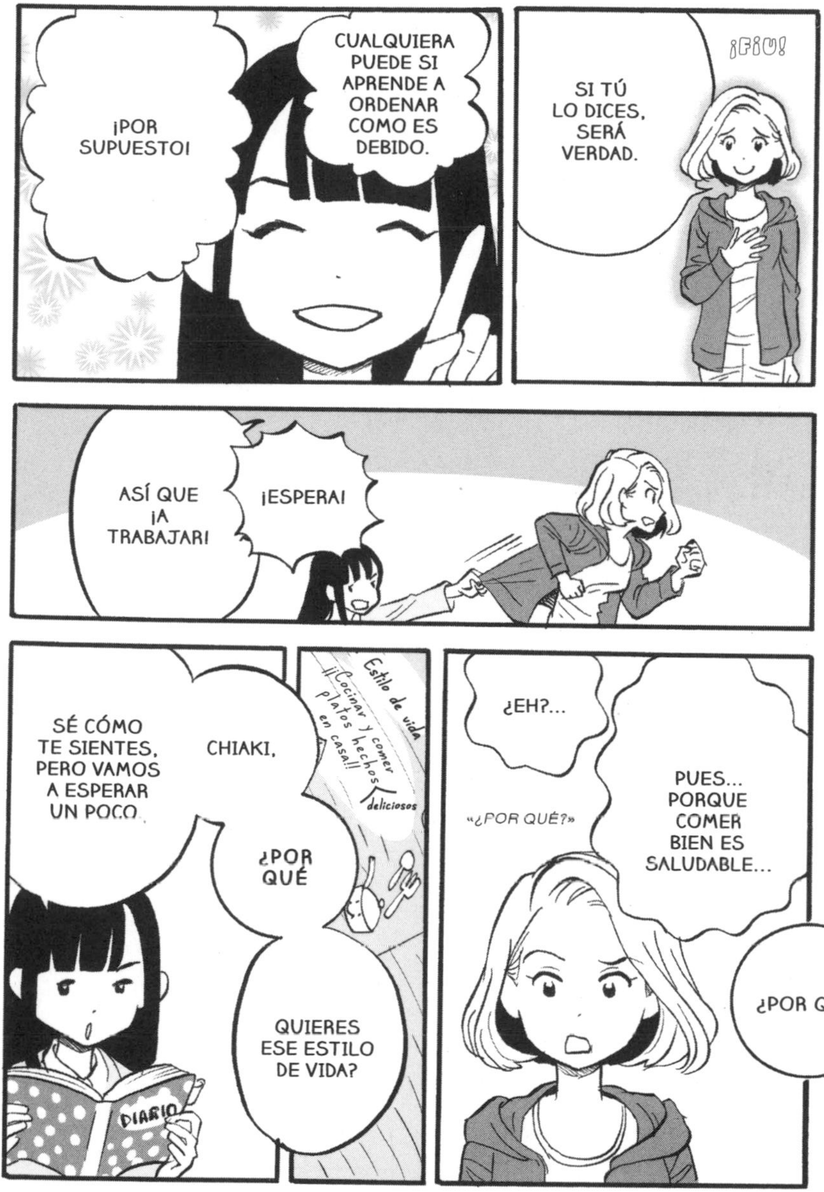
¡POR SUPUESTO!
CUALQUIERA PUEDE SI APRENDE A ORDENAR COMO ES DEBIDO.
SI TÚ LO DICES, SERÁ VERDAD.
¡FIU!
ASÍ QUE ¡A TRABAJAR!
¡ESPERA!
SÉ CÓMO TE SIENTES, PERO VAMOS A ESPERAR UN POCO.
CHIAKI,
¿POR QUÉ
QUIERES ESE ESTILO DE VIDA?
DIARIO
Estilo de vida
¡¡Cocinar y comer platos hechos en casa!!
deliciosos
¿EH?...
«¿POR QUÉ?»
PUES... PORQUE COMER BIEN ES SALUDABLE...
¿POR QUÉ?

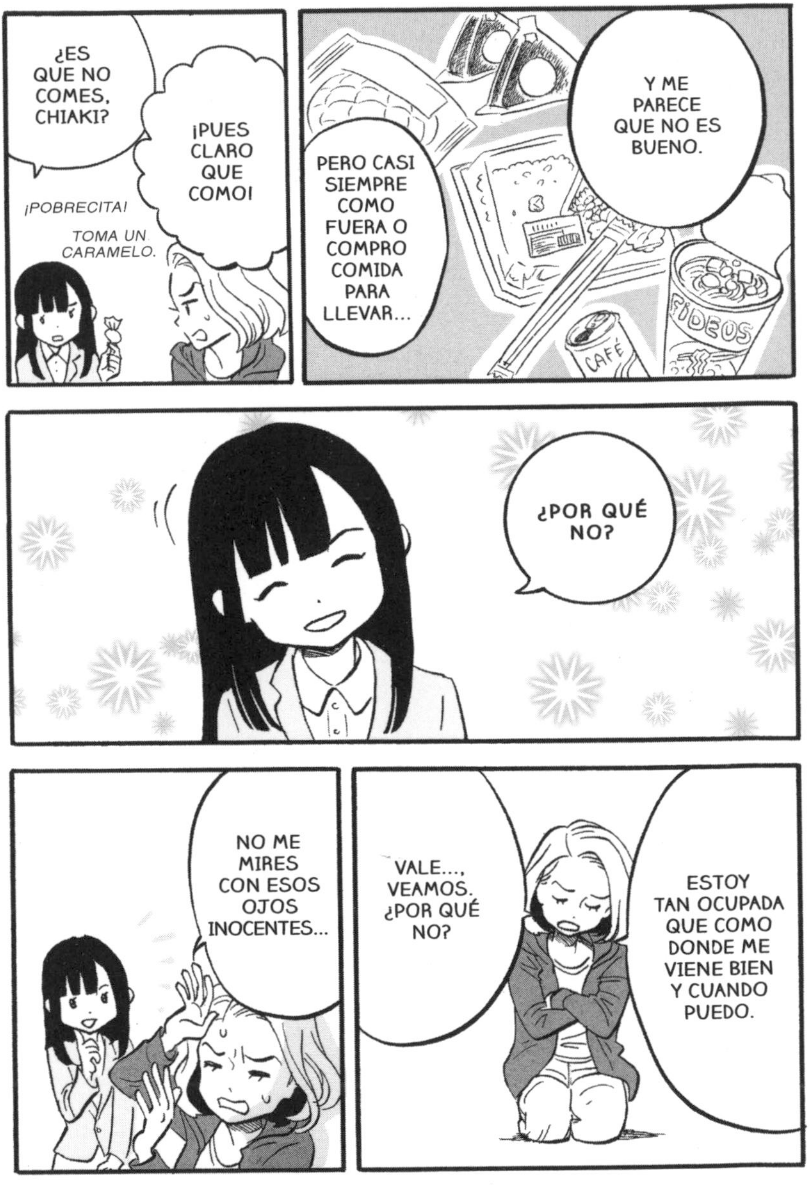
¿ES QUE NO COMES, CHIAKI?
¡PUES CLARO QUE COMO!
¡POBRECITA!
TOMA UN CARAMELO.
PERO CASI SIEMPRE COMO FUERA O COMPRO COMIDA PARA LLEVAR...
Y ME PARECE QUE NO ES BUENO.
FIDEOS
CAFÉ
¿POR QUÉ NO?
NO ME MIRES CON ESOS OJOS INOCENTES...
VALE..., VEAMOS. ¿POR QUÉ NO?
ESTOY TAN OCUPADA QUE COMO DONDE ME VIENE BIEN Y CUANDO PUEDO.

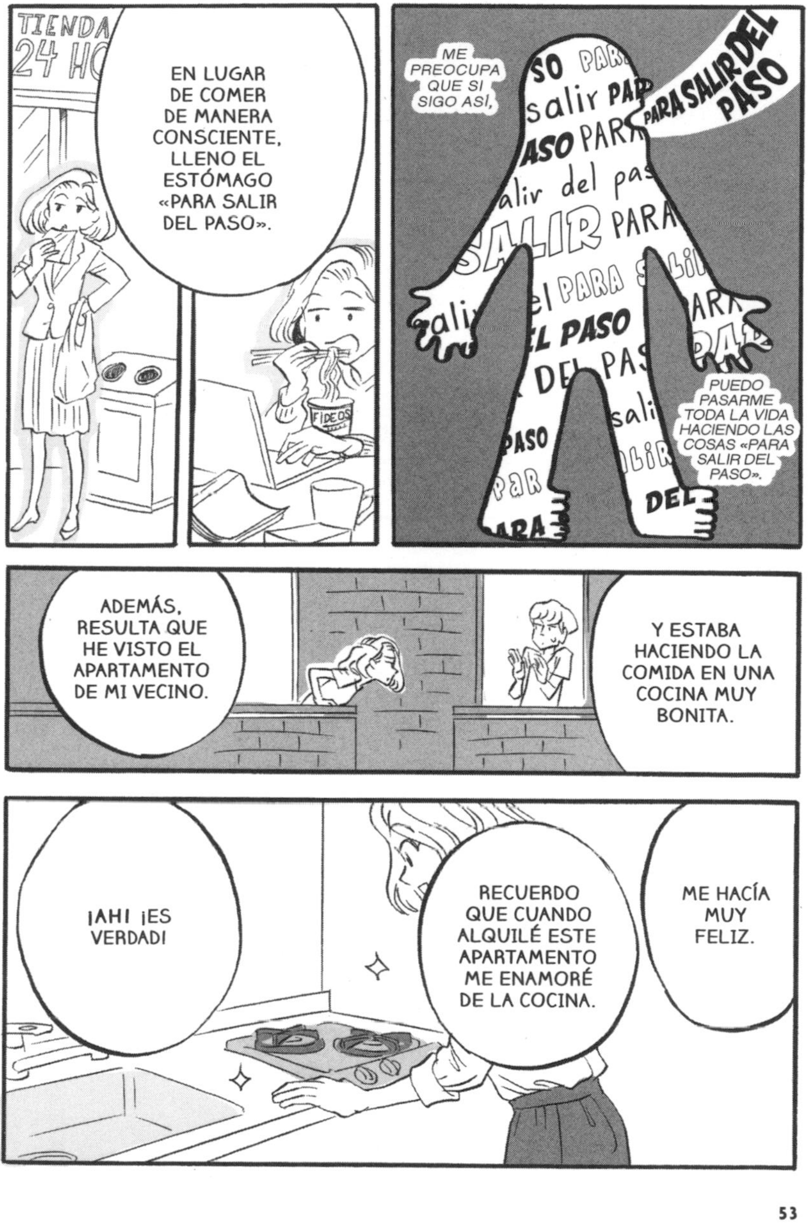
TIENDA
EN LUGAR DE COMER DE MANERA CONSCIENTE, LLENO EL ESTÓMAGO «PARA SALIR DEL PASO».
FIDEOS
ME PREOCUPA QUE SI SIGO ASÍ,
PARA SALIR DEL PASO
PUEDO PASARME TODA LA VIDA HACIENDO LAS COSAS «PARA SALIR DEL PASO».
ADEMÁS, RESULTA QUE HE VISTO EL APARTAMENTO DE MI VECINO.
Y ESTABA HACIENDO LA COMIDA EN UNA COCINA MUY BONITA.
¡AH! ¡ES VERDAD!
RECUERDO QUE CUANDO ALQUILÉ ESTE APARTAMENTO ME ENAMORÉ DE LA COCINA.
ME HACÍA MUY FELIZ.

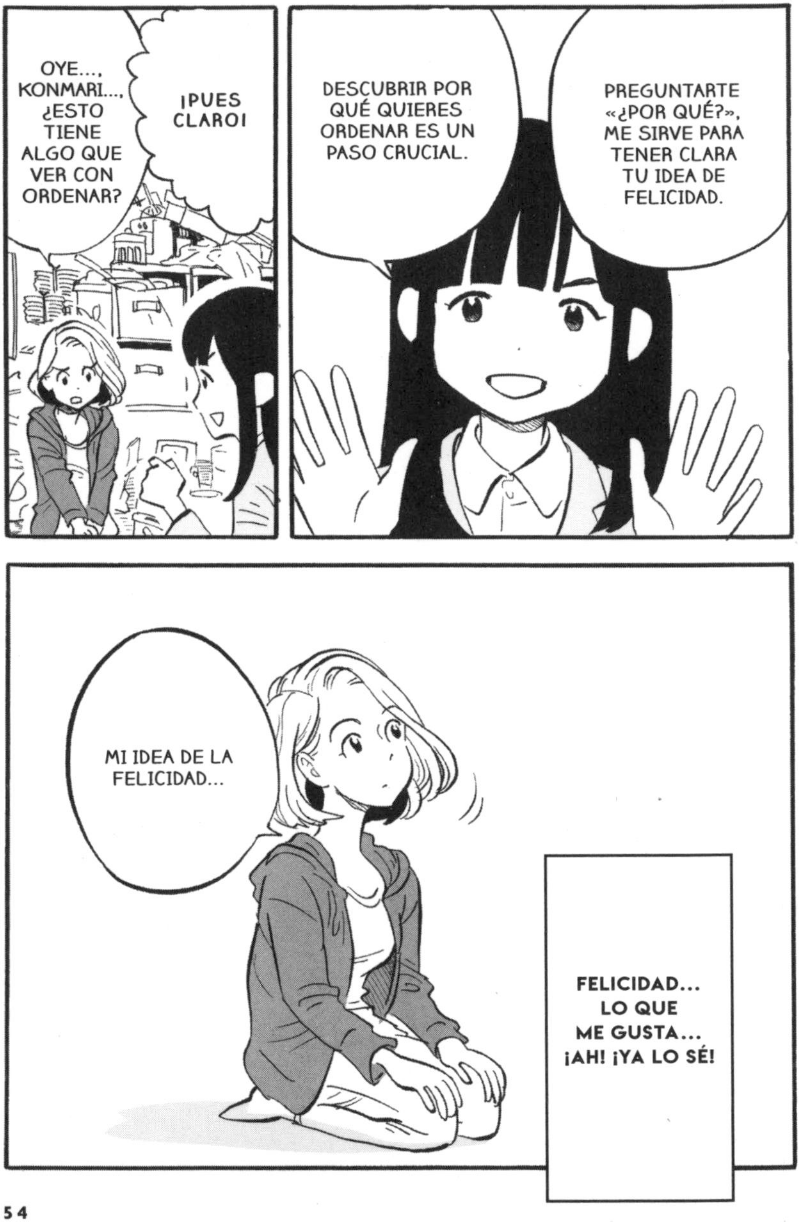
OYE..., KONMARI..., ¿ESTO TIENE ALGO QUE VER CON ORDENAR?
¡PUES CLARO!
DESCUBRIR POR QUÉ QUIERES ORDENAR ES UN PASO CRUCIAL.
PREGUNTARTE «¿POR QUÉ?», ME SIRVE PARA TENER CLARA TU IDEA DE FELICIDAD.
MI IDEA DE LA FELICIDAD...
FELICIDAD... LO QUE ME GUSTA... ¡AH! ¡YA LO SÉ!

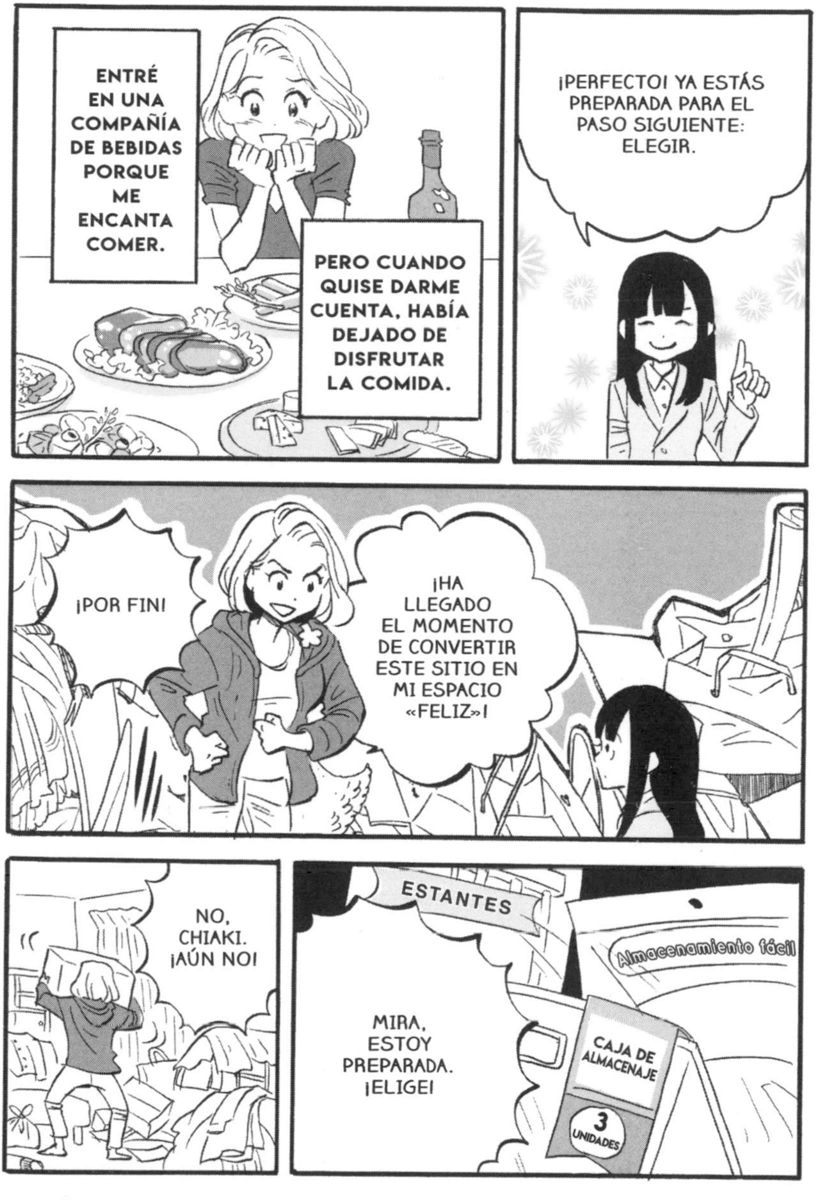
ENTRÉ EN UNA COMPAÑÍA DE BEBIDAS PORQUE ME ENCANTA COMER.
PERO CUANDO QUISE DARME CUENTA, HABÍA DEJADO DE DISFRUTAR LA COMIDA.
¡PERFECTO! YA ESTÁS PREPARADA PARA EL PASO SIGUIENTE: ELEGIR.
¡POR FIN!
¡HA LLEGADO EL MOMENTO DE CONVERTIR ESTE SITIO EN MI ESPACIO «FELIZ»!
NO, CHIAKI. ¡AÚN NO!
ESTANTES
Almacenamiento fácil
MIRA, ESTOY PREPARADA. ¡ELIGE!
CAJA DE ALMACENAJE
3 UNIDADES

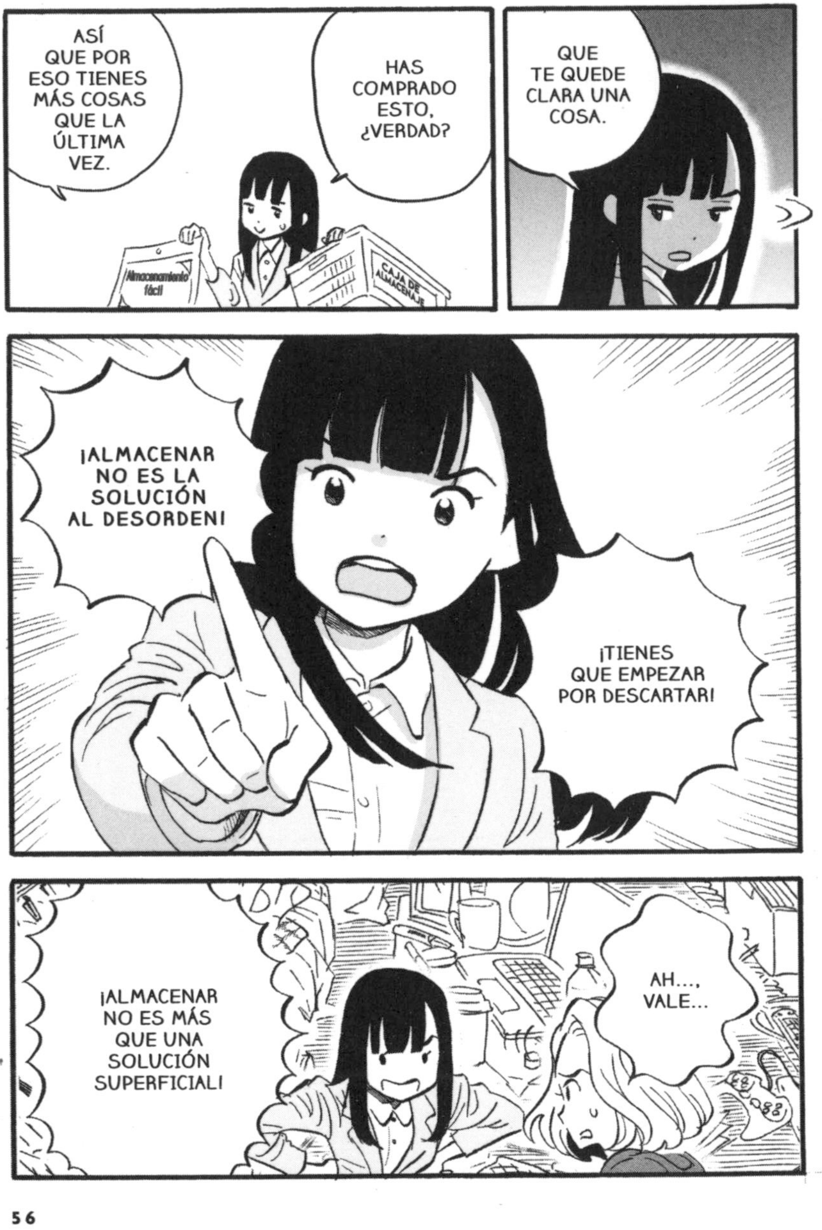
ASÍ QUE POR ESO TIENES MÁS COSAS QUE LA ÚLTIMA VEZ.
HAS COMPRADO ESTO, ¿VERDAD?
Almacenamiento fácil
CAJA DE ALMACENAJE
QUE TE QUEDE CLARA UNA COSA.
¡ALMACENAR NO ES LA SOLUCIÓN AL DESORDEN!
¡TIENES QUE EMPEZAR POR DESCARTAR!
¡ALMACENAR NO ES MÁS QUE UNA SOLUCIÓN SUPERFICIAL!
AH..., VALE...

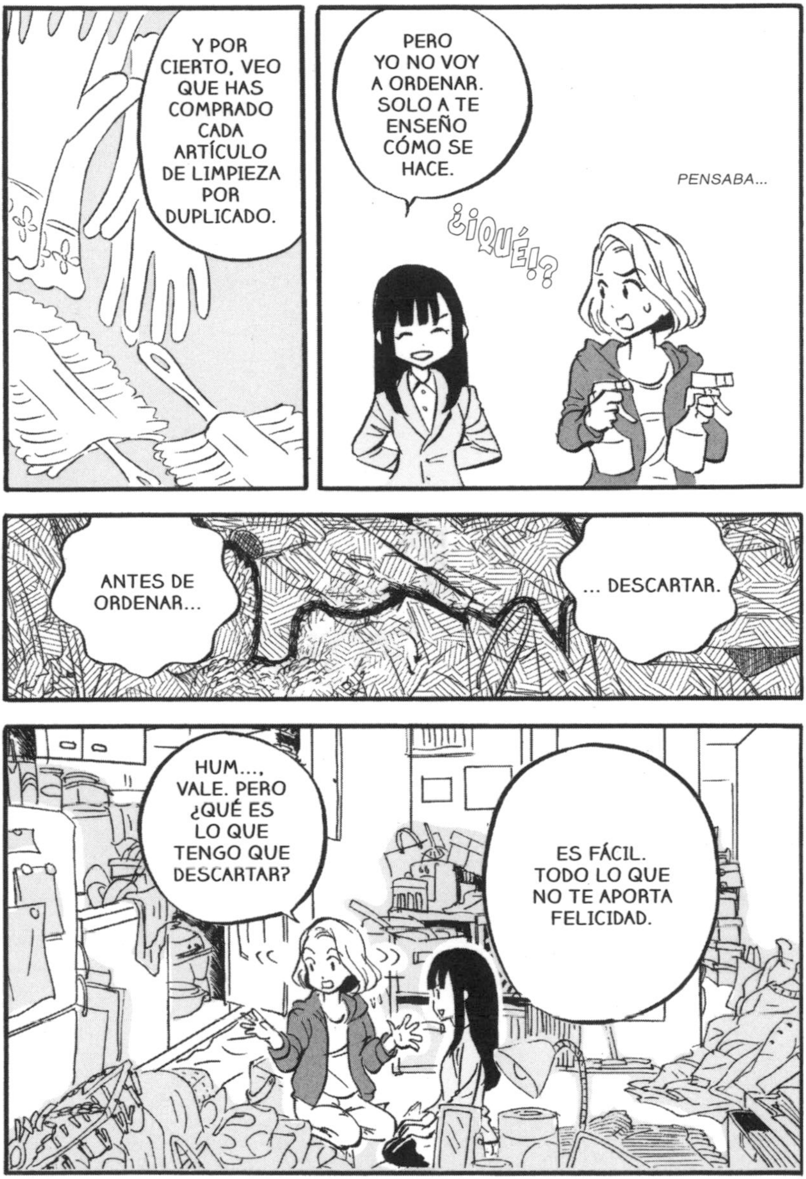
Y POR CIERTO, VEO QUE HAS COMPRADO CADA ARTÍCULO DE LIMPIEZA POR DUPLICADO.
PERO YO NO VOY A ORDENAR. SOLO A TE ENSEÑO CÓMO SE HACE.
¿¡QUÉ!?
PENSABA...
ANTES DE ORDENAR...
... DESCARTAR.
HUM..., VALE. PERO ¿QUÉ ES LO QUE TENGO QUE DESCARTAR?
ES FÁCIL. TODO LO QUE NO TE APORTA FELICIDAD.

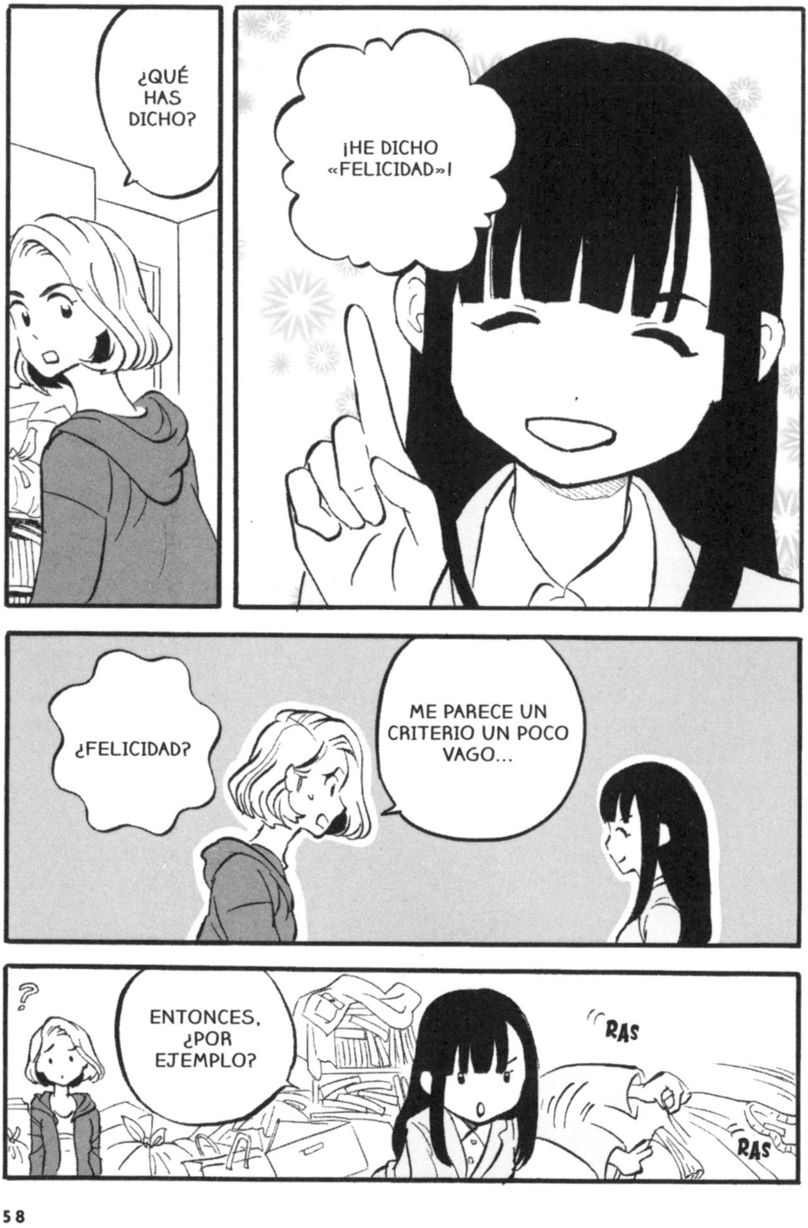
¿QUÉ HAS DICHO?
¡HE DICHO «FELICIDAD»!
¿FELICIDAD?
ME PARECE UN CRITERIO UN POCO VAGO...
?
ENTONCES, ¿POR EJEMPLO?
RAS
RAS

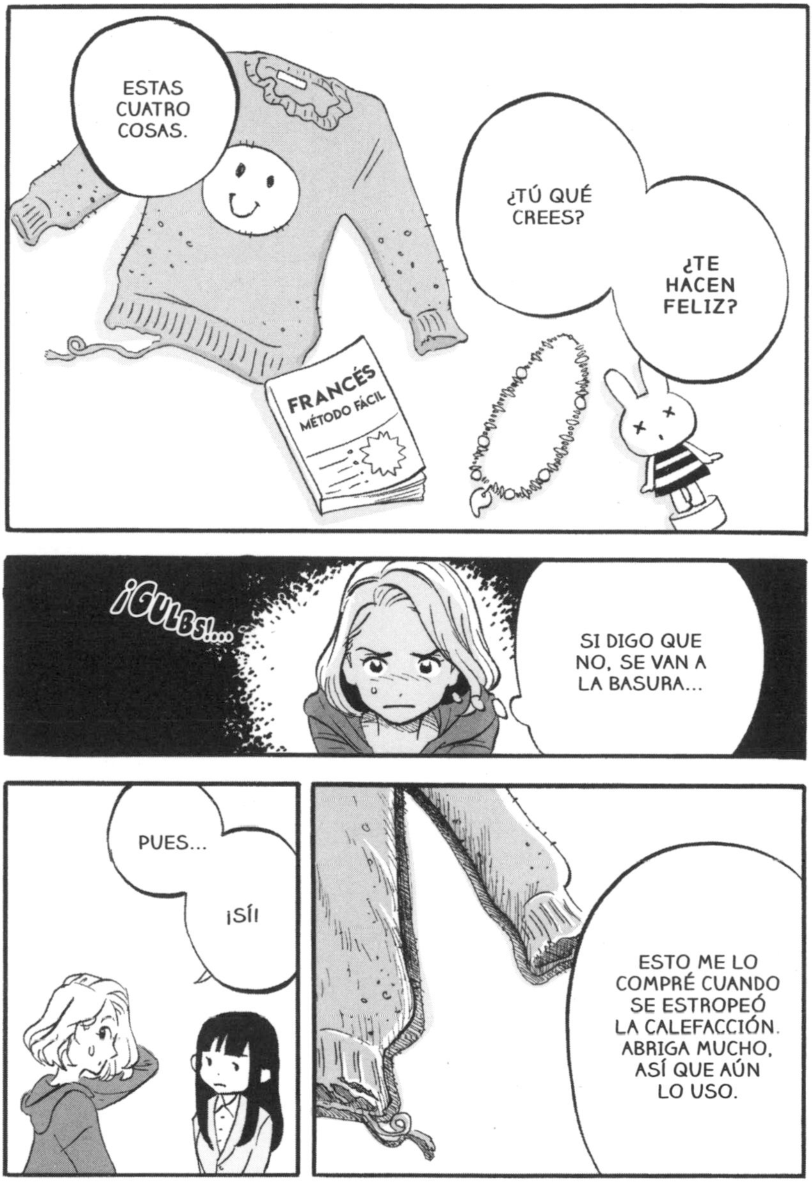
ESTAS CUATRO COSAS.
¿TÚ QUÉ CREES?
¿TE HACEN FELIZ?
FRANCÉS
MÉTODO FÁCIL
¡GULBS!...
SI DIGO QUE NO, SE VAN A LA BASURA...
PUES...
¡SÍ!
ESTO ME LO COMPRÉ CUANDO SE ESTROPEÓ LA CALEFACCIÓN. ABRIGA MUCHO, ASÍ QUE AÚN LO USO.

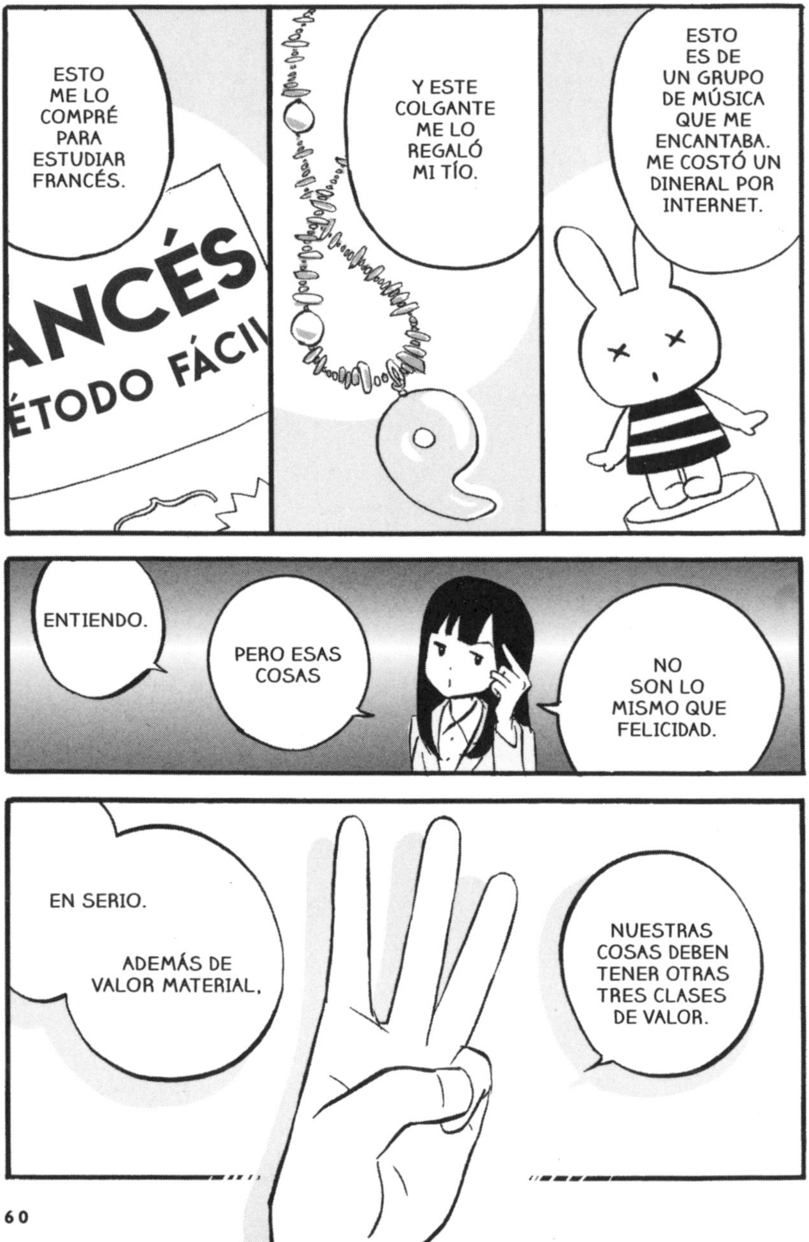

ESTO ME LO COMPRÉ PARA ESTUDIAR FRANCÉS.
ANCÉS
ÉTODO FÁCI
Y ESTE COLGANTE ME LO REGALÓ MI TÍO.
ESTO ES DE UN GRUPO DE MÚSICA QUE ME ENCANTABA. ME COSTÓ UN DINERAL POR INTERNET.
ENTIENDO.
PERO ESAS COSAS
NO SON LO MISMO QUE FELICIDAD.
EN SERIO.
ADEMÁS DE VALOR MATERIAL,
NUESTRAS COSAS DEBEN TENER OTRAS TRES CLASES DE VALOR.

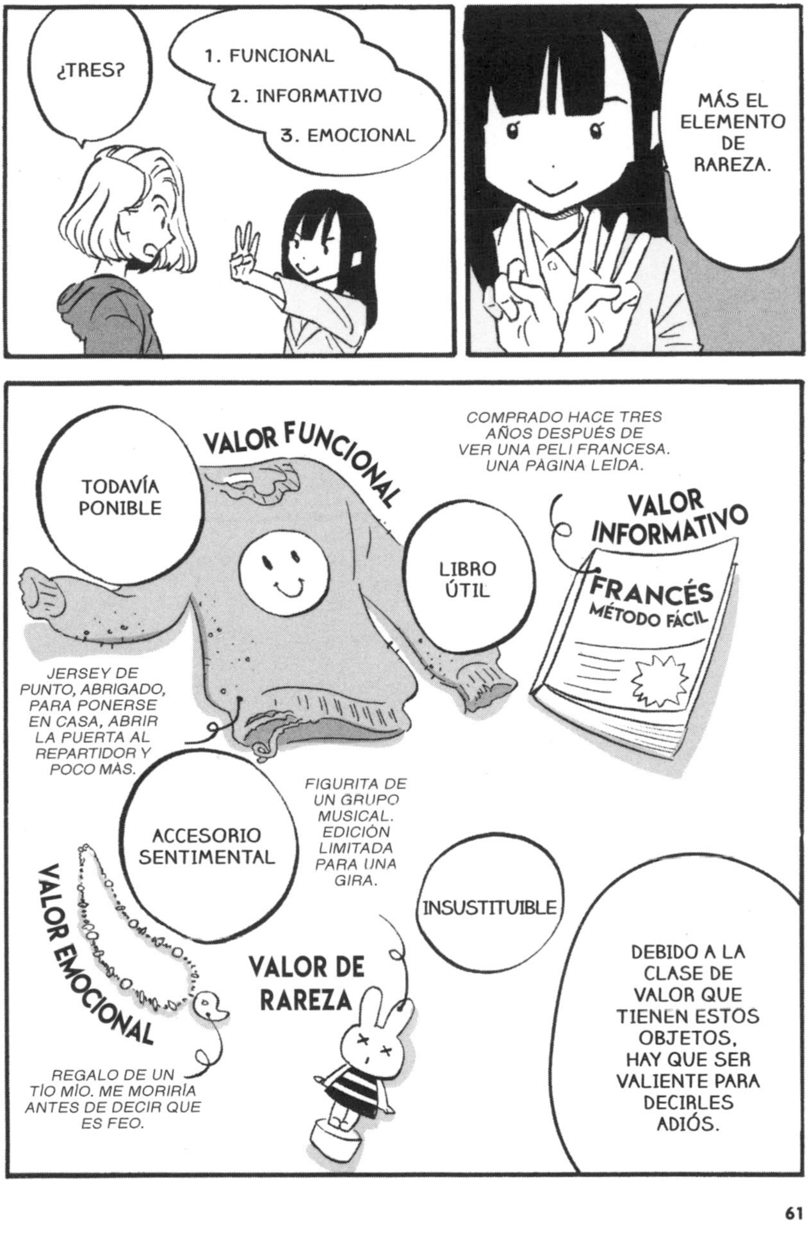
¿TRES?
1. FUNCIONAL
2. INFORMATIVO
3. EMOCIONAL
MÁS EL ELEMENTO DE RAREZA.
VALOR FUNCIONAL
TODAVÍA PONIBLE
COMPRADO HACE TRES AÑOS DESPUÉS DE VER UNA PELI FRANCESA. UNA PÁGINA LEÍDA.
VALOR INFORMATIVO
LIBRO ÚTIL
FRANCÉS
MÉTODO FÁCIL
JERSEY DE PUNTO, ABRIGADO, PARA PONERSE EN CASA, ABRIR LA PUERTA AL REPARTIDOR Y POCO MÁS.
ACCESORIO SENTIMENTAL
FIGURITA DE UN GRUPO MUSICAL. EDICIÓN LIMITADA PARA UNA GIRA.
VALOR EMOCIONAL
INSUSTITUIBLE
VALOR DE RAREZA
REGALO DE UN TÍO MÍO. ME MORIRÍA ANTES DE DECIR QUE ES FEO.
DEBIDO A LA CLASE DE VALOR QUE TIENEN ESTOS OBJETOS, HAY QUE SER VALIENTE PARA DECIRLES ADIÓS.

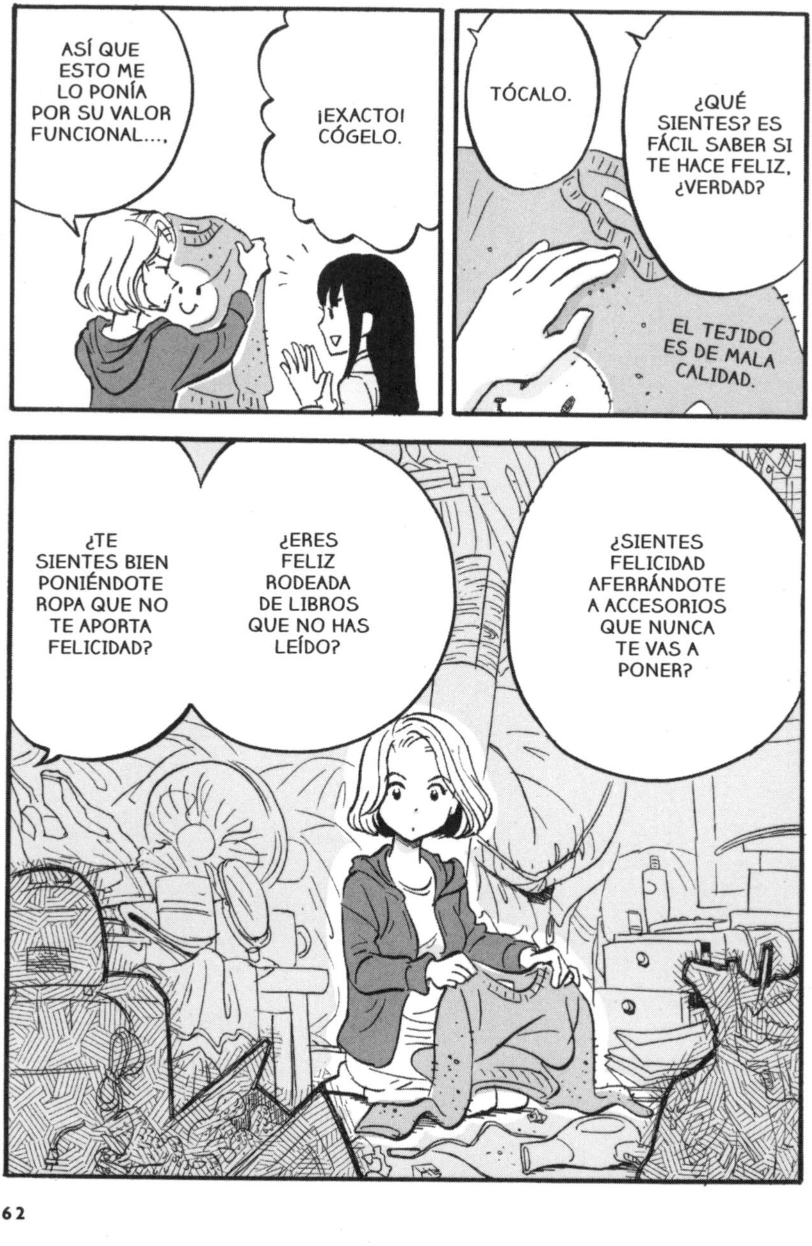
ASÍ QUE ESTO ME LO PONÍA POR SU VALOR FUNCIONAL...,
¡EXACTO! CÓGELO.
TÓCALO.
¿QUÉ SIENTES? ES FÁCIL SABER SI TE HACE FELIZ, ¿VERDAD?
EL TEJIDO ES DE MALA CALIDAD.
¿TE SIENTES BIEN PONIÉNDOTE ROPA QUE NO TE APORTA FELICIDAD?
¿ERES FELIZ RODEADA DE LIBROS QUE NO HAS LEÍDO?
¿SIENTES FELICIDAD AFERRÁNDOTE A ACCESORIOS QUE NUNCA TE VAS A PONER?

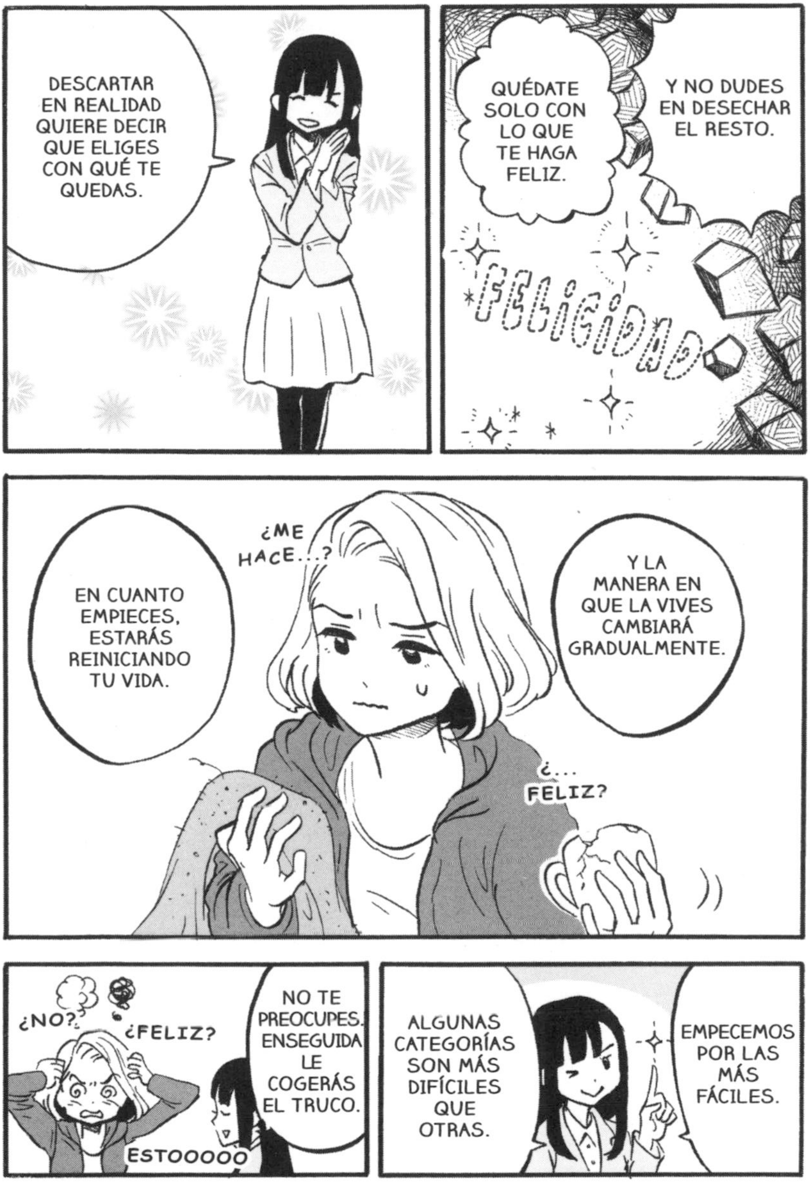
DESCARTAR EN REALIDAD QUIERE DECIR QUE ELIGES CON QUÉ TE QUEDAS.
QUÉDATE SOLO CON LO QUE TE HAGA FELIZ.
Y NO DUDES EN DESECHAR EL RESTO.
FELICIDAD
¿ME HACE...?
EN CUANTO EMPIECES, ESTARÁS REINICIANDO TU VIDA.
Y LA MANERA EN QUE LA VIVES CAMBIARÁ GRADUALMENTE.
¿... FELIZ?
¿NO?
¿FELIZ?
ESTOOOOO
NO TE PREOCUPES. ENSEGUIDA LE COGERÁS EL TRUCO.
ALGUNAS CATEGORÍAS SON MÁS DIFÍCILES QUE OTRAS.
EMPECEMOS POR LAS MÁS FÁCILES.

Primero descarta. Pero no elijas
qué desechar. Elige qué conservar.

———

Si te centras en qué descartar,
perderás de vista el verdadero
propósito de ordenar.

El mejor criterio para elegir qué
conservar es este: ¿te hace feliz
cuando lo tocas?

Coge cada objeto. Cuida aquellos
que te aportan felicidad y desecha
los que no. Es la manera más
sencilla y precisa de decidir
con lo que debes quedarte.

El verdadero propósito de tu casa
y tus cosas es hacerte feliz. Así
que el criterio lógico para elegir
debe ser si te hará feliz, si te
aportará felicidad.

4

ordena por categoría

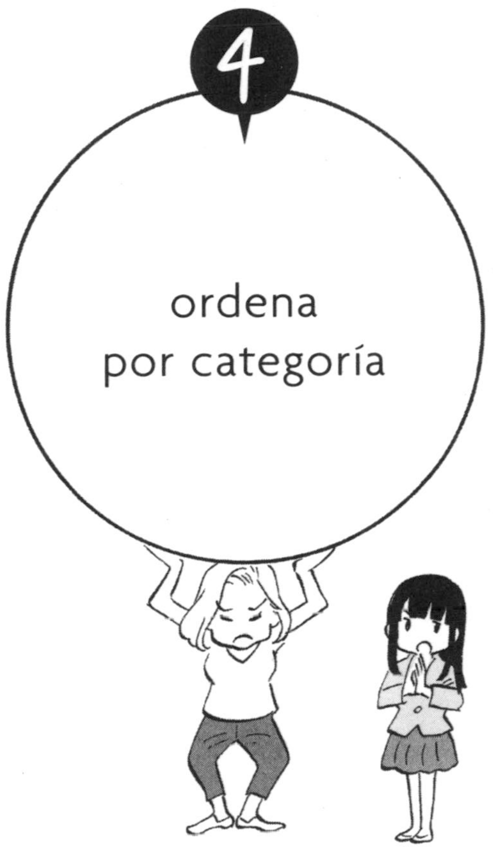

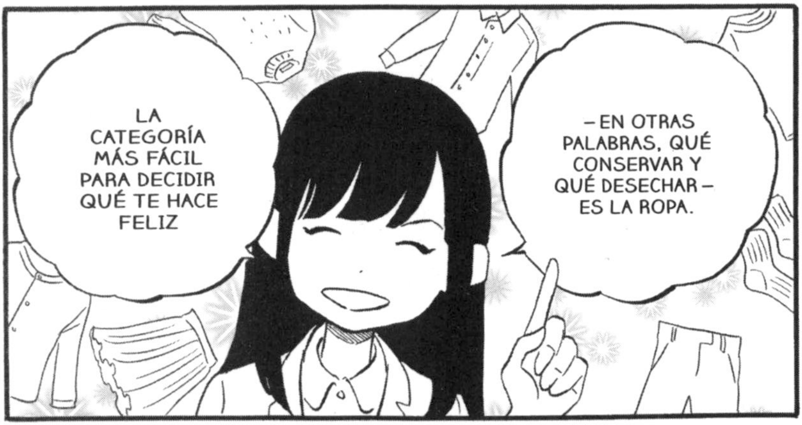
LA CATEGORÍA MÁS FÁCIL PARA DECIDIR QUÉ TE HACE FELIZ
–EN OTRAS PALABRAS, QUÉ CONSERVAR Y QUÉ DESECHAR– ES LA ROPA.

LA ROPA ES LA MÁS FÁCIL PORQUE ES UNA CATEGORÍA CLARAMENTE DEFINIDA Y DONDE NO HAY DEMASIADA 'RAREZA'.

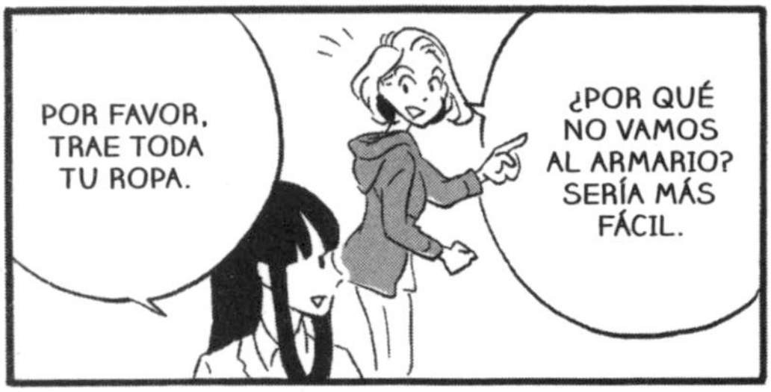
POR FAVOR, TRAE TODA TU ROPA.
¿POR QUÉ NO VAMOS AL ARMARIO? SERÍA MÁS FÁCIL.

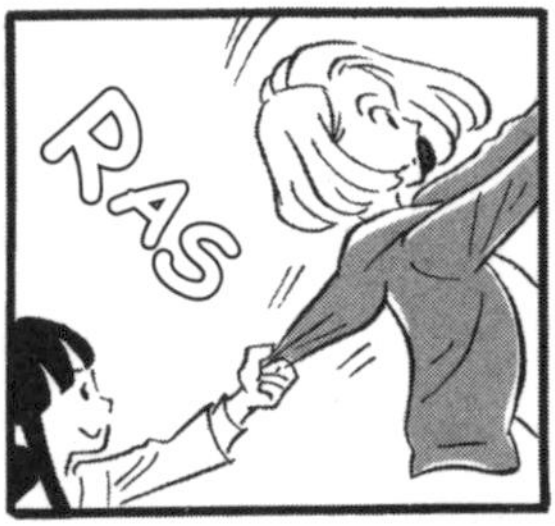
RAS

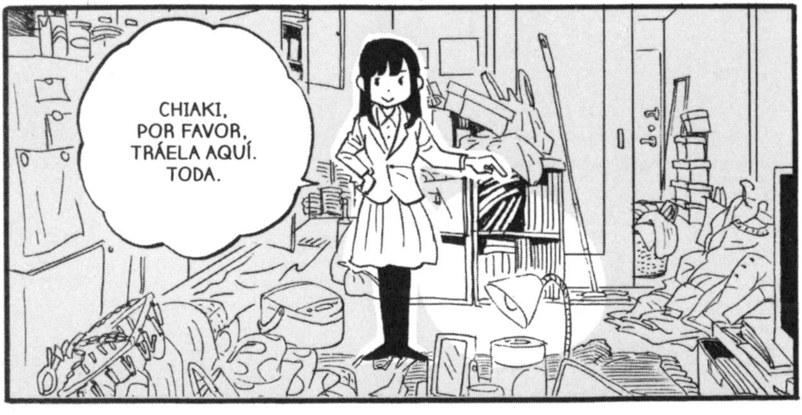
CHIAKI, POR FAVOR, TRÁELA AQUÍ. TODA.

¿EN SERIO? ¿AQUÍ?

¿TENGO QUE HACERLO?

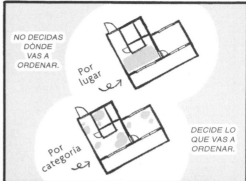

NO DECIDAS DÓNDE VAS A ORDENAR.

Por lugar

Por categoría

DECIDE LO QUE VAS A ORDENAR.

ESA ES LA CLAVE DE MI MÉTODO PARA ORDENAR.

¡¡¡NO POR LUGAR, SINO POR CATEGORÍA!!!

¿NO POR LUGAR, SINO POR CATEGORÍA?

¿TE REFIERES A ORDENAR TODA LA ROPA O TODOS LOS LIBROS DE UNA SOLA VEZ?

¡EXACTO!

CHIAKI, ¡TIENES TALENTO PARA ORDENAR!

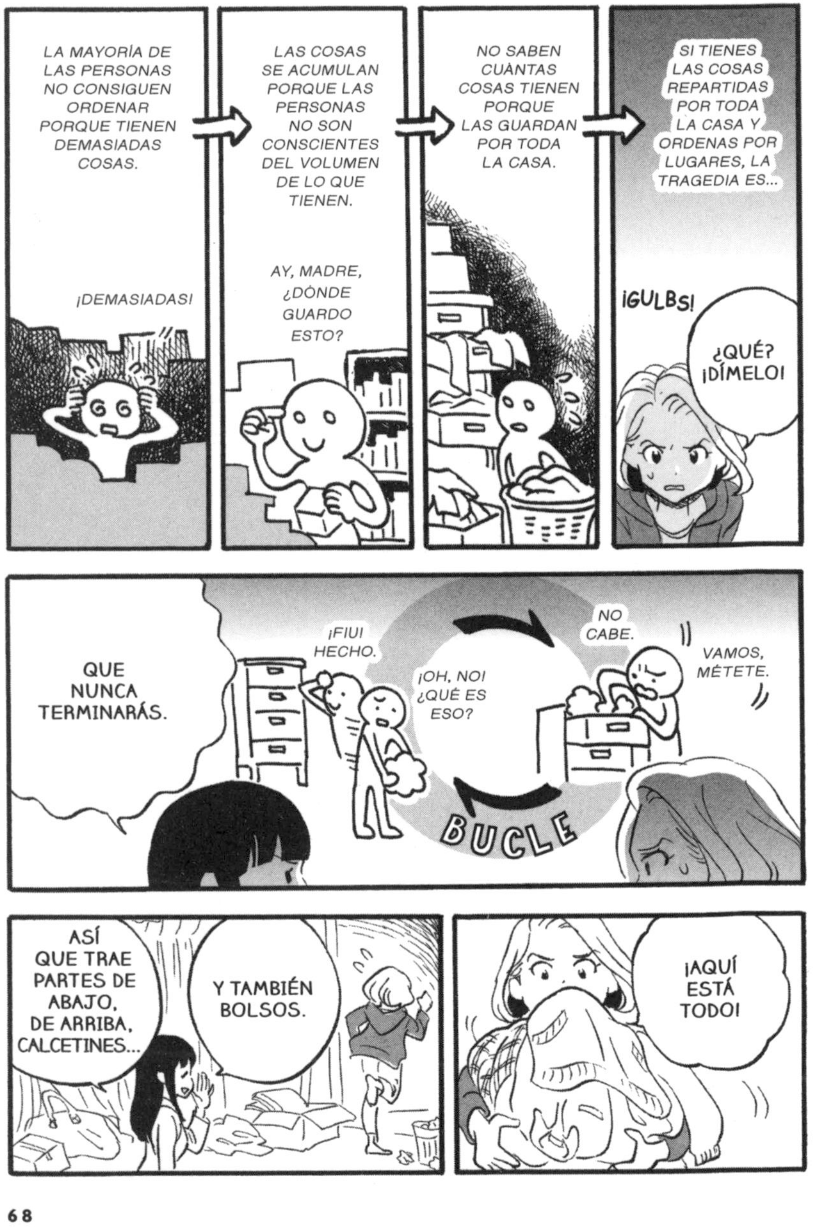
LA MAYORÍA DE LAS PERSONAS NO CONSIGUEN ORDENAR PORQUE TIENEN DEMASIADAS COSAS.
¡DEMASIADAS!
LAS COSAS SE ACUMULAN PORQUE LAS PERSONAS NO SON CONSCIENTES DEL VOLUMEN DE LO QUE TIENEN.
AY, MADRE, ¿DÓNDE GUARDO ESTO?
NO SABEN CUÁNTAS COSAS TIENEN PORQUE LAS GUARDAN POR TODA LA CASA.
SI TIENES LAS COSAS REPARTIDAS POR TODA LA CASA Y ORDENAS POR LUGARES, LA TRAGEDIA ES...
¡GULBS!
¿QUÉ? ¡DÍMELO!
QUE NUNCA TERMINARÁS.
¡FIU! HECHO.
¡OH, NO! ¿QUÉ ES ESO?
NO CABE.
VAMOS, MÉTETE.
BUCLE
ASÍ QUE TRAE PARTES DE ABAJO, DE ARRIBA, CALCETINES...
Y TAMBIÉN BOLSOS.
¡AQUÍ ESTÁ TODO!

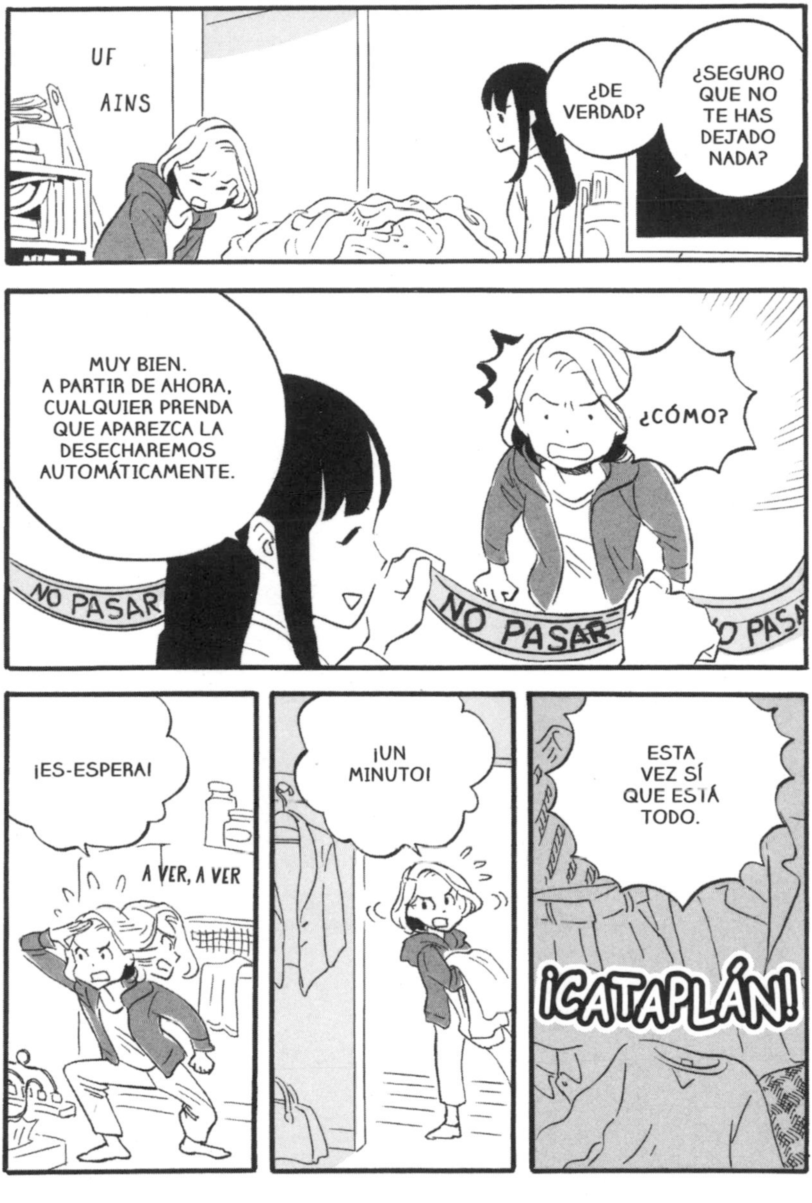
UF
AINS
¿DE VERDAD?
¿SEGURO QUE NO TE HAS DEJADO NADA?
MUY BIEN. A PARTIR DE AHORA, CUALQUIER PRENDA QUE APAREZCA LA DESECHAREMOS AUTOMÁTICAMENTE.
¿CÓMO?
NO PASAR
NO PASAR
¡ES-ESPERA!
A VER, A VER
¡UN MINUTO!
ESTA VEZ SÍ QUE ESTÁ TODO.
¡CATAPLÁN!

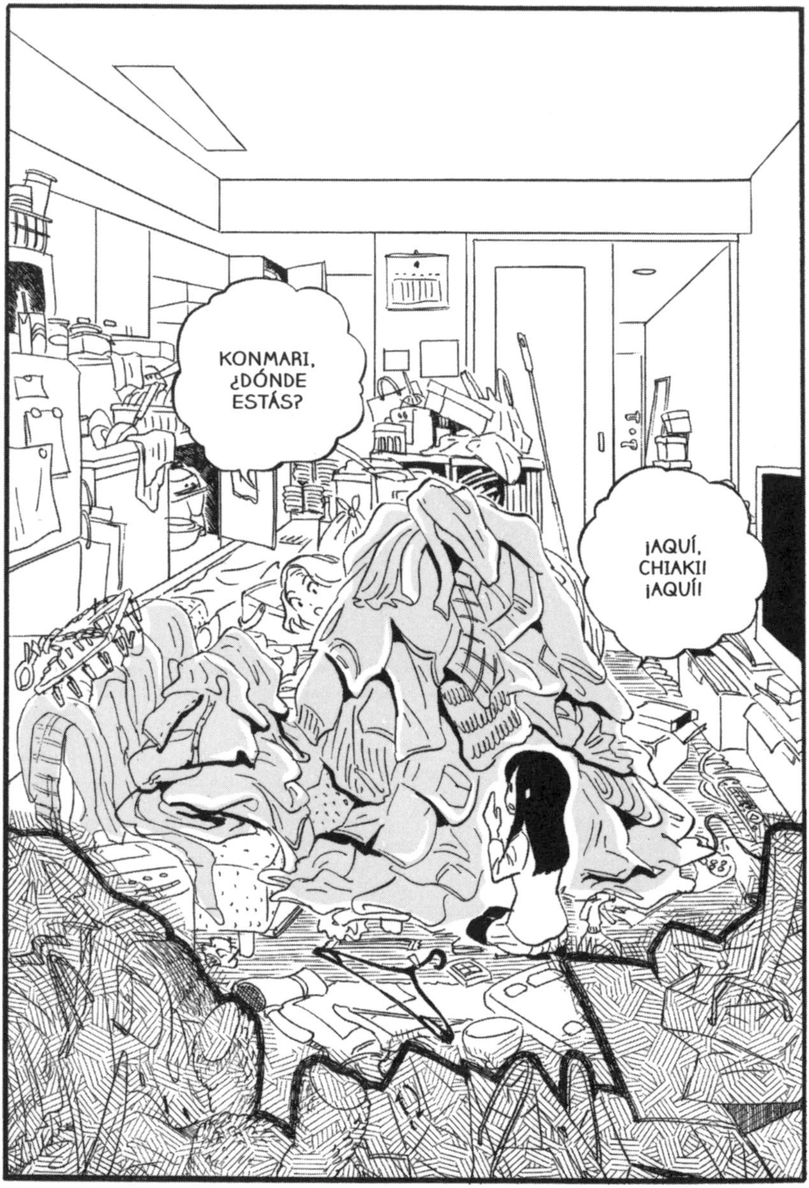
KONMARI, ¿DÓNDE ESTÁS?
¡AQUÍ, CHIAKI! ¡AQUÍ!

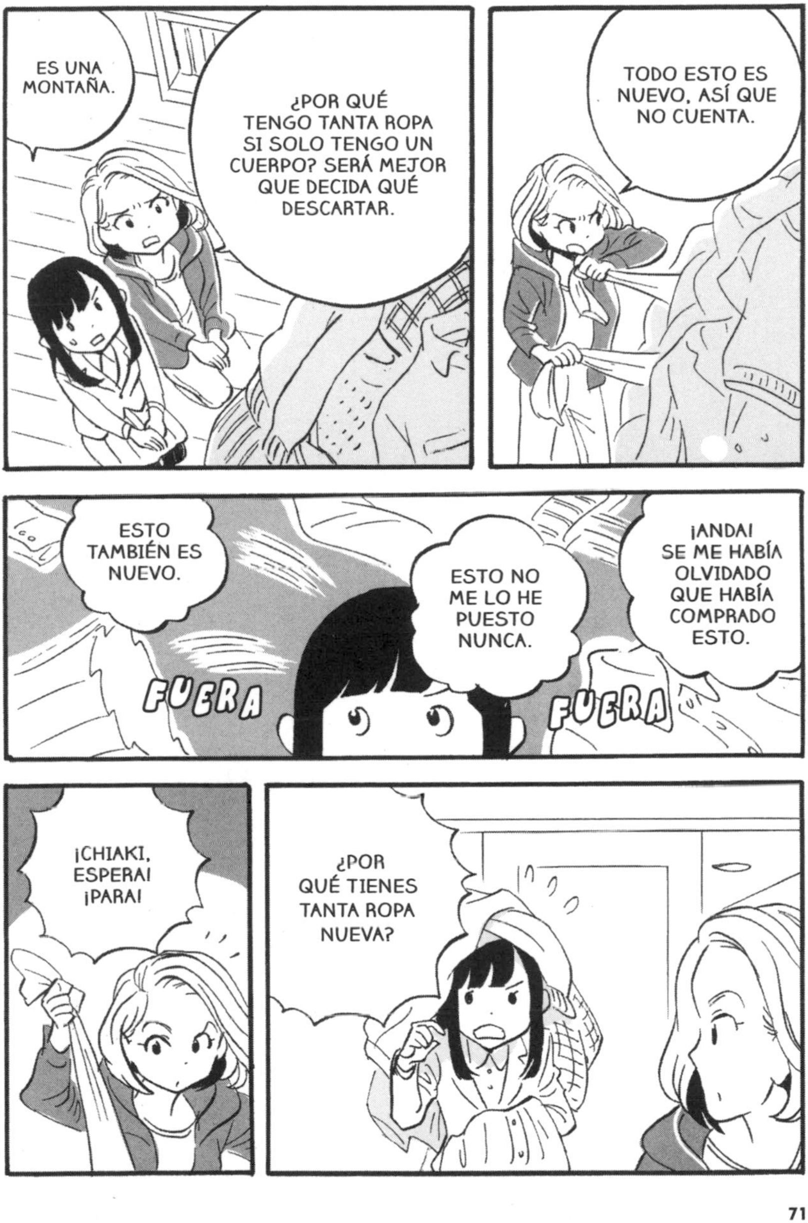
ES UNA MONTAÑA.
¿POR QUÉ TENGO TANTA ROPA SI SOLO TENGO UN CUERPO? SERÁ MEJOR QUE DECIDA QUÉ DESCARTAR.
TODO ESTO ES NUEVO, ASÍ QUE NO CUENTA.
ESTO TAMBIÉN ES NUEVO.
FUERA
ESTO NO ME LO HE PUESTO NUNCA.
FUERA
¡ANDA! SE ME HABÍA OLVIDADO QUE HABÍA COMPRADO ESTO.
¡CHIAKI, ESPERA! ¡PARA!
¿POR QUÉ TIENES TANTA ROPA NUEVA?

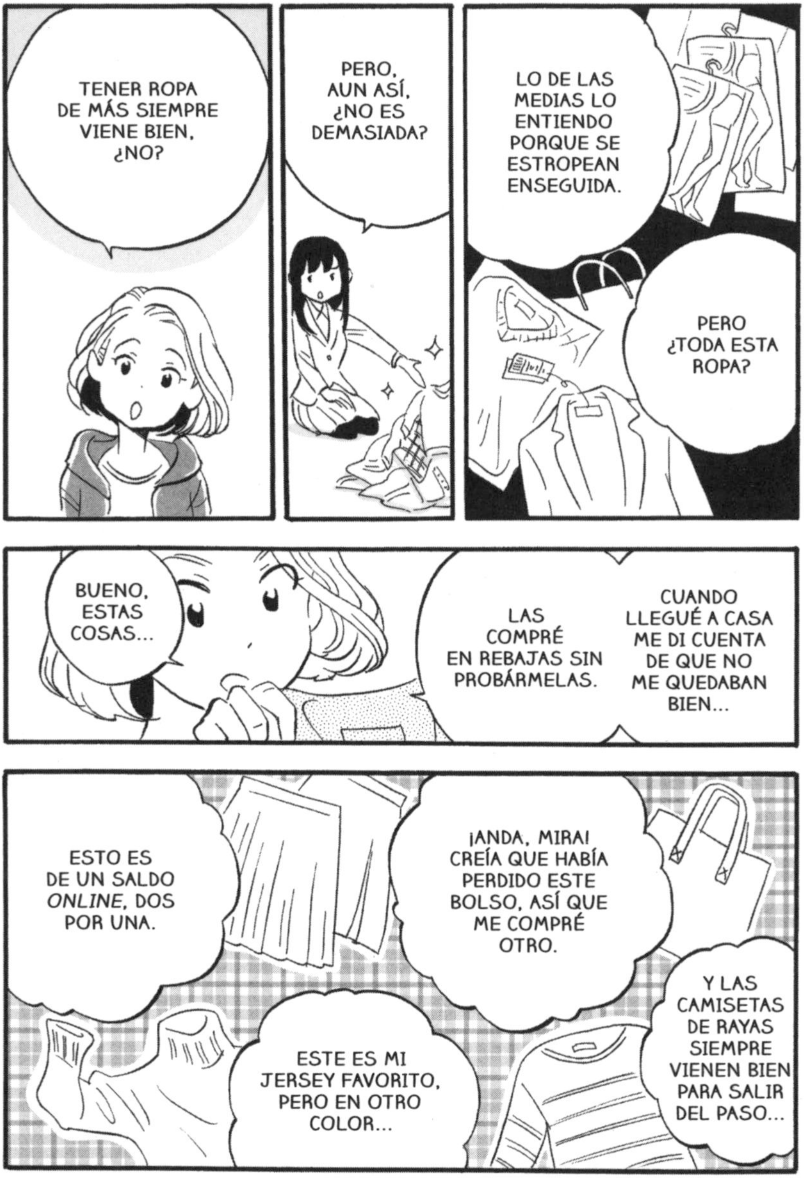
TENER ROPA DE MÁS SIEMPRE VIENE BIEN, ¿NO?
PERO, AUN ASÍ, ¿NO ES DEMASIADA?
LO DE LAS MEDIAS LO ENTIENDO PORQUE SE ESTROPEAN ENSEGUIDA.
PERO ¿TODA ESTA ROPA?
BUENO, ESTAS COSAS...
LAS COMPRÉ EN REBAJAS SIN PROBÁRMELAS.
CUANDO LLEGUÉ A CASA ME DI CUENTA DE QUE NO ME QUEDABAN BIEN...
ESTO ES DE UN SALDO *ONLINE*, DOS POR UNA.
¡ANDA, MIRA! CREÍA QUE HABÍA PERDIDO ESTE BOLSO, ASÍ QUE ME COMPRÉ OTRO.
ESTE ES MI JERSEY FAVORITO, PERO EN OTRO COLOR...
Y LAS CAMISETAS DE RAYAS SIEMPRE VIENEN BIEN PARA SALIR DEL PASO...

¡YA ESTÁS OTRA VEZ!

PENSABA QUE QUERÍAS OLVIDARTE DEL «PARA SALIR DEL PASO».

BUENO..., IGUAL DEBERÍA PROBARME ESTAS COSAS ANTES DE DESHACERME DE ELLAS.

¿TE HACEN FELIZ?

ESTO...

RECUERDA, CHIAKI.

LA FELICIDAD ES EL CRITERIO PARA ELEGIR.

MMM...
ME APORTA

CHIAKI.

TOC

VAMOS A EMPEZAR POR LA ROPA DE INVIERNO.

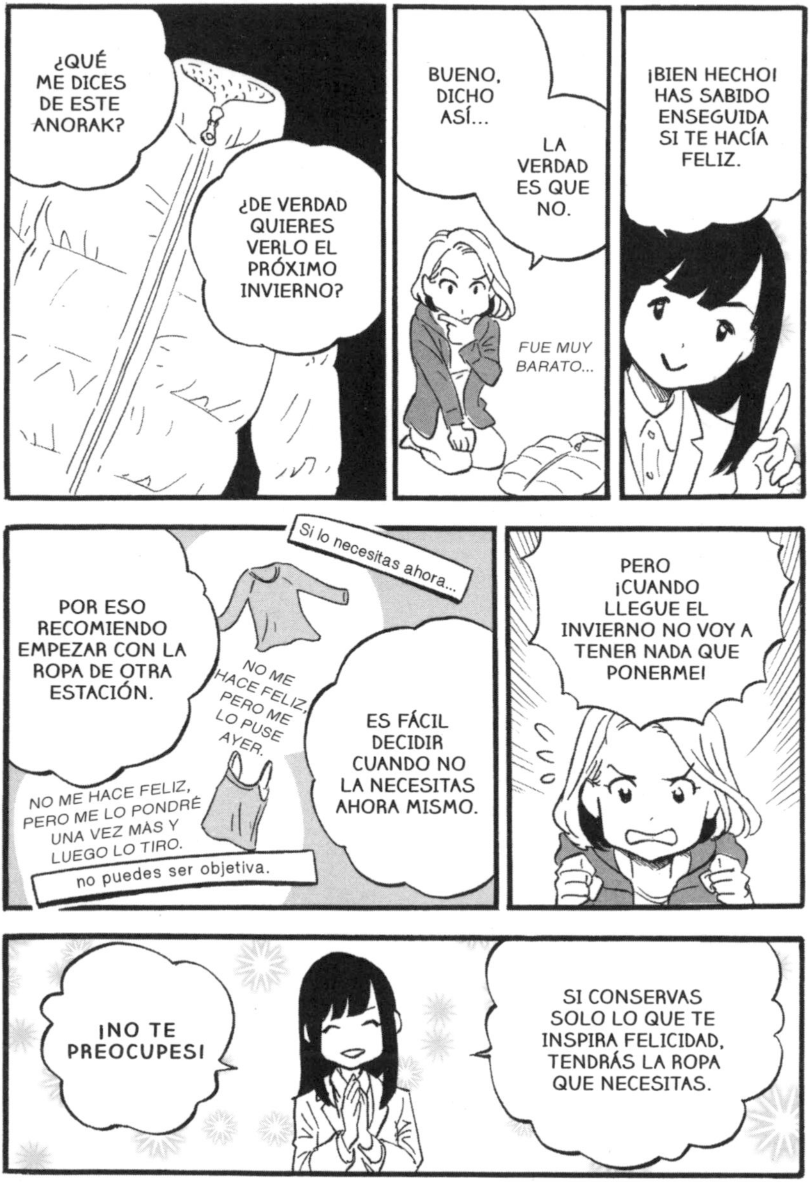
¿QUÉ ME DICES DE ESTE ANORAK?
¿DE VERDAD QUIERES VERLO EL PRÓXIMO INVIERNO?
BUENO, DICHO ASÍ...
LA VERDAD ES QUE NO.
FUE MUY BARATO...
¡BIEN HECHO! HAS SABIDO ENSEGUIDA SI TE HACÍA FELIZ.
Si lo necesitas ahora...
POR ESO RECOMIENDO EMPEZAR CON LA ROPA DE OTRA ESTACIÓN.
NO ME HACE FELIZ, PERO ME LO PUSE AYER.
NO ME HACE FELIZ, PERO ME LO PONDRÉ UNA VEZ MÁS Y LUEGO LO TIRO.
no puedes ser objetiva.
ES FÁCIL DECIDIR CUANDO NO LA NECESITAS AHORA MISMO.
PERO ¡CUANDO LLEGUE EL INVIERNO NO VOY A TENER NADA QUE PONERME!
¡NO TE PREOCUPES!
SI CONSERVAS SOLO LO QUE TE INSPIRA FELICIDAD, TENDRÁS LA ROPA QUE NECESITAS.

¿ESTÁS SEGURA?

TÚ HAZME CASO. VAMOS A TRABAJAR.

TOCA CADA PRENDA Y PREGÚNTATE,

«¿QUIERO VER ESTO EL PRÓXIMO INVIERNO?».

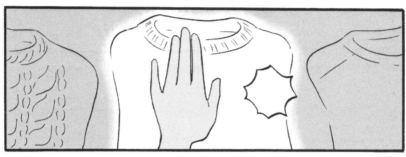

TENGO MUCHOS JERSÉIS IGUALES.

ENTONCES, ¿POR QUÉ SOLO ME HACE FELIZ ESTE?

¡ESTE SÍ!

PODRÍA SER EL TACTO O EL TAMAÑO...

SOLO SU DUEÑO LO SABE...

HASTA EL INVIERNO.

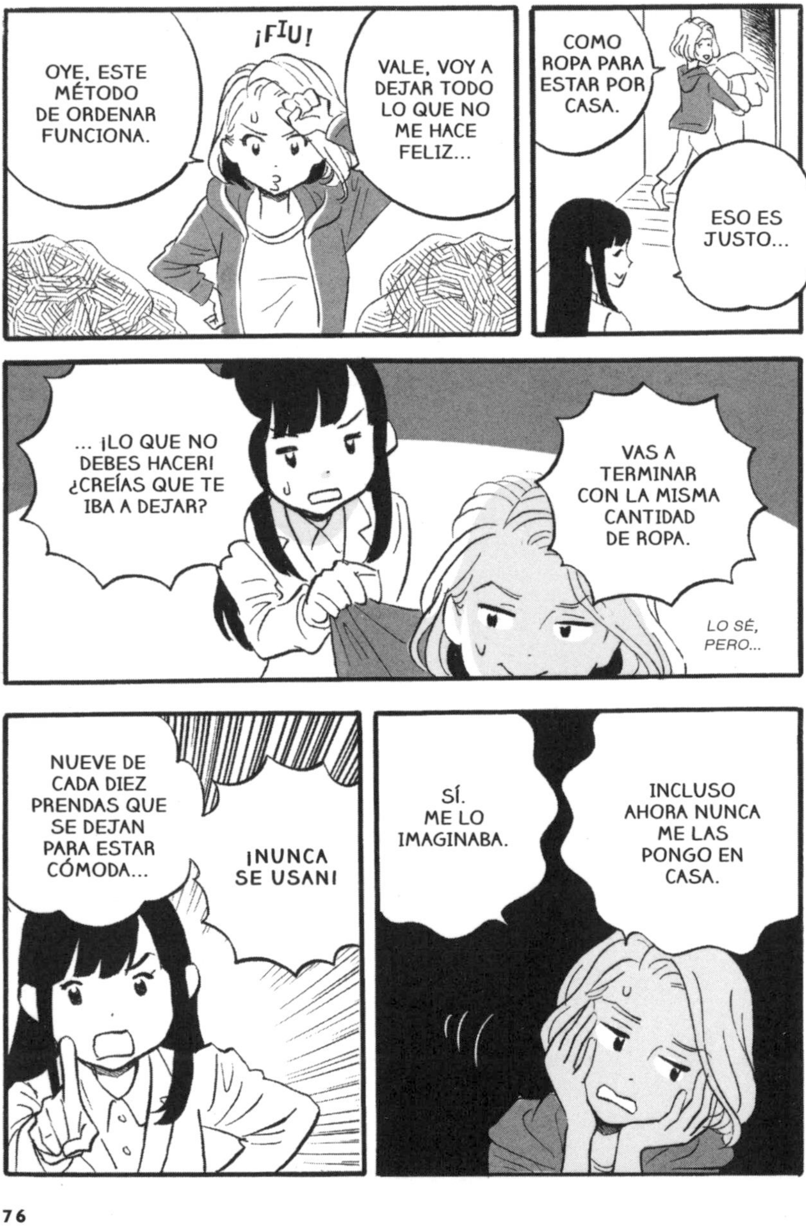
OYE, ESTE MÉTODO DE ORDENAR FUNCIONA.
¡FIU!
VALE, VOY A DEJAR TODO LO QUE NO ME HACE FELIZ...
COMO ROPA PARA ESTAR POR CASA.
ESO ES JUSTO...
... ¡LO QUE NO DEBES HACER! ¿CREÍAS QUE TE IBA A DEJAR?
VAS A TERMINAR CON LA MISMA CANTIDAD DE ROPA.
LO SÉ, PERO...
NUEVE DE CADA DIEZ PRENDAS QUE SE DEJAN PARA ESTAR CÓMODA...
¡NUNCA SE USAN!
SÍ. ME LO IMAGINABA.
INCLUSO AHORA NUNCA ME LAS PONGO EN CASA.

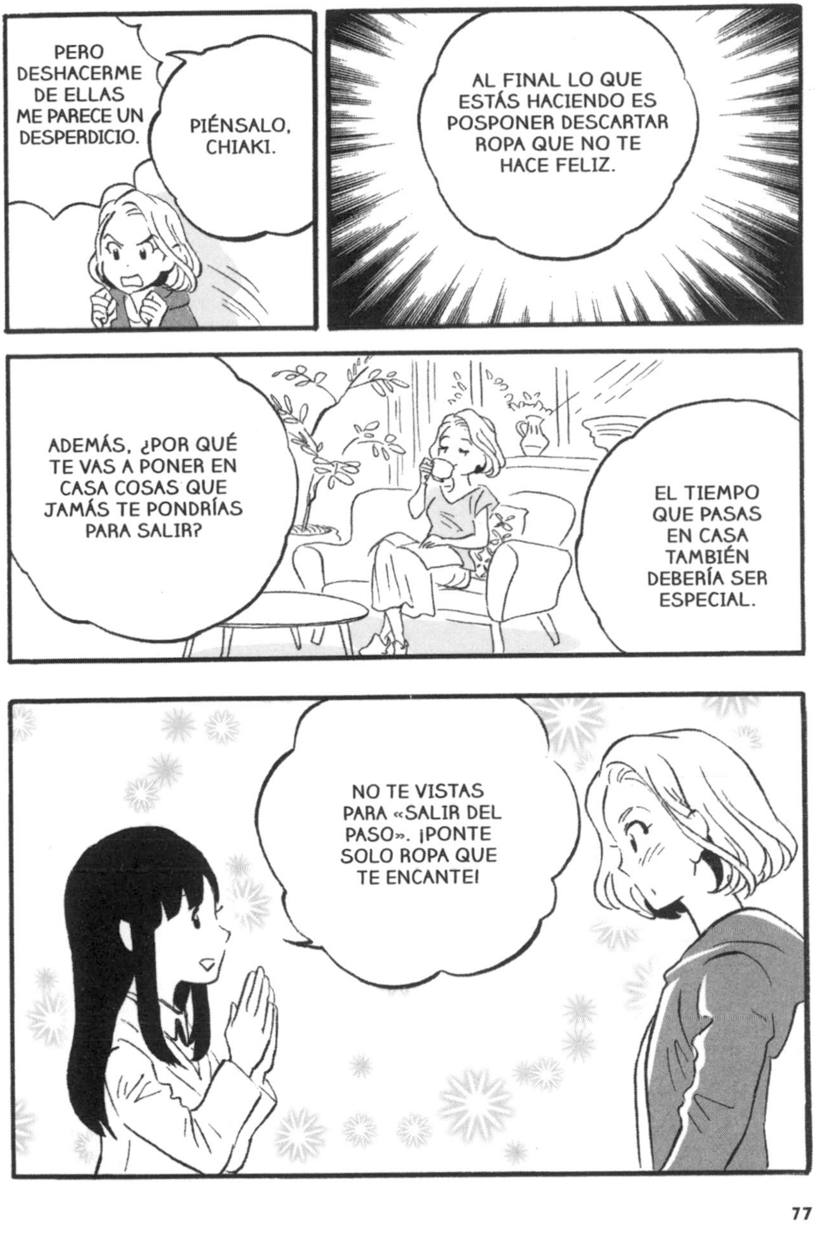
PERO DESHACERME DE ELLAS ME PARECE UN DESPERDICIO.
PIÉNSALO, CHIAKI.
AL FINAL LO QUE ESTÁS HACIENDO ES POSPONER DESCARTAR ROPA QUE NO TE HACE FELIZ.
ADEMÁS, ¿POR QUÉ TE VAS A PONER EN CASA COSAS QUE JAMÁS TE PONDRÍAS PARA SALIR?
EL TIEMPO QUE PASAS EN CASA TAMBIÉN DEBERÍA SER ESPECIAL.
NO TE VISTAS PARA «SALIR DEL PASO». ¡PONTE SOLO ROPA QUE TE ENCANTE!

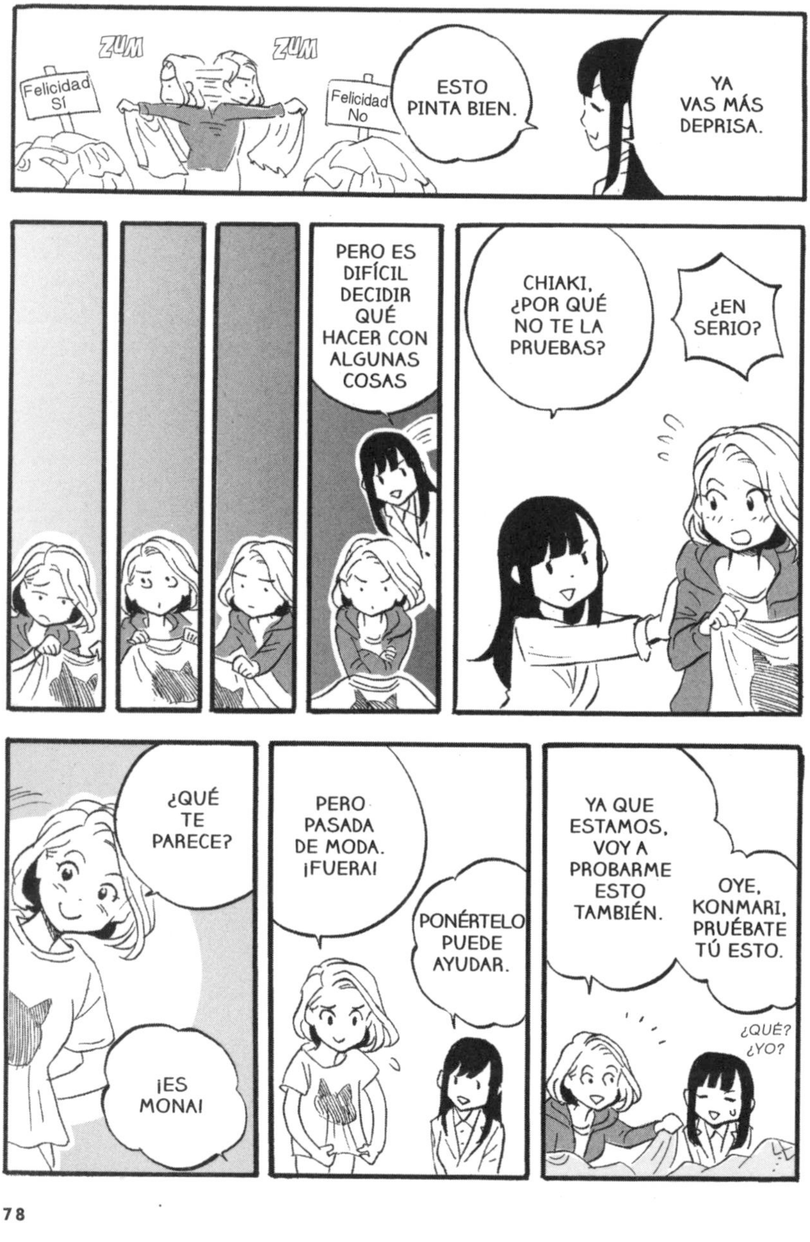
ZUM
Felicidad
Sí
ZUM
Felicidad
No
ESTO PINTA BIEN.
YA VAS MÁS DEPRISA.
PERO ES DIFÍCIL DECIDIR QUÉ HACER CON ALGUNAS COSAS
CHIAKI, ¿POR QUÉ NO TE LA PRUEBAS?
¿EN SERIO?
¿QUÉ TE PARECE?
¡ES MONA!
PERO PASADA DE MODA. ¡FUERA!
PONÉRTELO PUEDE AYUDAR.
YA QUE ESTAMOS, VOY A PROBARME ESTO TAMBIÉN.
OYE, KONMARI, PRUÉBATE TÚ ESTO.
¿QUÉ? ¿YO?

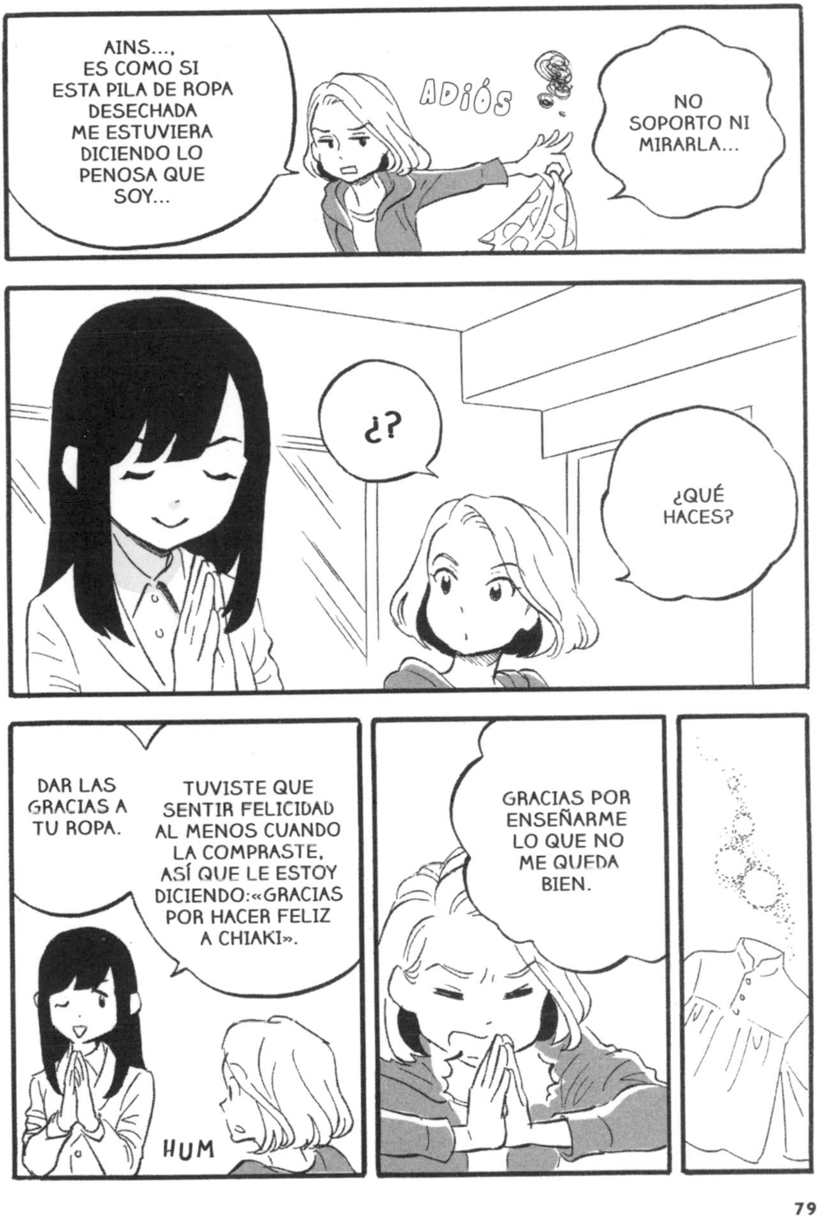
AINS..., ES COMO SI ESTA PILA DE ROPA DESECHADA ME ESTUVIERA DICIENDO LO PENOSA QUE SOY...
ADIÓS
NO SOPORTO NI MIRARLA...
¿?
¿QUÉ HACES?
DAR LAS GRACIAS A TU ROPA.
TUVISTE QUE SENTIR FELICIDAD AL MENOS CUANDO LA COMPRASTE, ASÍ QUE LE ESTOY DICIENDO:«GRACIAS POR HACER FELIZ A CHIAKI».
HUM
GRACIAS POR ENSEÑARME LO QUE NO ME QUEDA BIEN.

FIU...

slip

ASÍ ES FÁCIL DECIR «ADIÓS».

¿A QUE SÍ?

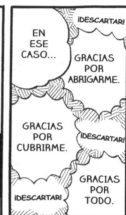

EN ESE CASO...

¡DESCARTAR!

GRACIAS POR ABRIGARME.

GRACIAS POR CUBRIRME.

¡DESCARTAR!

¡DESCARTAR!

GRACIAS POR TODO.

FLAS

¡TREINTA BOLSAS!

¡BIEN HECHO! SIGUE ASÍ.

LO QUE ESTÉ EN BUEN ESTADO PUEDES DONARLO A UNA ONG O LLEVARLO AL CONTENEDOR DE ROPA USADA.

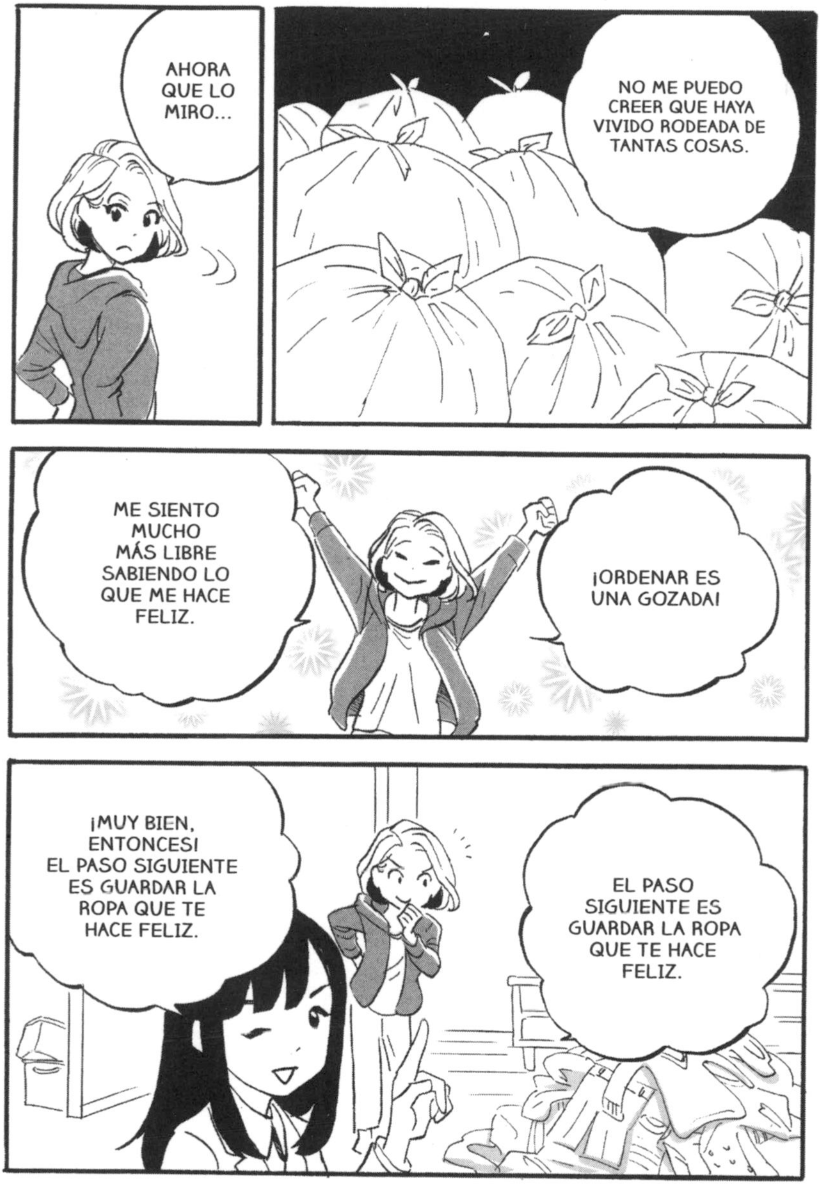
AHORA QUE LO MIRO...
NO ME PUEDO CREER QUE HAYA VIVIDO RODEADA DE TANTAS COSAS.
ME SIENTO MUCHO MÁS LIBRE SABIENDO LO QUE ME HACE FELIZ.
¡ORDENAR ES UNA GOZADA!
¡MUY BIEN, ENTONCES! EL PASO SIGUIENTE ES GUARDAR LA ROPA QUE TE HACE FELIZ.
EL PASO SIGUIENTE ES GUARDAR LA ROPA QUE TE HACE FELIZ.

No ordenes por lugar o por habitación, sino por categoría.

———

La mayoría de las personas no pueden ordenar porque tienen demasiadas cosas. Acumulan tanto porque no saben en realidad cuántas cosas poseen.

Saca todas las cosas de cada categoría de cada rincón de tu casa. Apílalas juntas. Así podrás ver cuánto tienes exactamente.

Las cosas aparcadas en un cajón o en un armario están dormidas. Despiértalas sacándolas y extendiéndolas en el suelo para que les dé el aire. Cuando lo hagas, te sorprenderá comprobar que tu barómetro de felicidad se vuelve claro y preciso.

Reunir todas las cosas de una misma categoría en un mismo sitio es la manera más rápida de ordenar.

dobla y guarda
en vertical

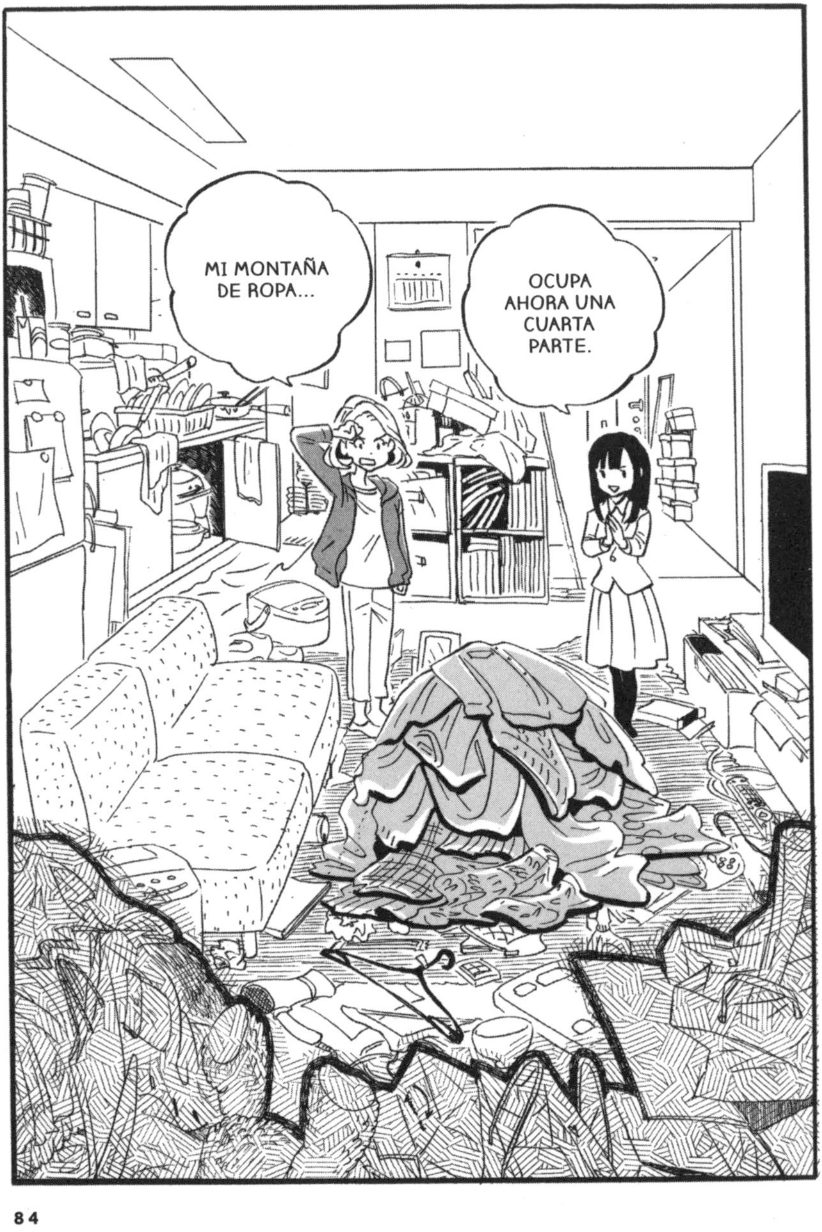
MI MONTAÑA DE ROPA...
OCUPA AHORA UNA CUARTA PARTE.

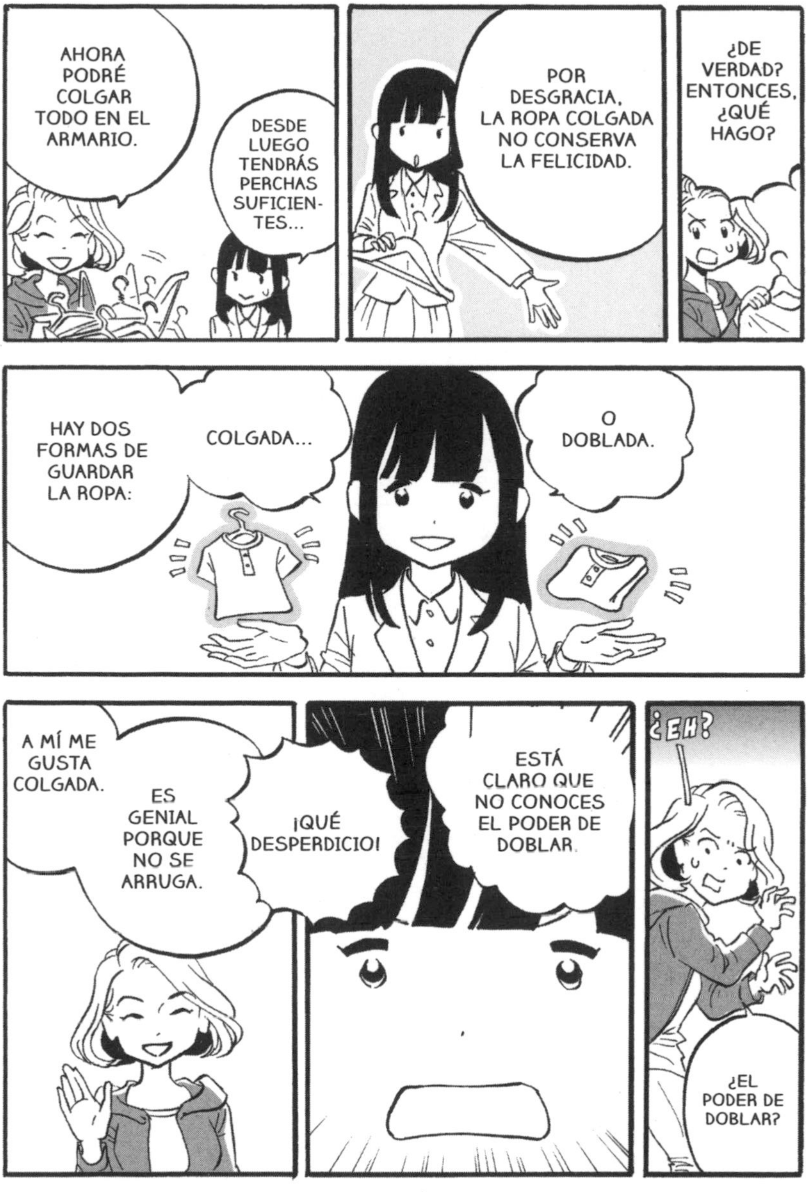
AHORA PODRÉ COLGAR TODO EN EL ARMARIO.
DESDE LUEGO TENDRÁS PERCHAS SUFICIENTES...
POR DESGRACIA, LA ROPA COLGADA NO CONSERVA LA FELICIDAD.
¿DE VERDAD? ENTONCES, ¿QUÉ HAGO?
HAY DOS FORMAS DE GUARDAR LA ROPA:
COLGADA...
O DOBLADA.
A MÍ ME GUSTA COLGADA.
ES GENIAL PORQUE NO SE ARRUGA.
¡QUÉ DESPERDICIO!
ESTÁ CLARO QUE NO CONOCES EL PODER DE DOBLAR.
¿EH?
¿EL PODER DE DOBLAR?

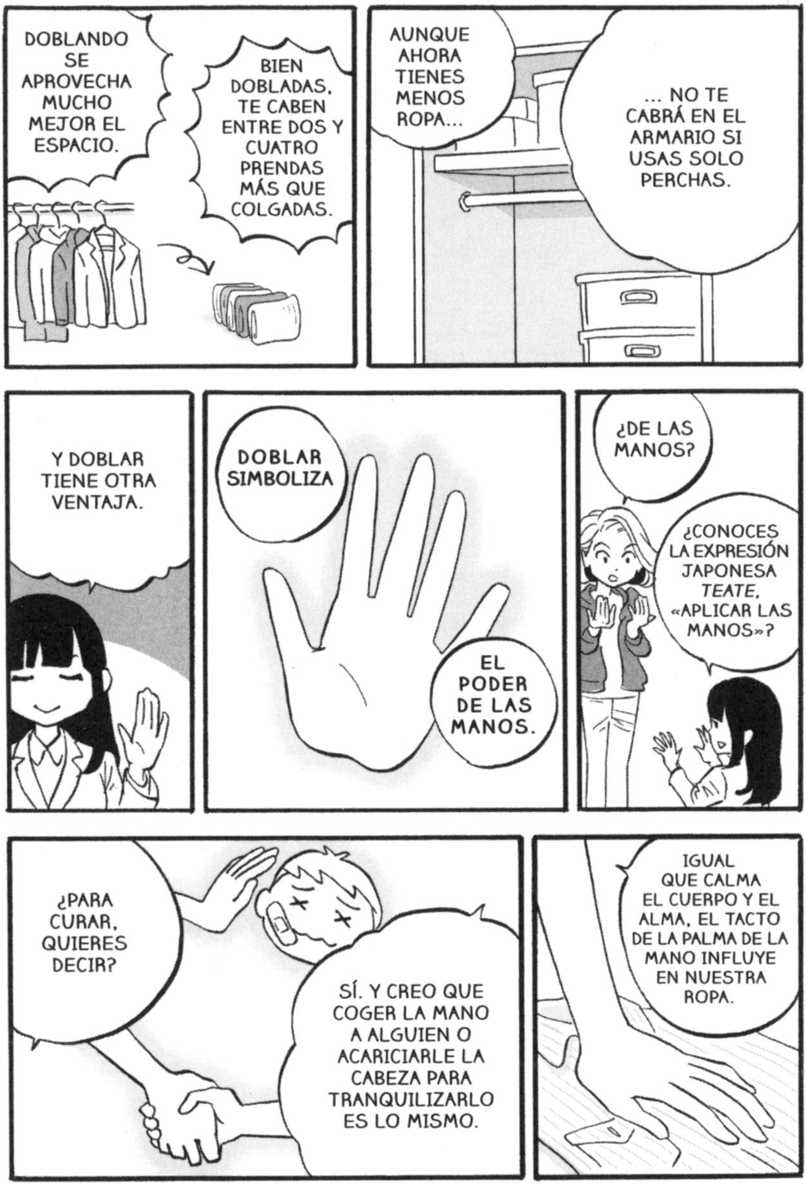
DOBLANDO SE APROVECHA MUCHO MEJOR EL ESPACIO.
BIEN DOBLADAS, TE CABEN ENTRE DOS Y CUATRO PRENDAS MÁS QUE COLGADAS.
AUNQUE AHORA TIENES MENOS ROPA...
... NO TE CABRÁ EN EL ARMARIO SI USAS SOLO PERCHAS.
Y DOBLAR TIENE OTRA VENTAJA.
DOBLAR SIMBOLIZA
EL PODER DE LAS MANOS.
¿DE LAS MANOS?
¿CONOCES LA EXPRESIÓN JAPONESA *TEATE*, «APLICAR LAS MANOS»?
¿PARA CURAR, QUIERES DECIR?
SÍ. Y CREO QUE COGER LA MANO A ALGUIEN O ACARICIARLE LA CABEZA PARA TRANQUILIZARLO ES LO MISMO.
IGUAL QUE CALMA EL CUERPO Y EL ALMA, EL TACTO DE LA PALMA DE LA MANO INFLUYE EN NUESTRA ROPA.

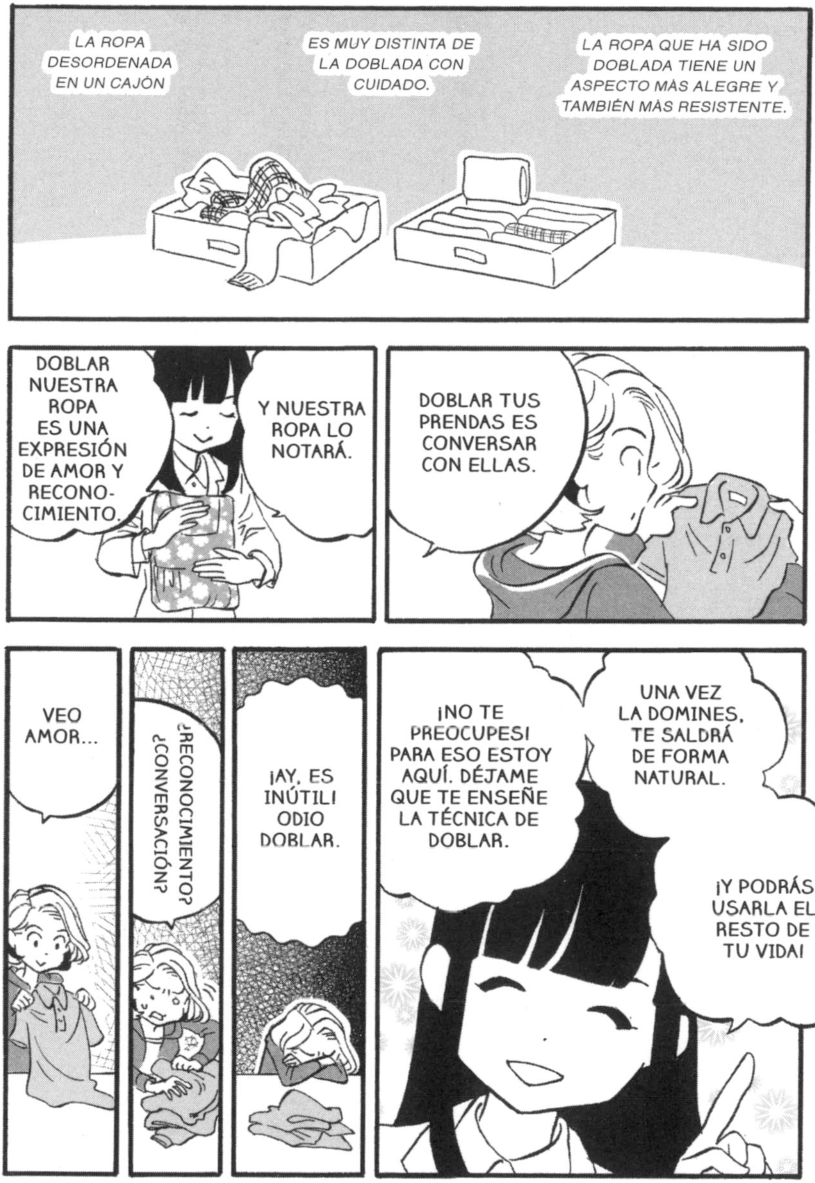
LA ROPA DESORDENADA EN UN CAJÓN
ES MUY DISTINTA DE LA DOBLADA CON CUIDADO.
LA ROPA QUE HA SIDO DOBLADA TIENE UN ASPECTO MÁS ALEGRE Y TAMBIÉN MÁS RESISTENTE.
DOBLAR NUESTRA ROPA ES UNA EXPRESIÓN DE AMOR Y RECONOCIMIENTO.
Y NUESTRA ROPA LO NOTARÁ.
DOBLAR TUS PRENDAS ES CONVERSAR CON ELLAS.
VEO AMOR...
¿RECONOCIMIENTO? ¿CONVERSACIÓN?
¡AY, ES INÚTIL! ODIO DOBLAR.
¡NO TE PREOCUPES! PARA ESO ESTOY AQUÍ. DÉJAME QUE TE ENSEÑE LA TÉCNICA DE DOBLAR.
UNA VEZ LA DOMINES, TE SALDRÁ DE FORMA NATURAL.
¡Y PODRÁS USARLA EL RESTO DE TU VIDA!

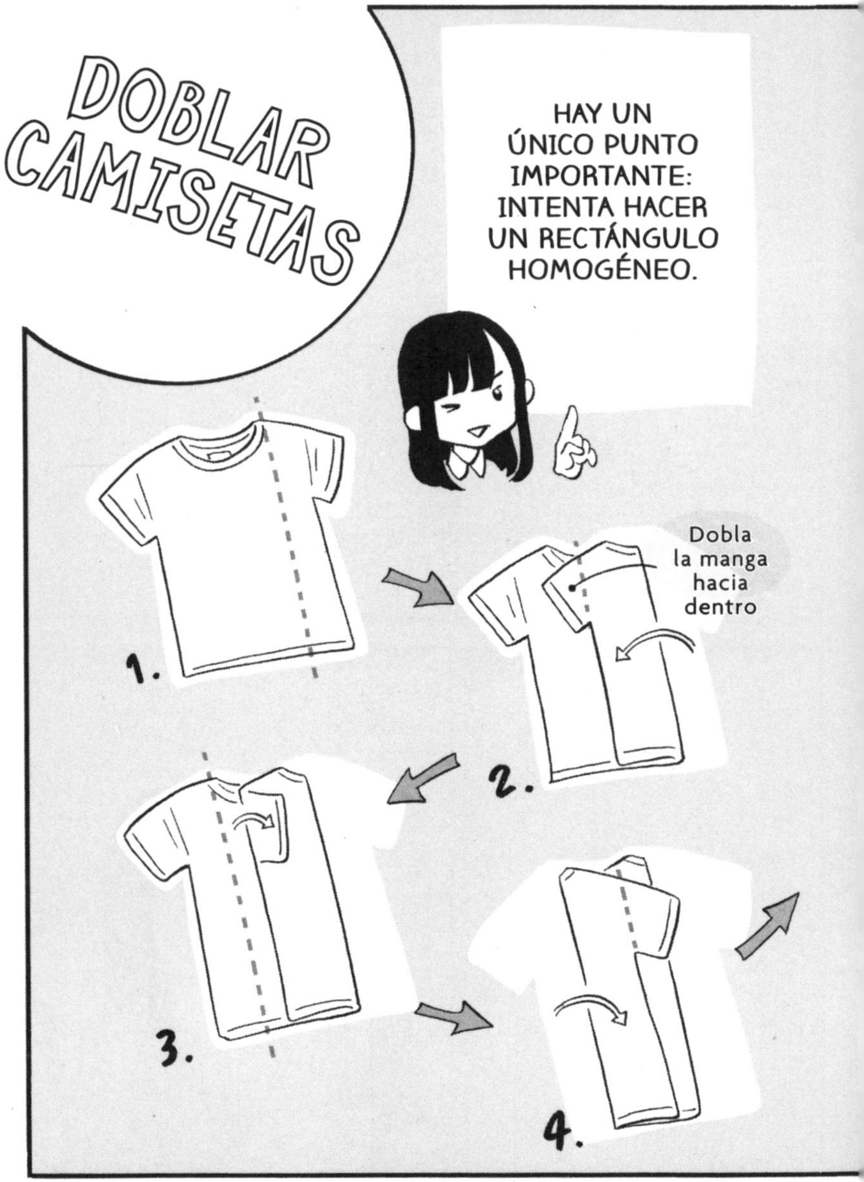
DOBLAR CAMISETAS
HAY UN ÚNICO PUNTO IMPORTANTE: INTENTA HACER UN RECTÁNGULO HOMOGÉNEO.
1.
Dobla la manga hacia dentro
2.
3.
4.

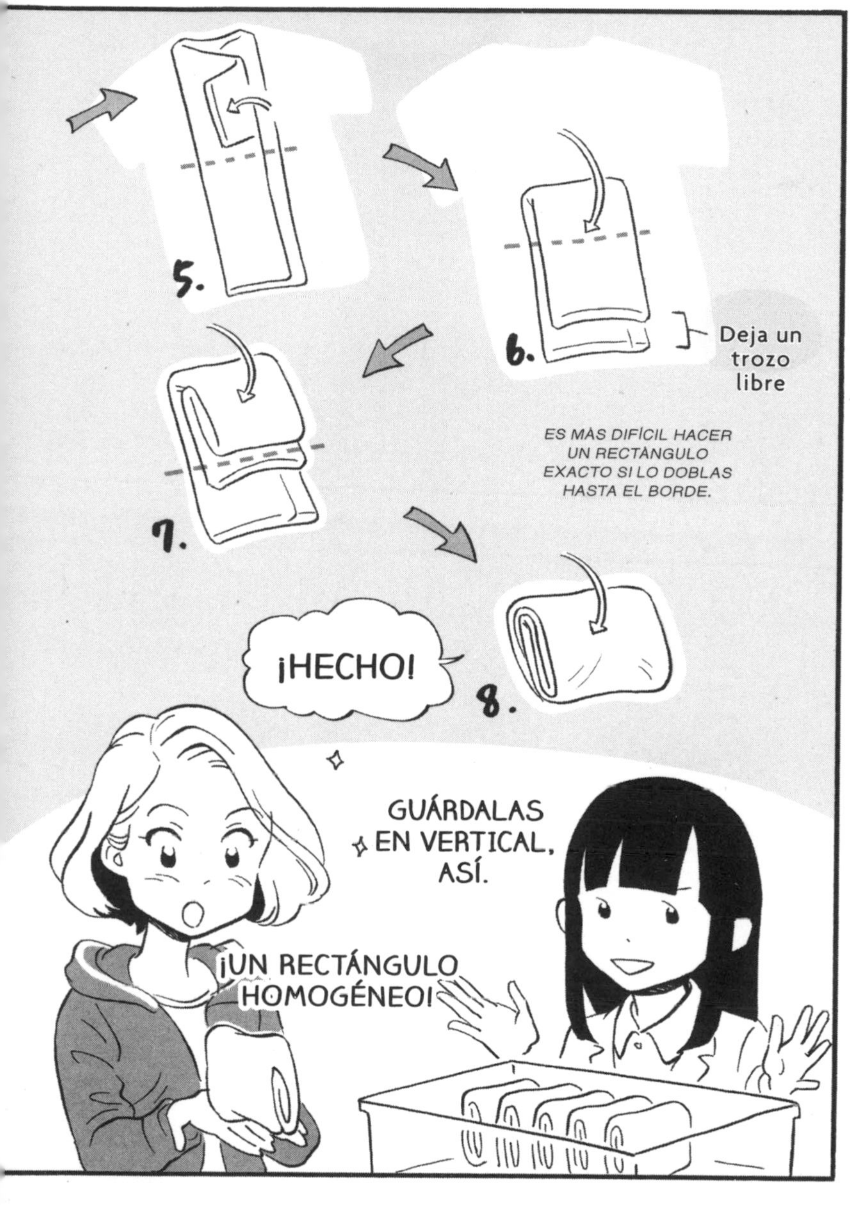
5.
6.
Deja un trozo libre
7.
ES MÁS DIFÍCIL HACER UN RECTÁNGULO EXACTO SI LO DOBLAS HASTA EL BORDE.
8.
¡HECHO!
GUÁRDALAS EN VERTICAL, ASÍ.
¡UN RECTÁNGULO HOMOGÉNEO!

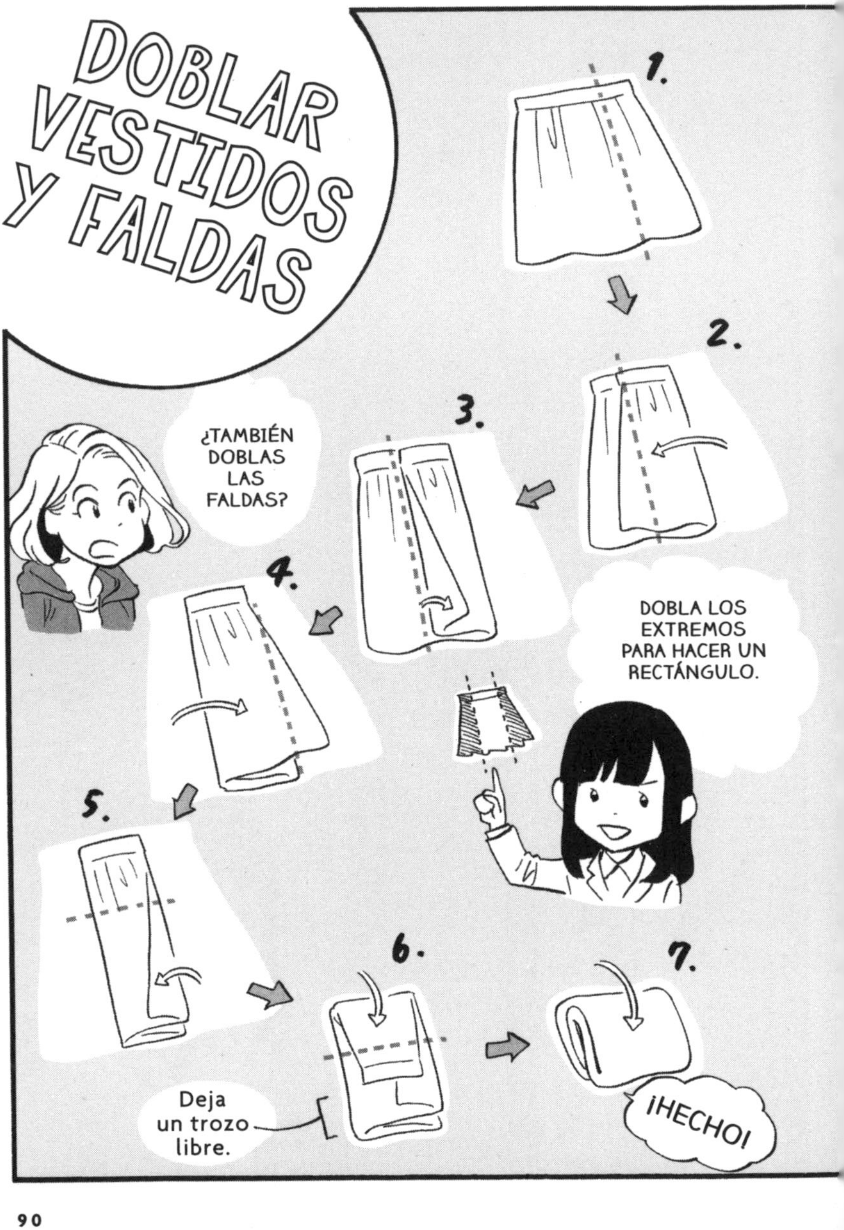
DOBLAR VESTIDOS Y FALDAS
1.
2.
3.
¿TAMBIÉN DOBLAS LAS FALDAS?
4.
DOBLA LOS EXTREMOS PARA HACER UN RECTÁNGULO.
5.
6.
Deja un trozo libre.
7.
¡HECHO!

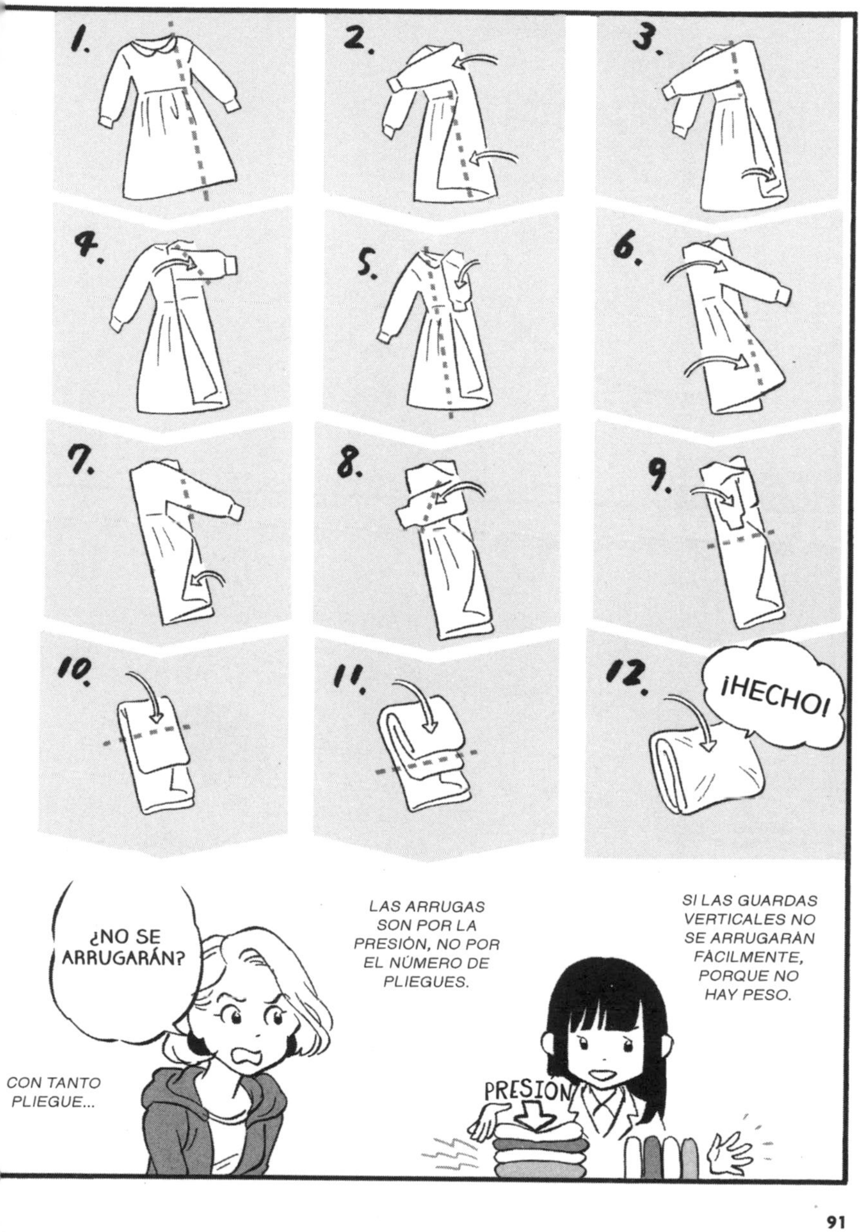
1.
2.
3.
4.
5.
6.
7.
8.
9.
10.
11.
12.
¡HECHO!
CON TANTO PLIEGUE...
¿NO SE ARRUGARÁN?
LAS ARRUGAS SON POR LA PRESIÓN, NO POR EL NÚMERO DE PLIEGUES.
PRESIÓN
SI LAS GUARDAS VERTICALES NO SE ARRUGARÁN FÁCILMENTE, PORQUE NO HAY PESO.

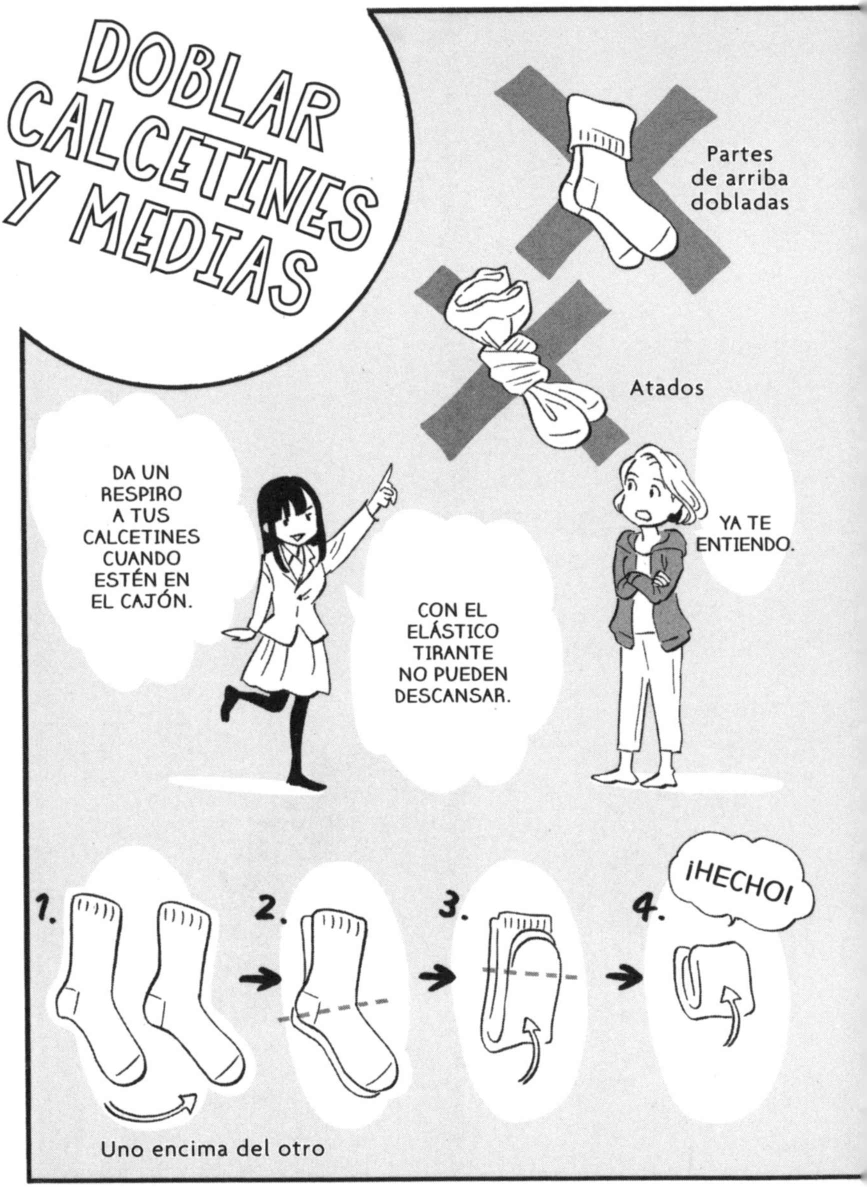
DOBLAR CALCETINES Y MEDIAS
Partes de arriba dobladas
Atados
DA UN RESPIRO A TUS CALCETINES CUANDO ESTÉN EN EL CAJÓN.
CON EL ELÁSTICO TIRANTE NO PUEDEN DESCANSAR.
YA TE ENTIENDO.
1.
Uno encima del otro
2.
3.
4.
¡HECHO!

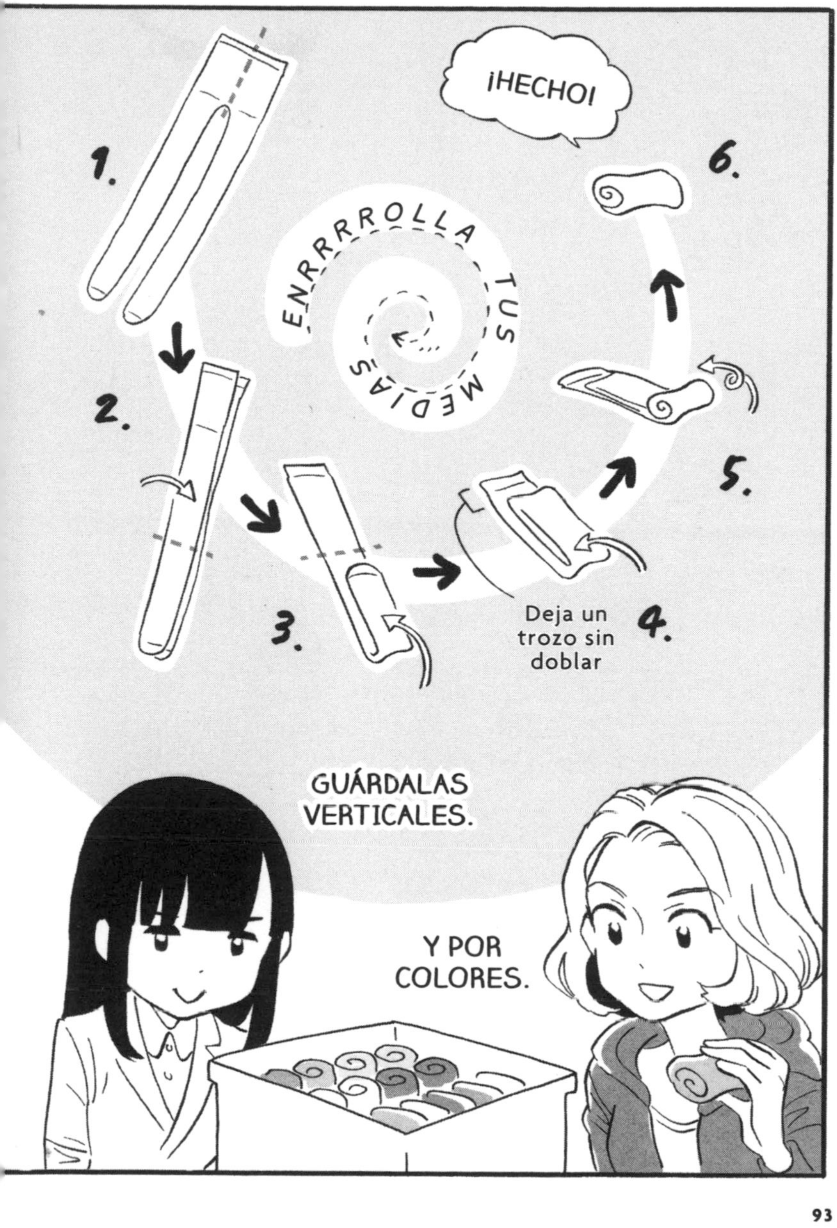

1.
2.
ENRRRROLLA TUS MEDIAS
3.
Deja un trozo sin doblar
4.
5.
6.
¡HECHO!
GUÁRDALAS VERTICALES.
Y POR COLORES.

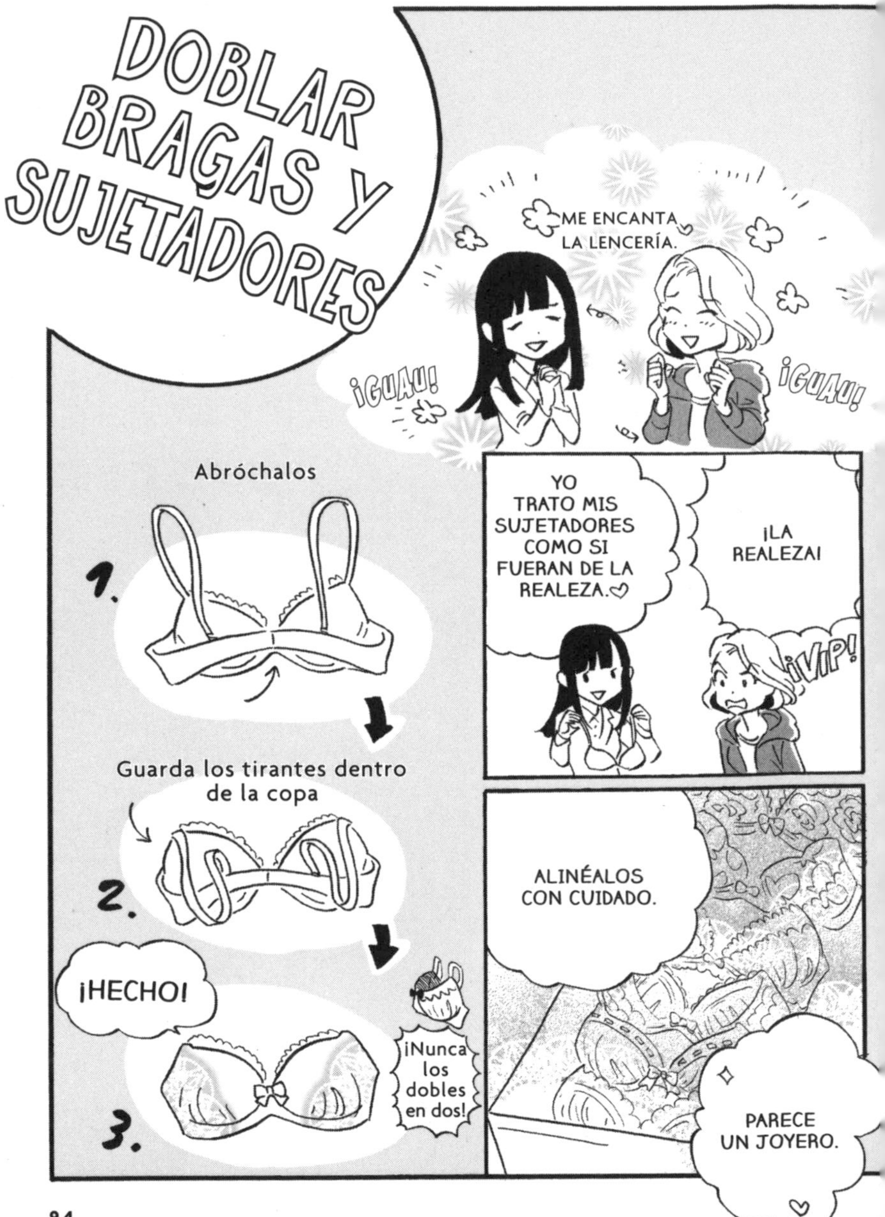
DOBLAR BRAGAS Y SUJETADORES
ME ENCANTA LA LENCERÍA.
¡GUAU!
¡GUAU!
Abróchalos
1.
Guarda los tirantes dentro de la copa
2.
¡HECHO!
3.
¡Nunca los dobles en dos!
YO TRATO MIS SUJETADORES COMO SI FUERAN DE LA REALEZA.
¡LA REALEZA!
¡VIP!
ALINÉALOS CON CUIDADO.
PARECE UN JOYERO.

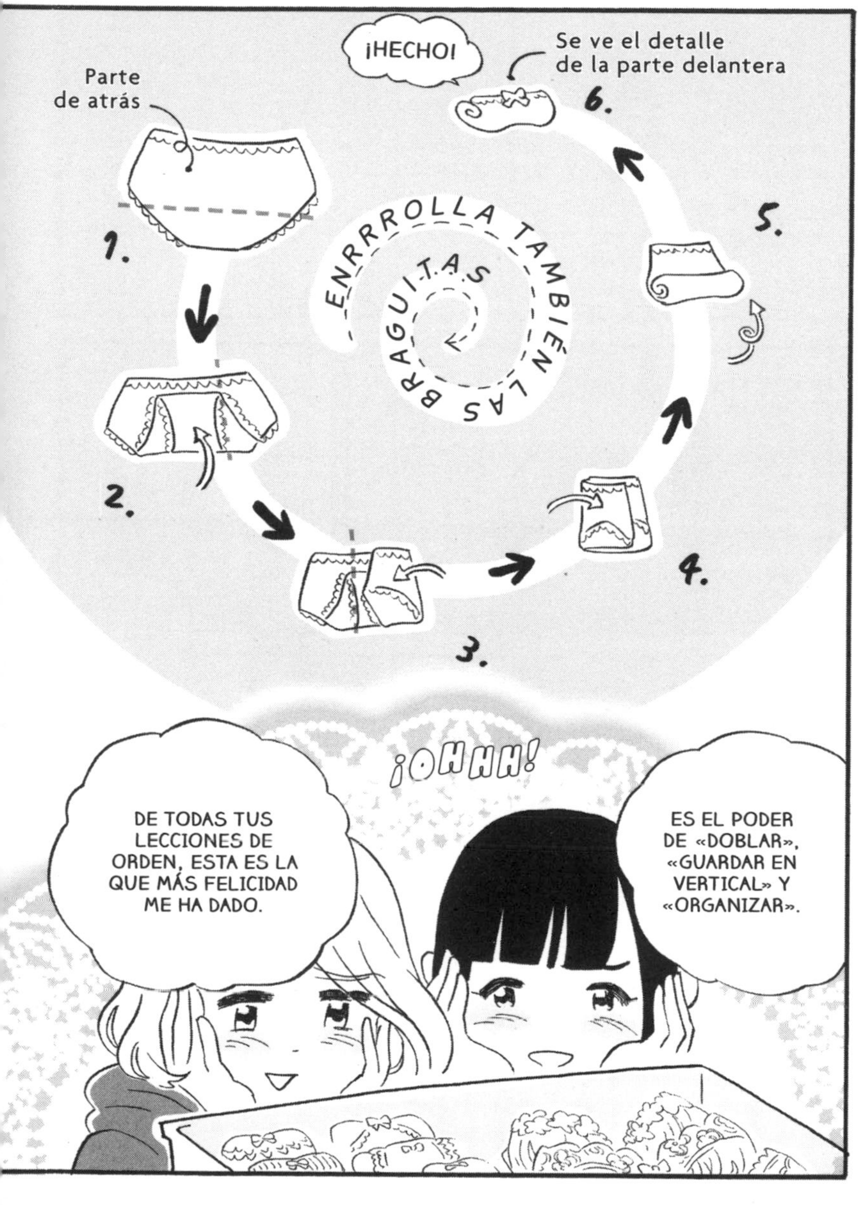
Parte de atrás
¡HECHO!
Se ve el detalle de la parte delantera
1.
2.
3.
4.
5.
6.
ENRRROLLA TAMBIÉN LAS BRAGUITAS
¡OHHH!
DE TODAS TUS LECCIONES DE ORDEN, ESTA ES LA QUE MÁS FELICIDAD ME HA DADO.
ES EL PODER DE «DOBLAR», «GUARDAR EN VERTICAL» Y «ORGANIZAR».

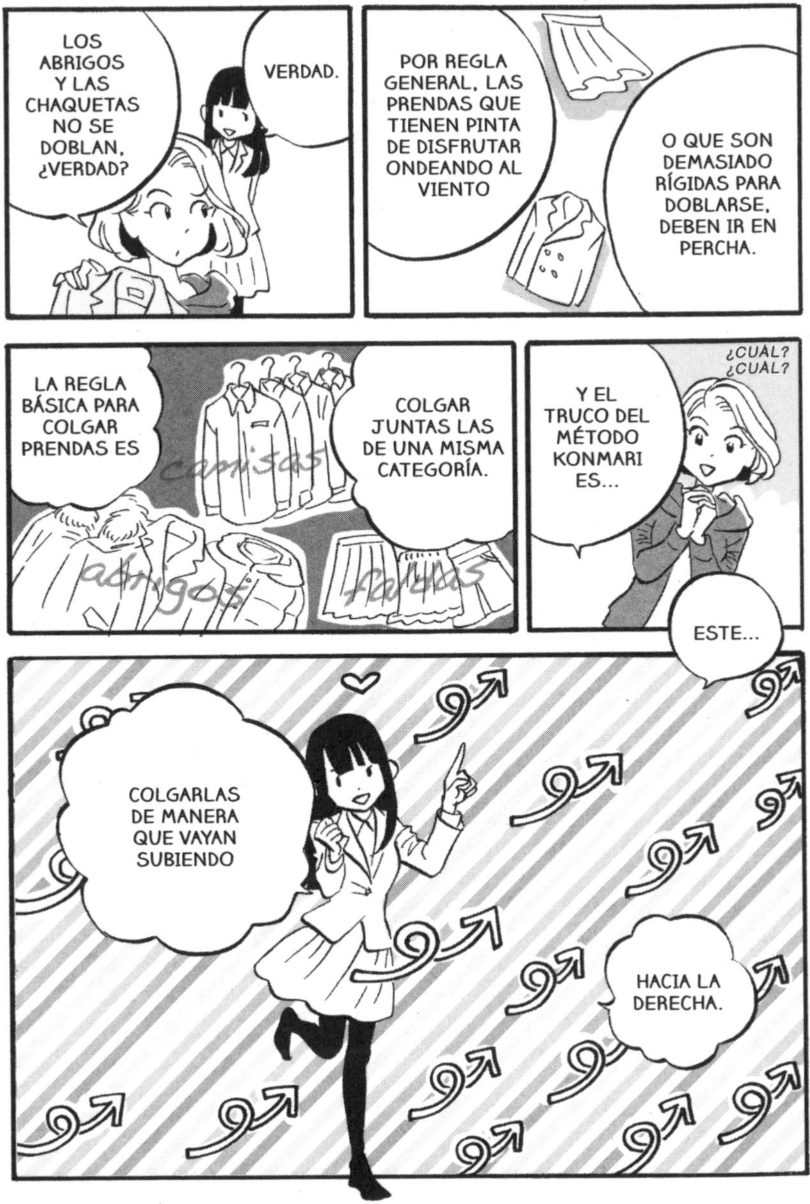
LOS ABRIGOS Y LAS CHAQUETAS NO SE DOBLAN, ¿VERDAD?
VERDAD.
POR REGLA GENERAL, LAS PRENDAS QUE TIENEN PINTA DE DISFRUTAR ONDEANDO AL VIENTO
O QUE SON DEMASIADO RÍGIDAS PARA DOBLARSE, DEBEN IR EN PERCHA.
LA REGLA BÁSICA PARA COLGAR PRENDAS ES
camisas
COLGAR JUNTAS LAS DE UNA MISMA CATEGORÍA.
abrigos
faldas
¿CUAL? ¿CUAL?
Y EL TRUCO DEL MÉTODO KONMARI ES...
ESTE...
COLGARLAS DE MANERA QUE VAYAN SUBIENDO
HACIA LA DERECHA.

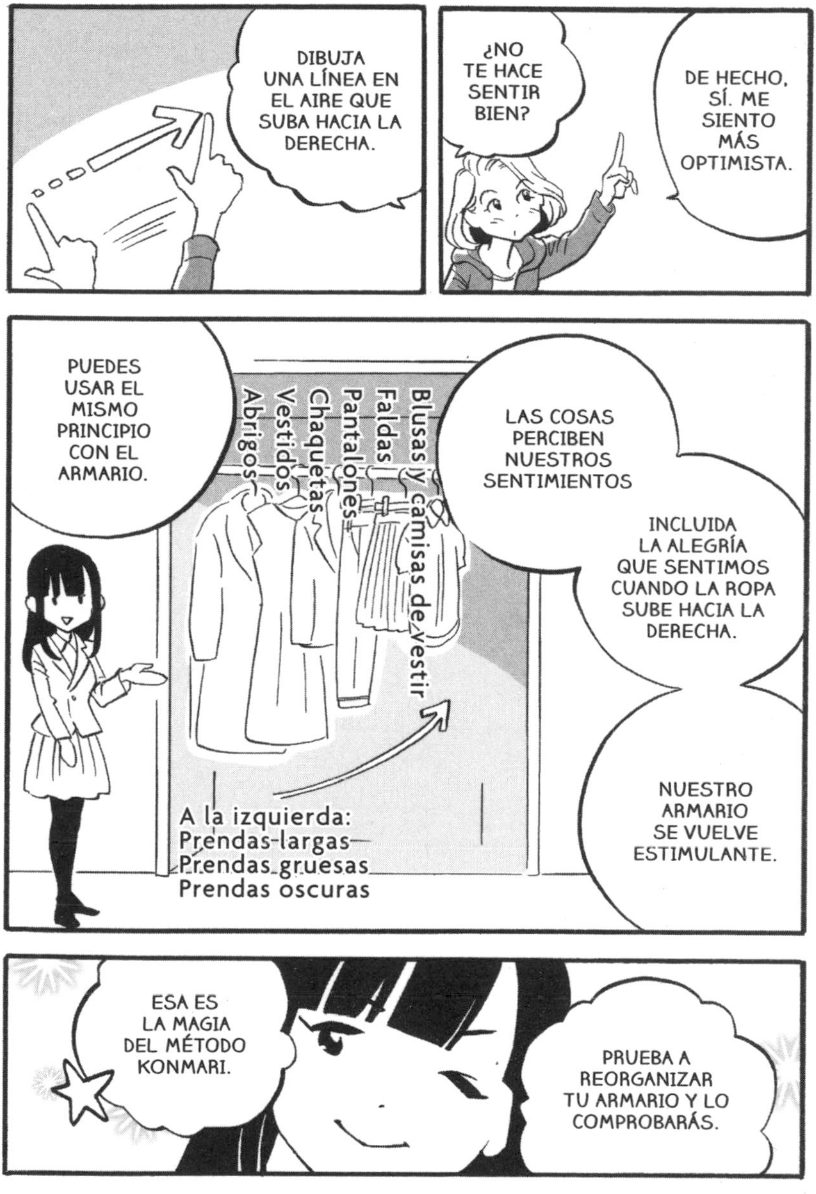

DIBUJA UNA LÍNEA EN EL AIRE QUE SUBA HACIA LA DERECHA.
¿NO TE HACE SENTIR BIEN?
DE HECHO, SÍ. ME SIENTO MÁS OPTIMISTA.
PUEDES USAR EL MISMO PRINCIPIO CON EL ARMARIO.
Blusas y camisas de vestir
Faldas
Pantalones
Chaquetas
Vestidos
Abrigos
A la izquierda:
Prendas largas
Prendas gruesas
Prendas oscuras
LAS COSAS PERCIBEN NUESTROS SENTIMIENTOS
INCLUIDA LA ALEGRÍA QUE SENTIMOS CUANDO LA ROPA SUBE HACIA LA DERECHA.
NUESTRO ARMARIO SE VUELVE ESTIMULANTE.
ESA ES LA MAGIA DEL MÉTODO KONMARI.
PRUEBA A REORGANIZAR TU ARMARIO Y LO COMPROBARÁS.

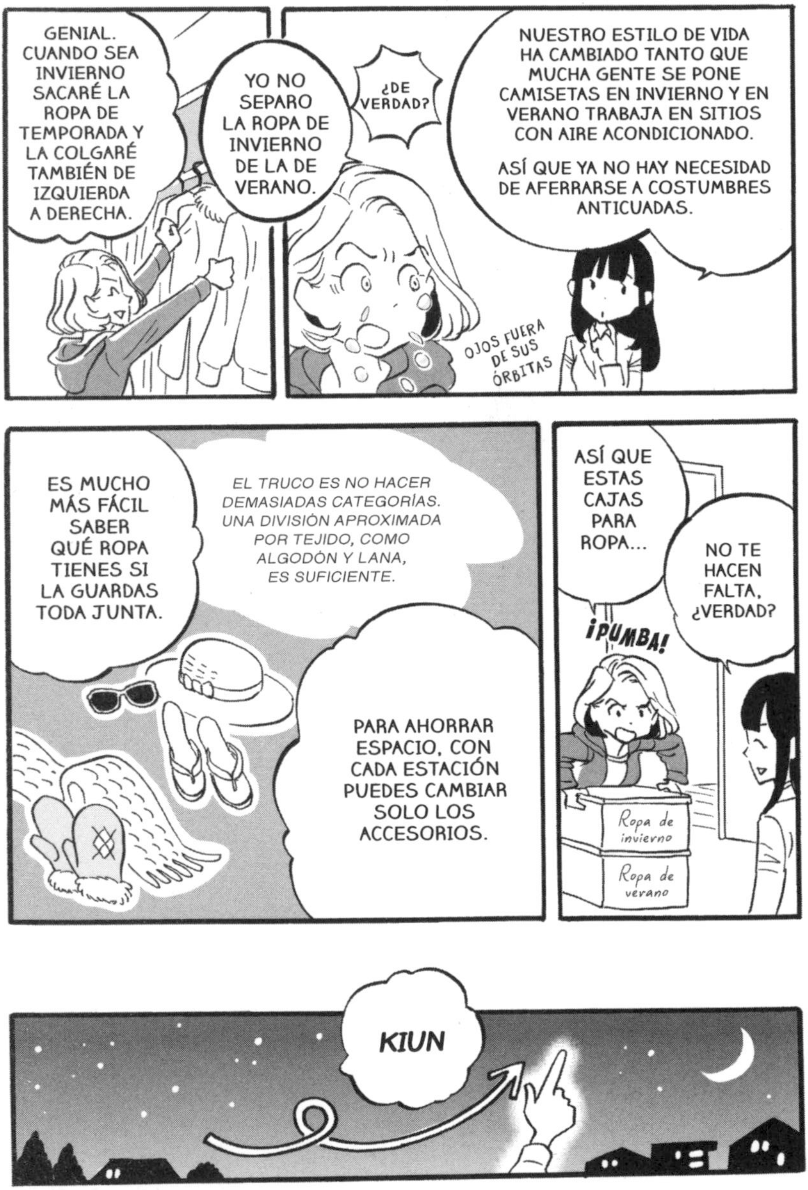
GENIAL. CUANDO SEA INVIERNO SACARÉ LA ROPA DE TEMPORADA Y LA COLGARÉ TAMBIÉN DE IZQUIERDA A DERECHA.
YO NO SEPARO LA ROPA DE INVIERNO DE LA DE VERANO.
¿DE VERDAD?
NUESTRO ESTILO DE VIDA HA CAMBIADO TANTO QUE MUCHA GENTE SE PONE CAMISETAS EN INVIERNO Y EN VERANO TRABAJA EN SITIOS CON AIRE ACONDICIONADO.
ASÍ QUE YA NO HAY NECESIDAD DE AFERRARSE A COSTUMBRES ANTICUADAS.
OJOS FUERA DE SUS ÓRBITAS
ES MUCHO MÁS FÁCIL SABER QUÉ ROPA TIENES SI LA GUARDAS TODA JUNTA.
EL TRUCO ES NO HACER DEMASIADAS CATEGORÍAS. UNA DIVISIÓN APROXIMADA POR TEJIDO, COMO ALGODÓN Y LANA, ES SUFICIENTE.
PARA AHORRAR ESPACIO, CON CADA ESTACIÓN PUEDES CAMBIAR SOLO LOS ACCESORIOS.
ASÍ QUE ESTAS CAJAS PARA ROPA...
NO TE HACEN FALTA, ¿VERDAD?
¡PUMBA!
Ropa de invierno
Ropa de verano
KIUN

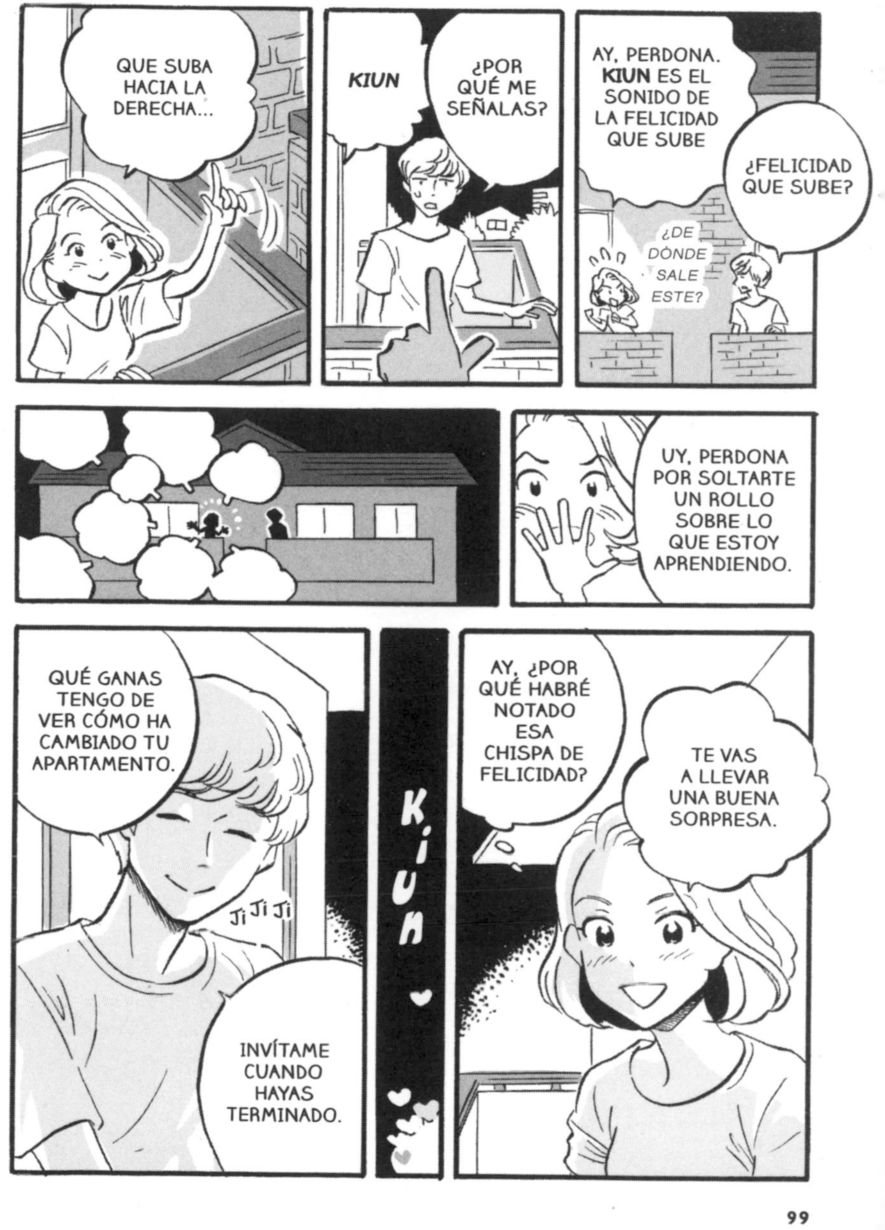
QUE SUBA HACIA LA DERECHA...
KIUN
¿POR QUÉ ME SEÑALAS?
AY, PERDONA. KIUN ES EL SONIDO DE LA FELICIDAD QUE SUBE
¿DE DÓNDE SALE ESTE?
¿FELICIDAD QUE SUBE?
UY, PERDONA POR SOLTARTE UN ROLLO SOBRE LO QUE ESTOY APRENDIENDO.
QUÉ GANAS TENGO DE VER CÓMO HA CAMBIADO TU APARTAMENTO.
Ji Ji Ji
INVÍTAME CUANDO HAYAS TERMINADO.
Kiun
AY, ¿POR QUÉ HABRÉ NOTADO ESA CHISPA DE FELICIDAD?
TE VAS A LLEVAR UNA BUENA SORPRESA.

Doblar te da la oportunidad
de demostrar a tu ropa que valoras
cómo te ayuda en la vida.

¿Crees que doblar y guardar ropa en un cajón es una tortura? ¿Preferirías colgarla sin más? Si es así, no conoces el poder de doblar.

Doblar puede resolver casi todos tus problemas de espacio. Pero su verdadero valor es este: al tocar tus prendas con las manos les transmites tu energía. Prueba a doblar tu ropa agradeciéndole de corazón la manera en que te protege.

6

selecciona libros
al tacto

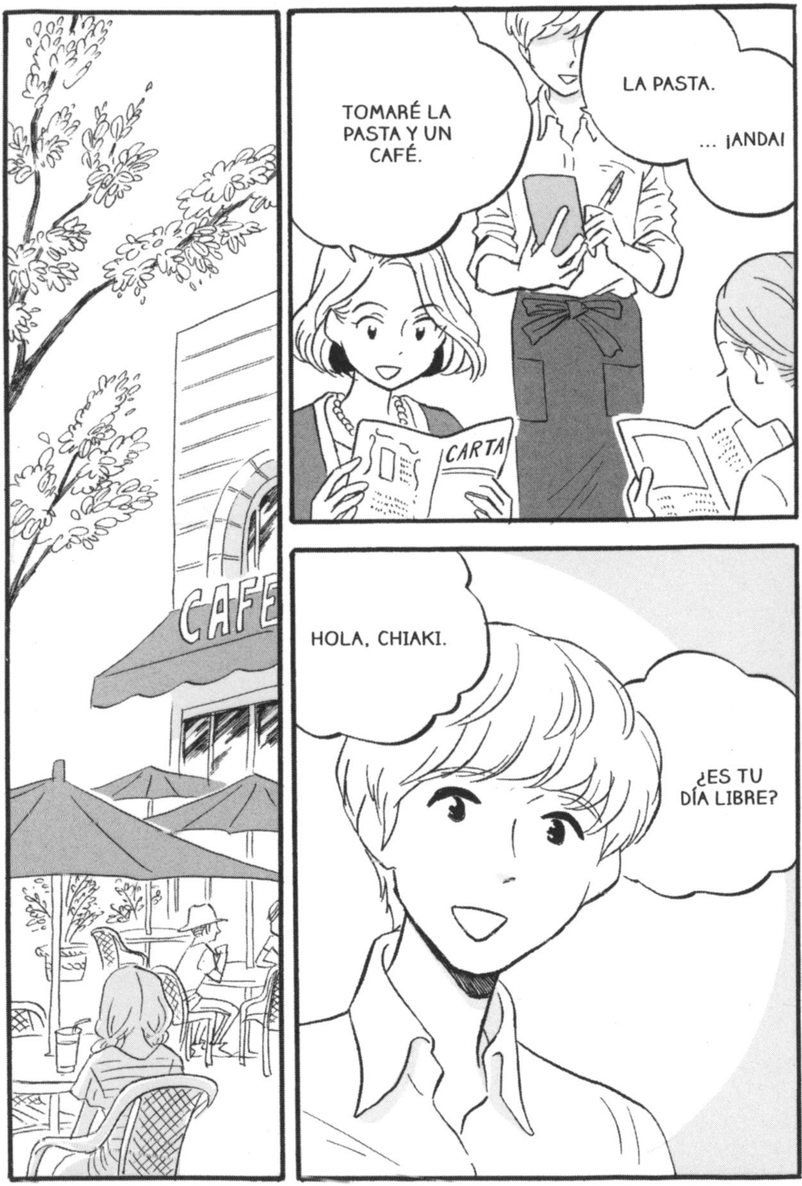
CAFE
TOMARÉ LA PASTA Y UN CAFÉ.
LA PASTA.
... ¡ANDA!
CARTA
HOLA, CHIAKI.
¿ES TU DÍA LIBRE?

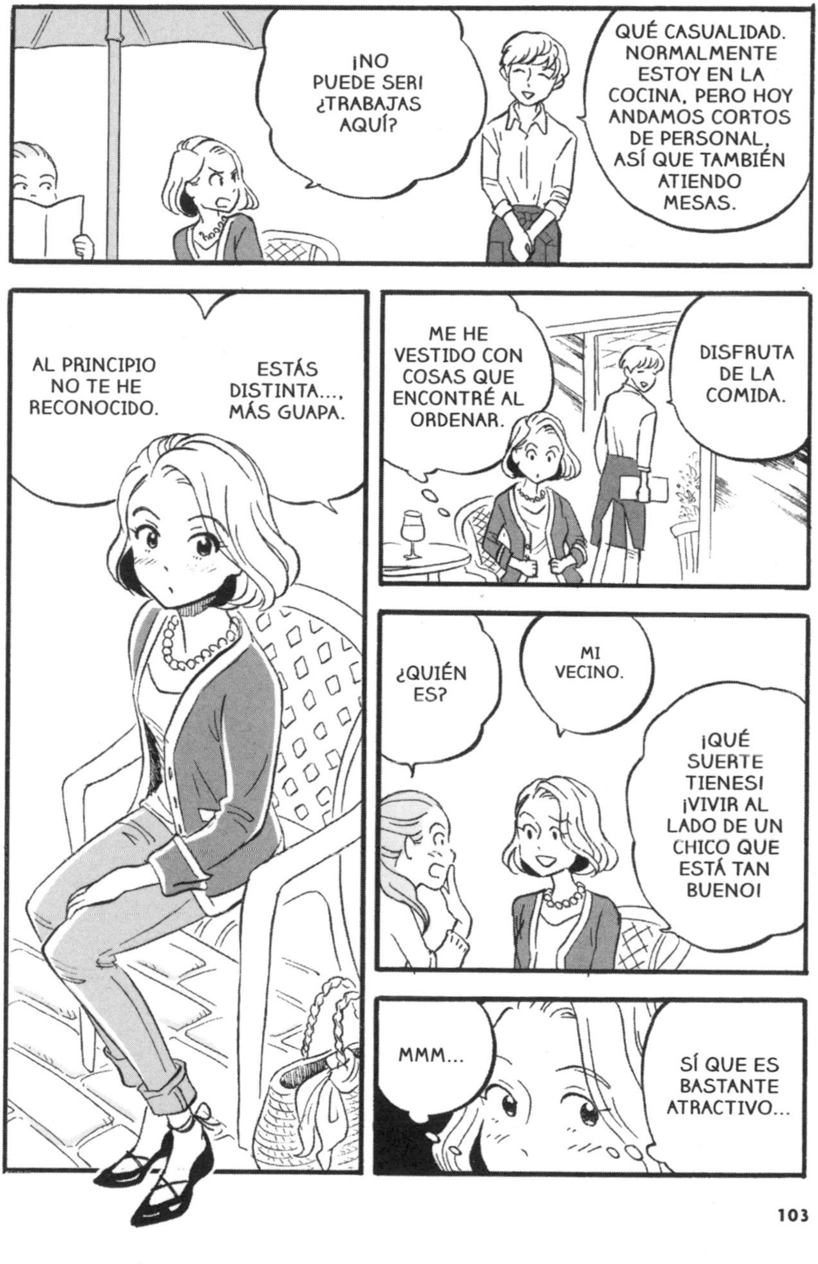
¡NO PUEDE SER! ¿TRABAJAS AQUÍ?
QUÉ CASUALIDAD. NORMALMENTE ESTOY EN LA COCINA, PERO HOY ANDAMOS CORTOS DE PERSONAL, ASÍ QUE TAMBIÉN ATIENDO MESAS.
AL PRINCIPIO NO TE HE RECONOCIDO.
ESTÁS DISTINTA..., MÁS GUAPA.
ME HE VESTIDO CON COSAS QUE ENCONTRÉ AL ORDENAR.
DISFRUTA DE LA COMIDA.
¿QUIÉN ES?
MI VECINO.
¡QUÉ SUERTE TIENES! ¡VIVIR AL LADO DE UN CHICO QUE ESTÁ TAN BUENO!
MMM...
SÍ QUE ES BASTANTE ATRACTIVO...

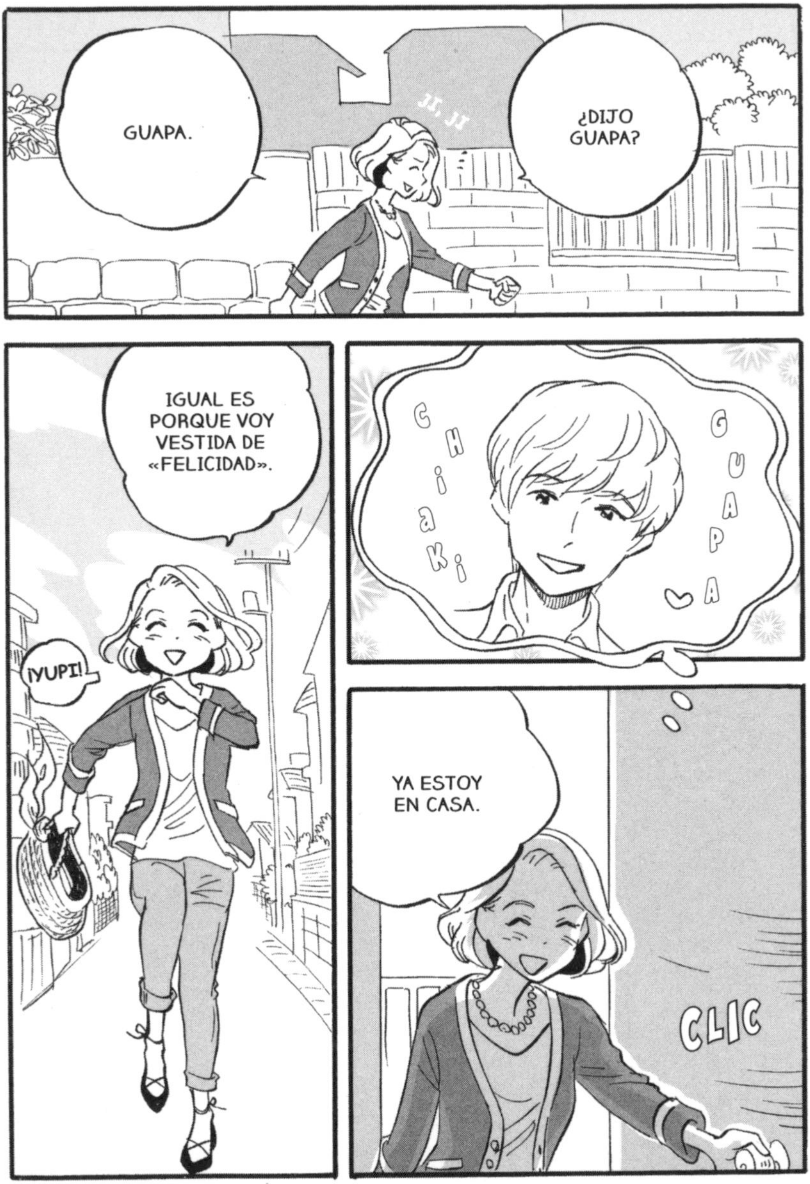
GUAPA.
JI, JI
¿DIJO GUAPA?
IGUAL ES PORQUE VOY VESTIDA DE «FELICIDAD».
¡YUPI!
Chiaki
GUAPA
YA ESTOY EN CASA.
CLIC

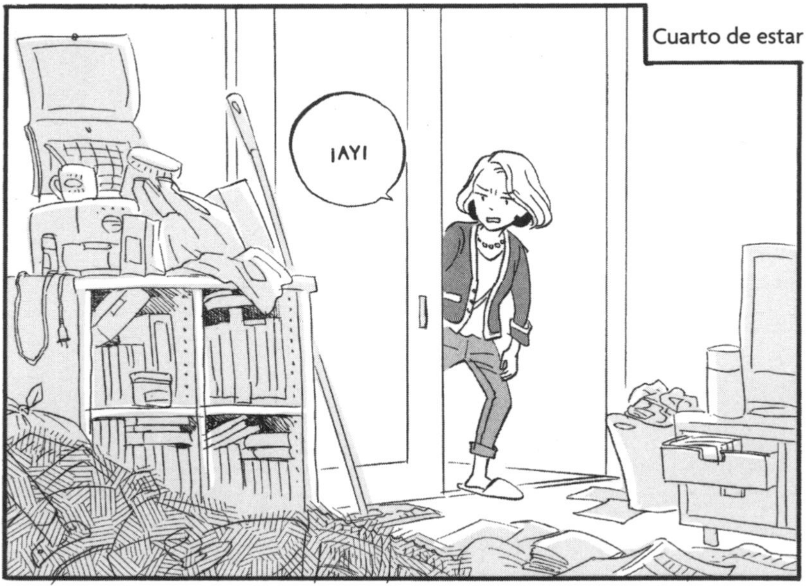
Cuarto de estar
¡AY!

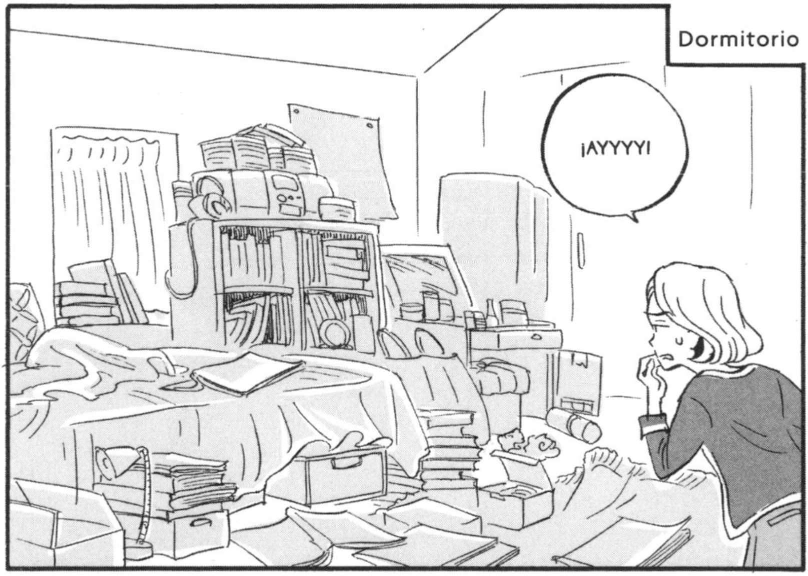
Dormitorio
¡AYYYY!

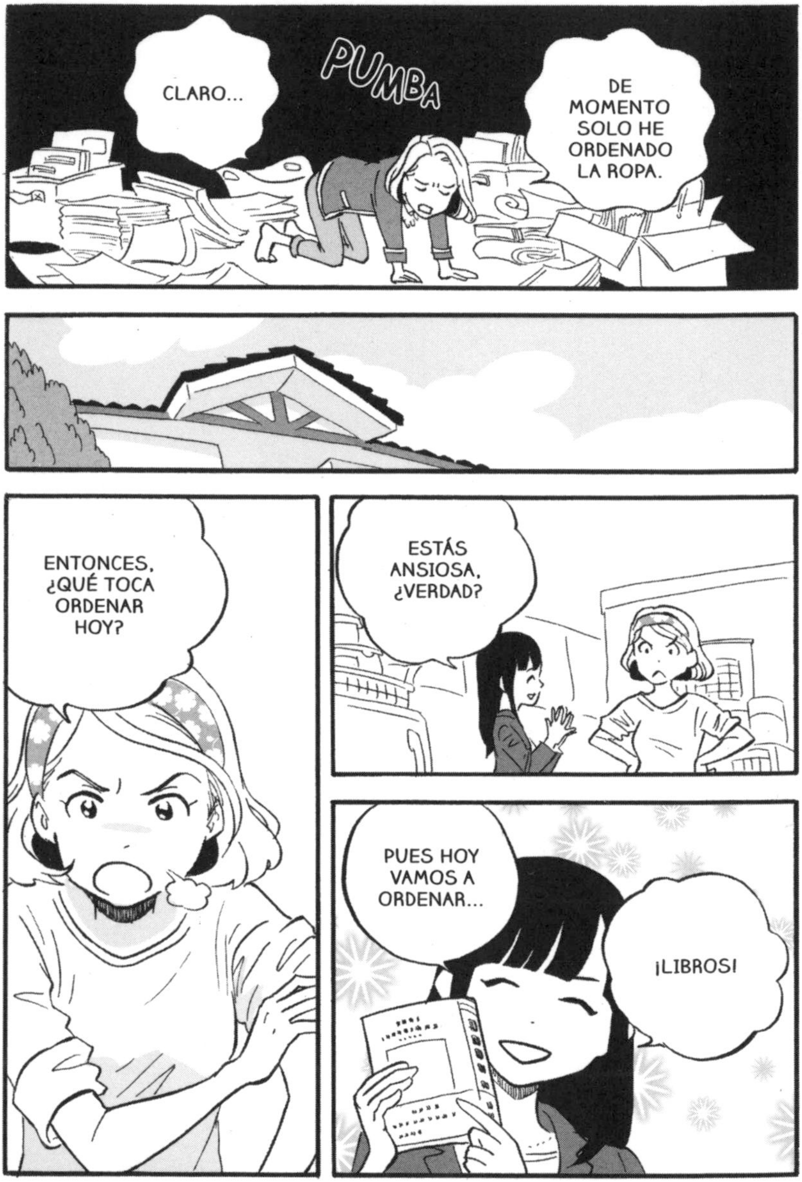
CLARO...
PUMBA
DE MOMENTO SOLO HE ORDENADO LA ROPA.
ENTONCES, ¿QUÉ TOCA ORDENAR HOY?
ESTÁS ANSIOSA, ¿VERDAD?
PUES HOY VAMOS A ORDENAR...
¡LIBROS!

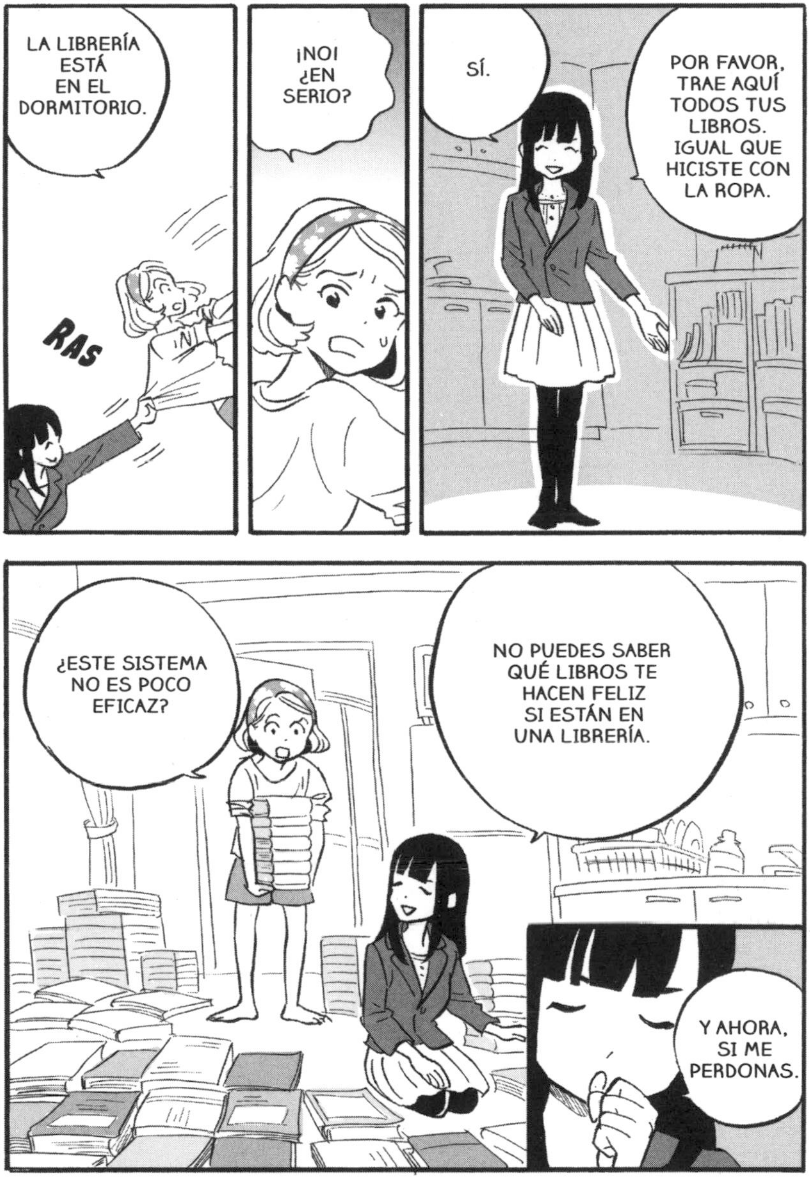
LA LIBRERÍA ESTÁ EN EL DORMITORIO.
RAS
¡NOI ¿EN SERIO?
SÍ.
POR FAVOR, TRAE AQUÍ TODOS TUS LIBROS. IGUAL QUE HICISTE CON LA ROPA.
¿ESTE SISTEMA NO ES POCO EFICAZ?
NO PUEDES SABER QUÉ LIBROS TE HACEN FELIZ SI ESTÁN EN UNA LIBRERÍA.
Y AHORA, SI ME PERDONAS.

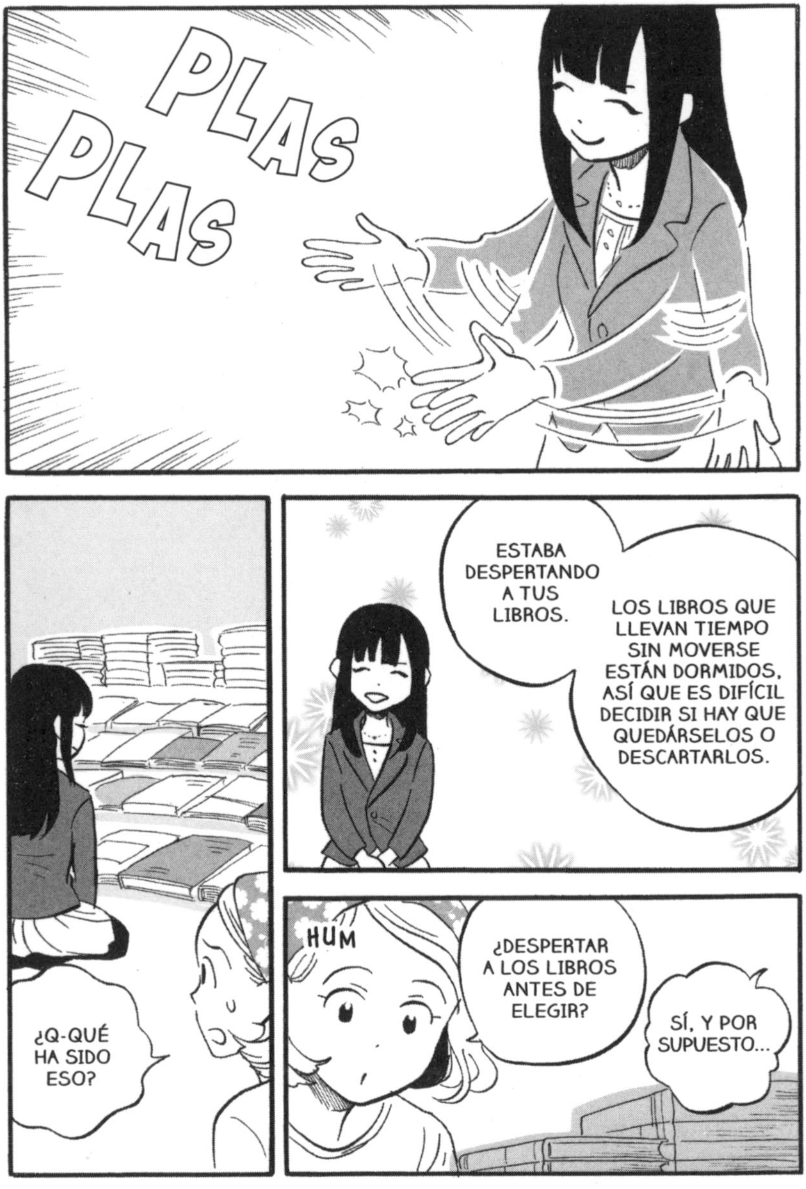
PLAS
PLAS
ESTABA DESPERTANDO A TUS LIBROS.
LOS LIBROS QUE LLEVAN TIEMPO SIN MOVERSE ESTÁN DORMIDOS, ASÍ QUE ES DIFÍCIL DECIDIR SI HAY QUE QUEDÁRSELOS O DESCARTARLOS.
¿Q-QUÉ HA SIDO ESO?
HUM
¿DESPERTAR A LOS LIBROS ANTES DE ELEGIR?
SÍ, Y POR SUPUESTO...

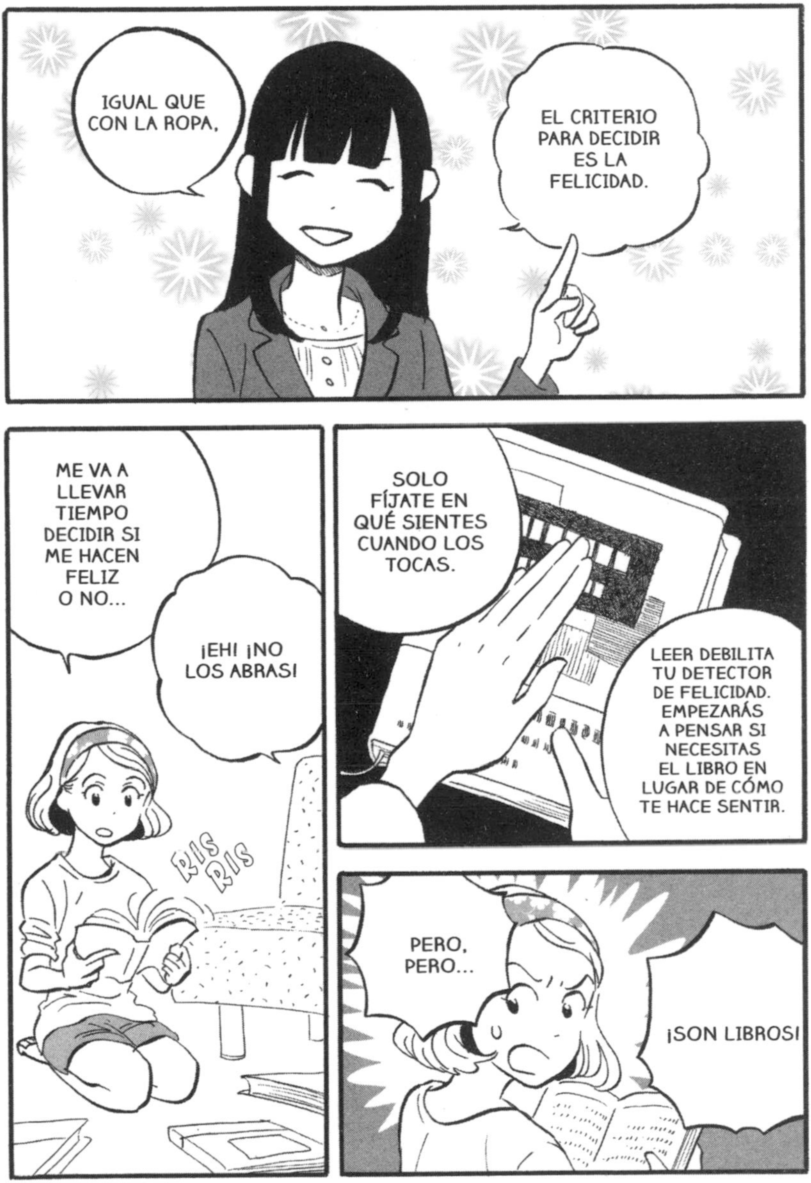
IGUAL QUE CON LA ROPA,
EL CRITERIO PARA DECIDIR ES LA FELICIDAD.
ME VA A LLEVAR TIEMPO DECIDIR SI ME HACEN FELIZ O NO...
¡EH! ¡NO LOS ABRAS!
RIS RIS
SOLO FÍJATE EN QUÉ SIENTES CUANDO LOS TOCAS.
LEER DEBILITA TU DETECTOR DE FELICIDAD. EMPEZARÁS A PENSAR SI NECESITAS EL LIBRO EN LUGAR DE CÓMO TE HACE SENTIR.
PERO, PERO...
¡SON LIBROS!

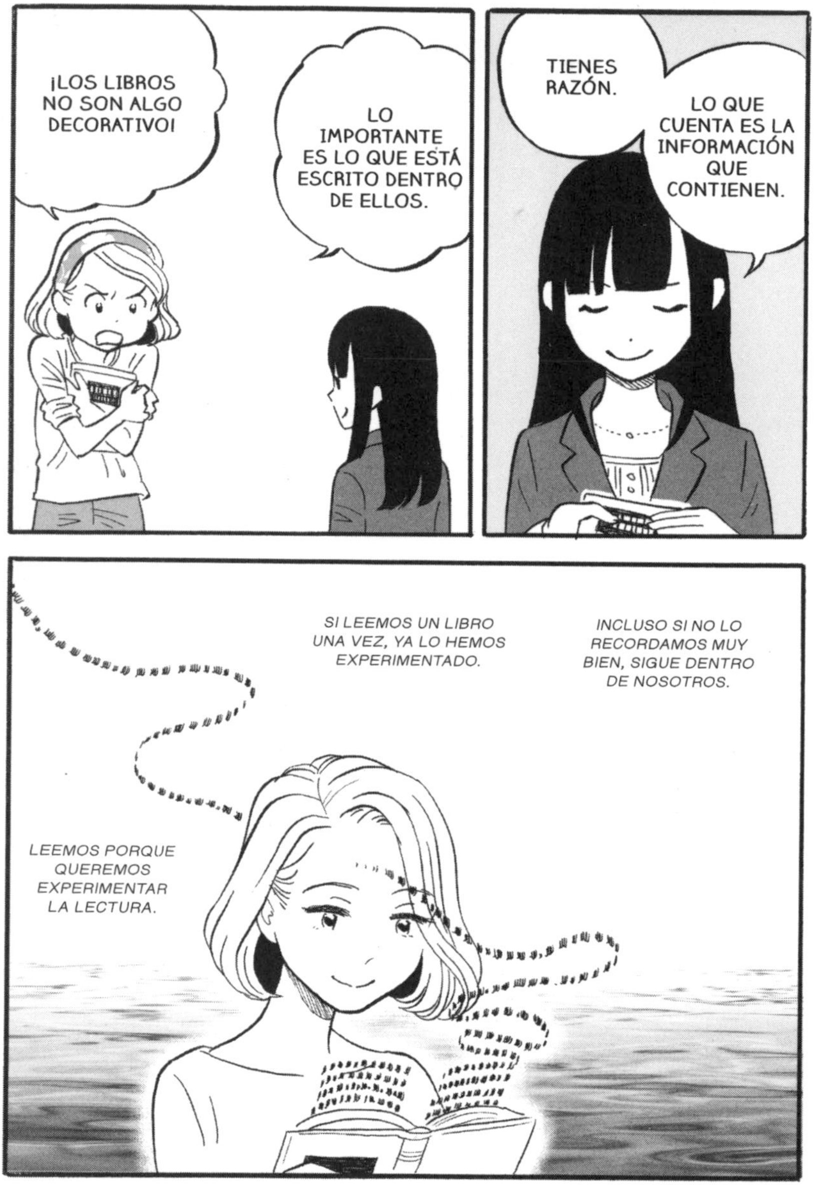
¡LOS LIBROS NO SON ALGO DECORATIVO!
LO IMPORTANTE ES LO QUE ESTÁ ESCRITO DENTRO DE ELLOS.
TIENES RAZÓN.
LO QUE CUENTA ES LA INFORMACIÓN QUE CONTIENEN.
SI LEEMOS UN LIBRO UNA VEZ, YA LO HEMOS EXPERIMENTADO.
INCLUSO SI NO LO RECORDAMOS MUY BIEN, SIGUE DENTRO DE NOSOTROS.
LEEMOS PORQUE QUEREMOS EXPERIMENTAR LA LECTURA.

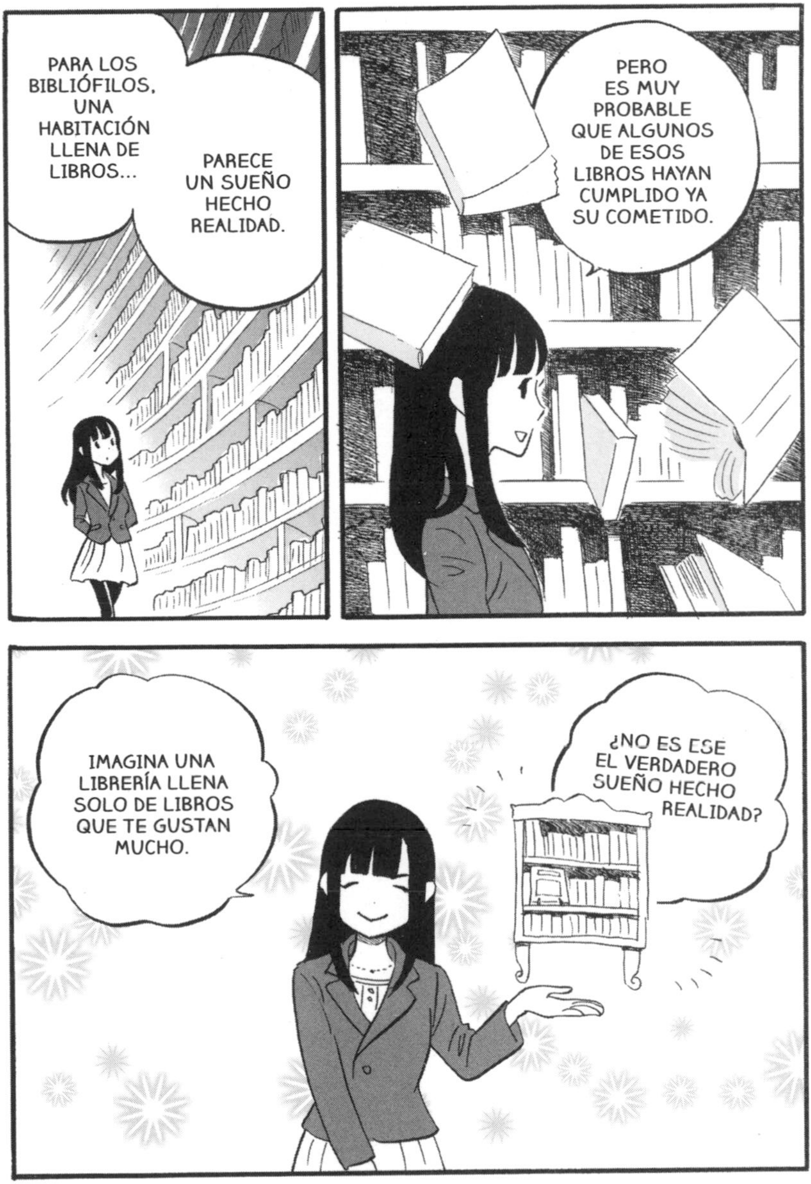
PARA LOS BIBLIÓFILOS, UNA HABITACIÓN LLENA DE LIBROS...
PARECE UN SUEÑO HECHO REALIDAD.
PERO ES MUY PROBABLE QUE ALGUNOS DE ESOS LIBROS HAYAN CUMPLIDO YA SU COMETIDO.
IMAGINA UNA LIBRERÍA LLENA SOLO DE LIBROS QUE TE GUSTAN MUCHO.
¿NO ES ESE EL VERDADERO SUEÑO HECHO REALIDAD?

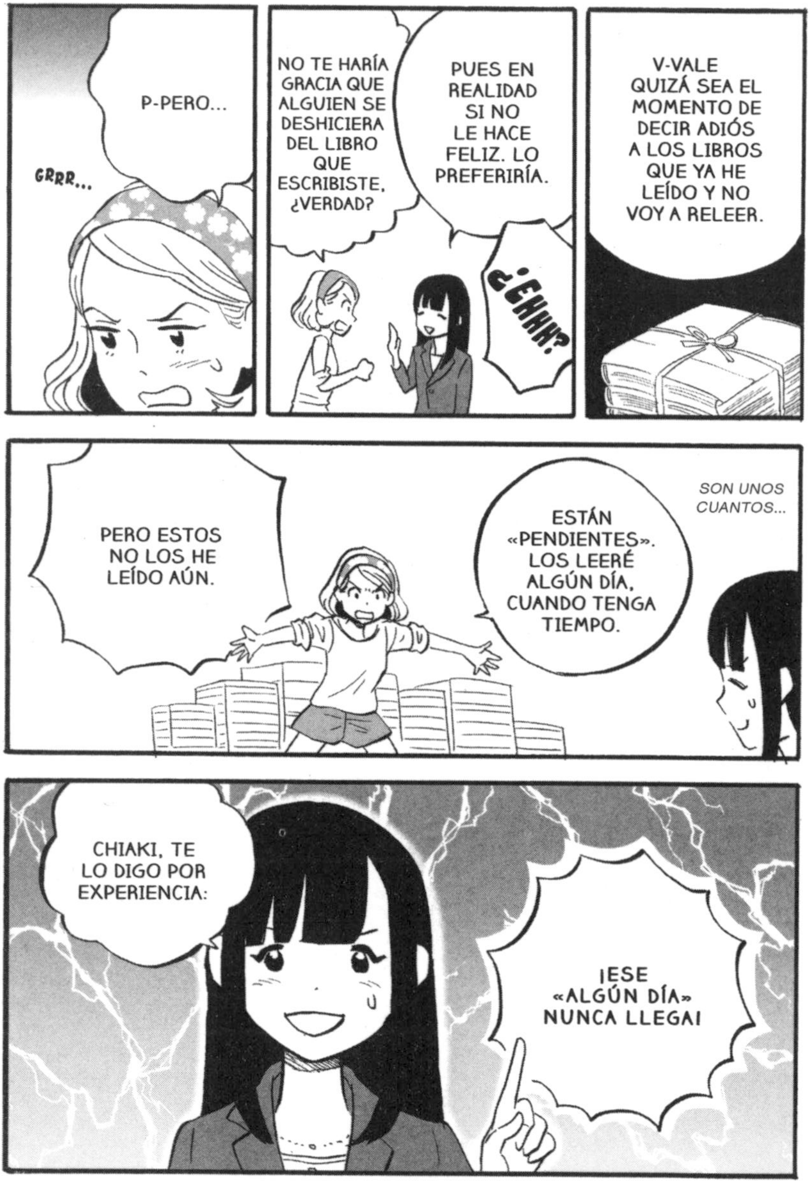
P-PERO...
GRRR...
NO TE HARÍA GRACIA QUE ALGUIEN SE DESHICIERA DEL LIBRO QUE ESCRIBISTE, ¿VERDAD?
PUES EN REALIDAD SI NO LE HACE FELIZ. LO PREFERIRÍA.
¿EHHH?
V-VALE QUIZÁ SEA EL MOMENTO DE DECIR ADIÓS A LOS LIBROS QUE YA HE LEÍDO Y NO VOY A RELEER.
PERO ESTOS NO LOS HE LEÍDO AÚN.
ESTÁN «PENDIENTES». LOS LEERÉ ALGÚN DÍA, CUANDO TENGA TIEMPO.
SON UNOS CUANTOS...
CHIAKI, TE LO DIGO POR EXPERIENCIA:
¡ESE «ALGÚN DÍA» NUNCA LLEGA!

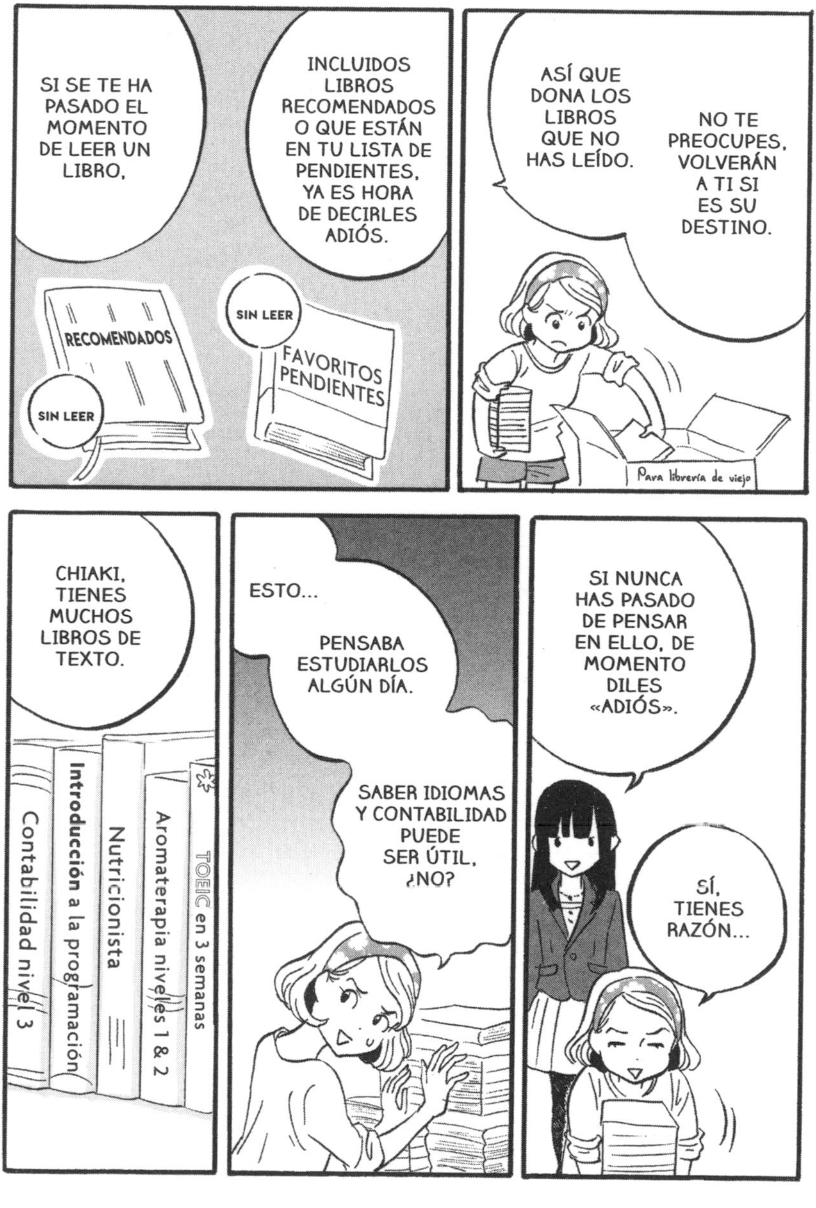
SI SE TE HA PASADO EL MOMENTO DE LEER UN LIBRO,
INCLUIDOS LIBROS RECOMENDADOS O QUE ESTÁN EN TU LISTA DE PENDIENTES, YA ES HORA DE DECIRLES ADIÓS.
RECOMENDADOS
SIN LEER
SIN LEER
FAVORITOS PENDIENTES
ASÍ QUE DONA LOS LIBROS QUE NO HAS LEÍDO.
NO TE PREOCUPES, VOLVERÁN A TI SI ES SU DESTINO.
Para librería de viejo
CHIAKI, TIENES MUCHOS LIBROS DE TEXTO.
Contabilidad nivel 3
Introducción a la programación
Nutricionista
Aromaterapia niveles 1 & 2
TOEIC en 3 semanas
ESTO...
PENSABA ESTUDIARLOS ALGÚN DÍA.
SABER IDIOMAS Y CONTABILIDAD PUEDE SER ÚTIL, ¿NO?
SI NUNCA HAS PASADO DE PENSAR EN ELLO, DE MOMENTO DILES «ADIÓS».
SÍ, TIENES RAZÓN...

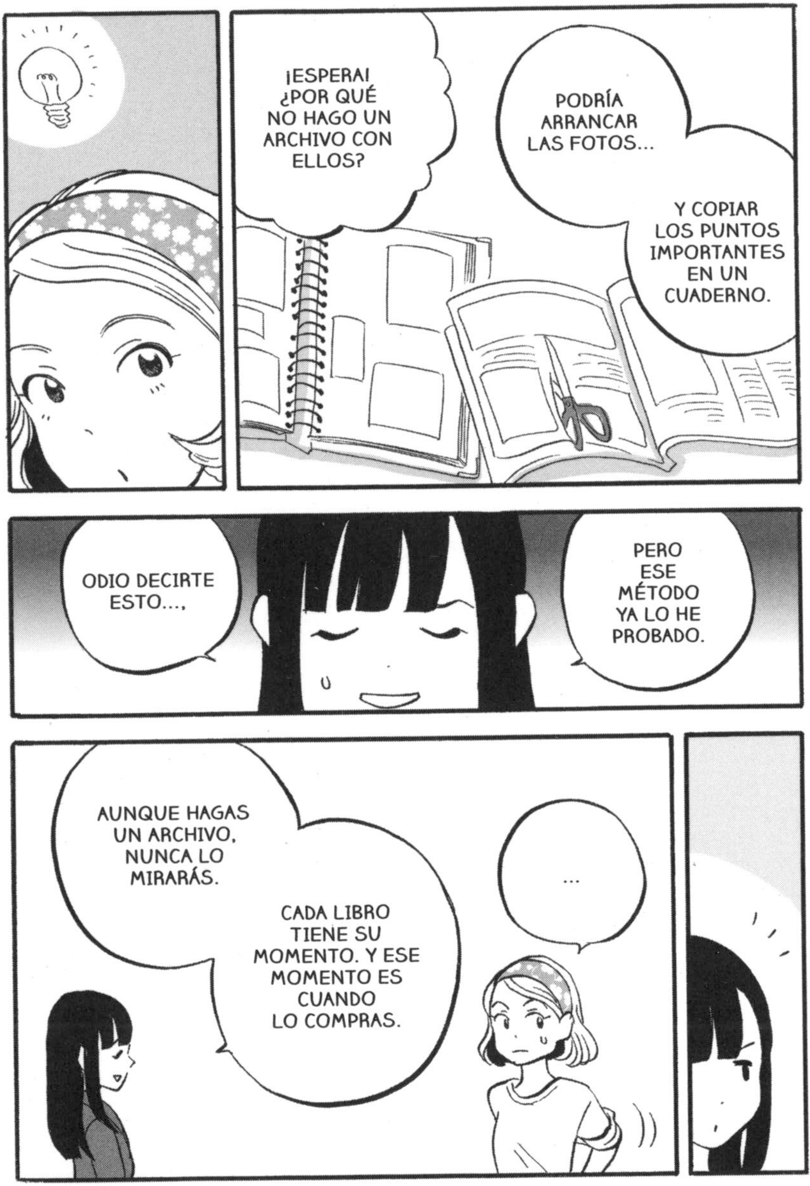

¡ESPERA! ¿POR QUÉ NO HAGO UN ARCHIVO CON ELLOS?
PODRÍA ARRANCAR LAS FOTOS...
Y COPIAR LOS PUNTOS IMPORTANTES EN UN CUADERNO.
ODIO DECIRTE ESTO...,
PERO ESE MÉTODO YA LO HE PROBADO.
AUNQUE HAGAS UN ARCHIVO, NUNCA LO MIRARÁS.
CADA LIBRO TIENE SU MOMENTO. Y ESE MOMENTO ES CUANDO LO COMPRAS.
...

¿ACABAS DE ESCONDER ALGO?

¡FLAS!

NO...

¡NO PUEDO...

FLIP FLOP

SEPARARME DE ESTE!

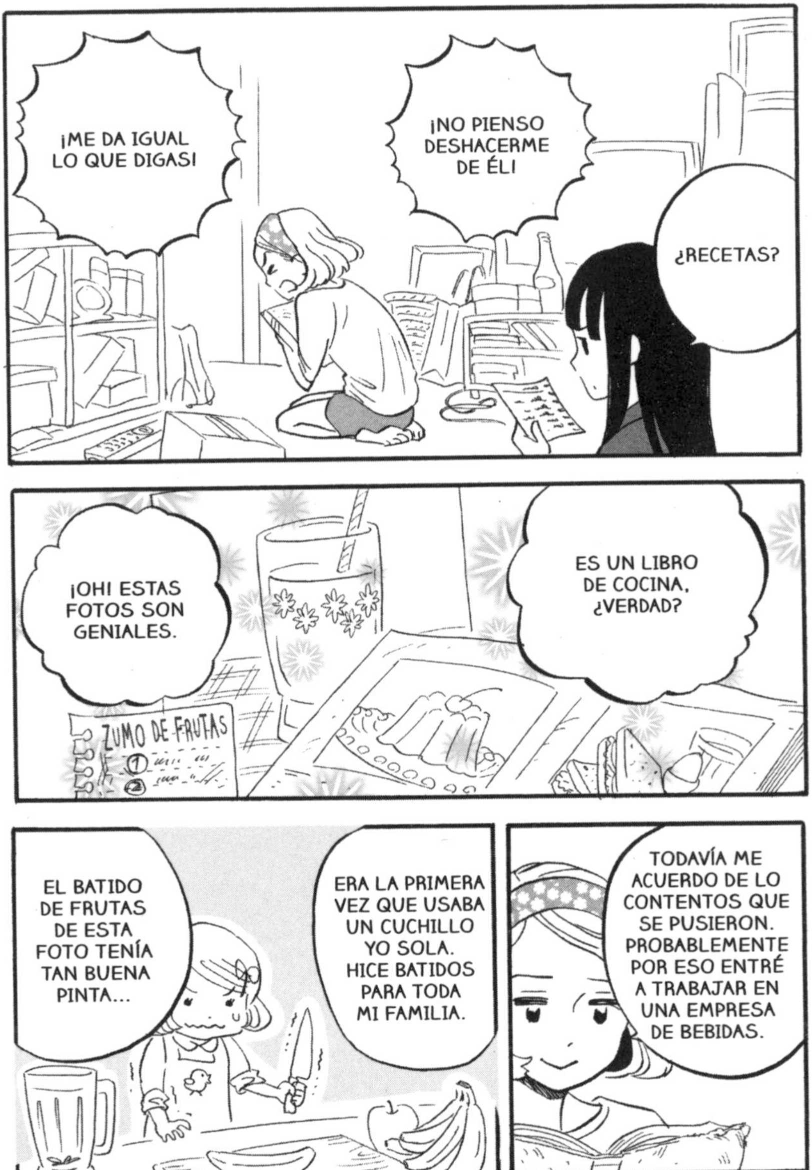

¡ME DA IGUAL LO QUE DIGAS!
¡NO PIENSO DESHACERME DE ÉL!
¿RECETAS?
¡OH! ESTAS FOTOS SON GENIALES.
ES UN LIBRO DE COCINA, ¿VERDAD?
ZUMO DE FRUTAS
EL BATIDO DE FRUTAS DE ESTA FOTO TENÍA TAN BUENA PINTA...
ERA LA PRIMERA VEZ QUE USABA UN CUCHILLO YO SOLA. HICE BATIDOS PARA TODA MI FAMILIA.
TODAVÍA ME ACUERDO DE LO CONTENTOS QUE SE PUSIERON. PROBABLEMENTE POR ESO ENTRÉ A TRABAJAR EN UNA EMPRESA DE BEBIDAS.

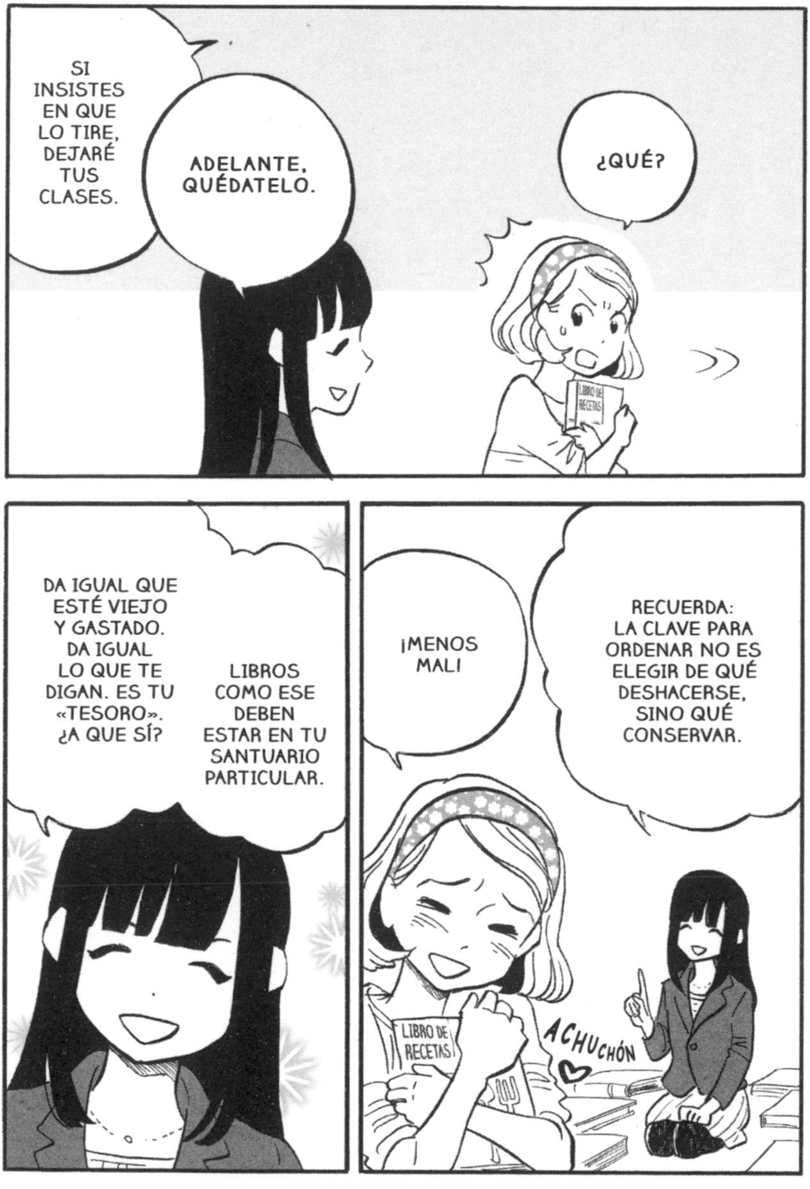
SI INSISTES EN QUE LO TIRE, DEJARÉ TUS CLASES.
ADELANTE, QUÉDATELO.
¿QUÉ?
LIBRO DE RECETAS
DA IGUAL QUE ESTÉ VIEJO Y GASTADO. DA IGUAL LO QUE TE DIGAN. ES TU «TESORO». ¿A QUE SÍ?
LIBROS COMO ESE DEBEN ESTAR EN TU SANTUARIO PARTICULAR.
¡MENOS MAL!
RECUERDA: LA CLAVE PARA ORDENAR NO ES ELEGIR DE QUÉ DESHACERSE, SINO QUÉ CONSERVAR.
LIBRO DE RECETAS
ACHUCHÓN

¿Conservas libros con la intención de leerlos «algún día»? Créeme, ese «algún día» no llega nunca.

———

Saca todos tus libros de la estantería y ponlos en el suelo. Ve cogiéndolos de uno en uno y elige los que quieres quedarte. Por supuesto el criterio es si te hacen o no feliz. Conserva los que merezcan estar en tu santuario particular y guárdalos como oro en paño.

Aprovecha la oportunidad para deshacerte de todos los libros que no has leído o has ignorado. Cuando te quedes solo con los que te hacen feliz, descubrirás que la calidad de la información que te llega cambia drásticamente.

Al deshacerte de libros, creas espacio para una cantidad equivalente de información, y pronto comprobarás que la información que necesitas aparece justo cuando la necesitas.

7

Papeles
y *komono*

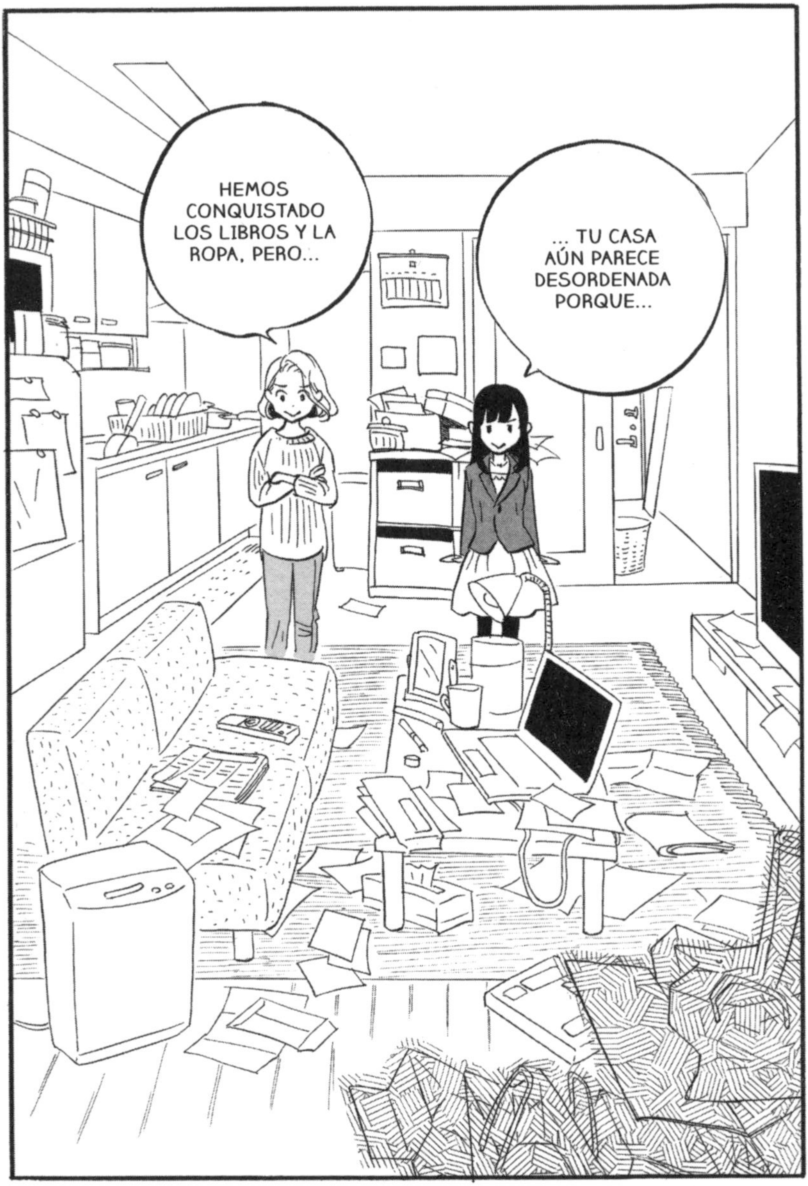
HEMOS CONQUISTADO LOS LIBROS Y LA ROPA, PERO...
... TU CASA AÚN PARECE DESORDENADA PORQUE...

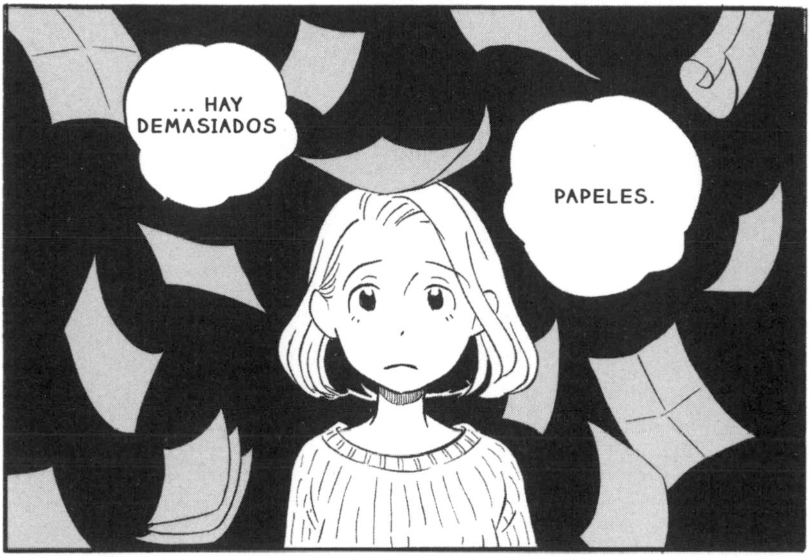
... HAY DEMASIADOS
PAPELES.

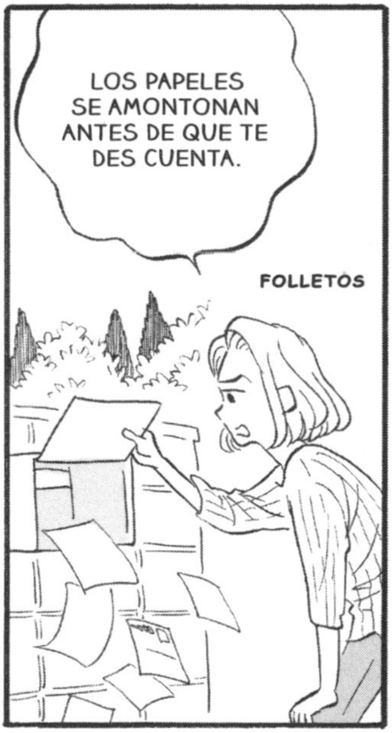
LOS PAPELES SE AMONTONAN ANTES DE QUE TE DES CUENTA.
FOLLETOS

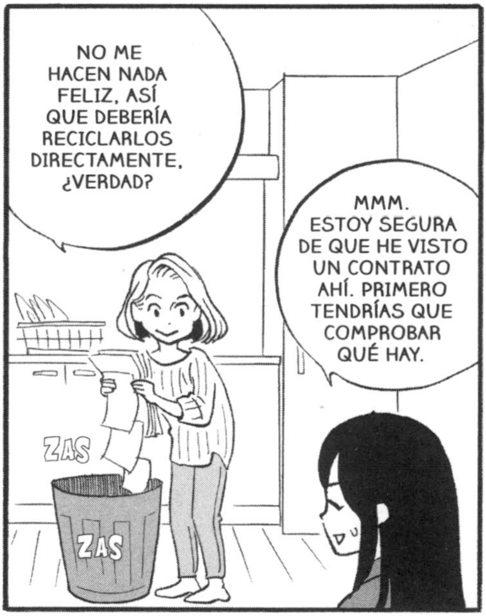
NO ME HACEN NADA FELIZ, ASÍ QUE DEBERÍA RECICLARLOS DIRECTAMENTE, ¿VERDAD?
ZAS
ZAS
MMM. ESTOY SEGURA DE QUE HE VISTO UN CONTRATO AHÍ. PRIMERO TENDRÍAS QUE COMPROBAR QUÉ HAY.

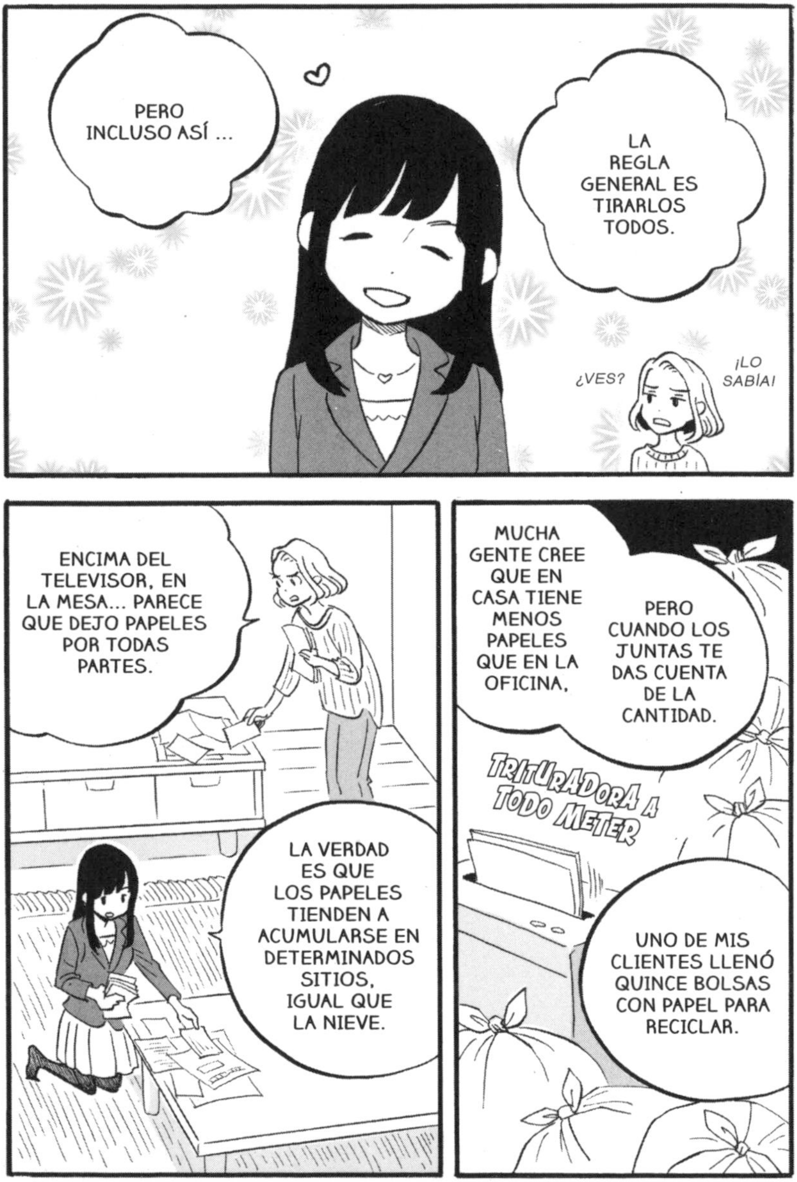
PERO INCLUSO ASÍ ...
LA REGLA GENERAL ES TIRARLOS TODOS.
¿VES?
¡LO SABÍA!
ENCIMA DEL TELEVISOR, EN LA MESA... PARECE QUE DEJO PAPELES POR TODAS PARTES.
LA VERDAD ES QUE LOS PAPELES TIENDEN A ACUMULARSE EN DETERMINADOS SITIOS, IGUAL QUE LA NIEVE.
MUCHA GENTE CREE QUE EN CASA TIENE MENOS PAPELES QUE EN LA OFICINA,
PERO CUANDO LOS JUNTAS TE DAS CUENTA DE LA CANTIDAD.
TRITURADORA A TODO METER
UNO DE MIS CLIENTES LLENÓ QUINCE BOLSAS CON PAPEL PARA RECICLAR.

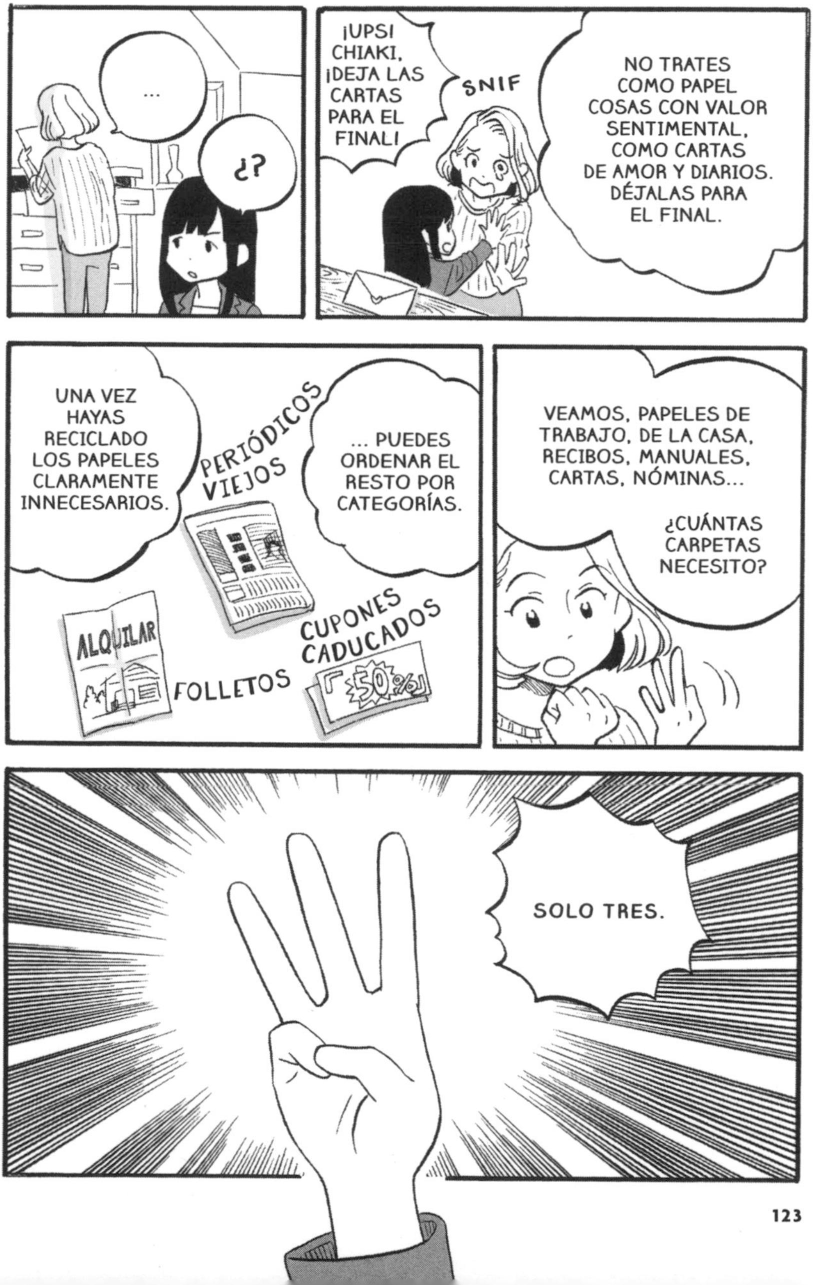
...
¿?
¡UPS! CHIAKI, ¡DEJA LAS CARTAS PARA EL FINAL!
SNIF
NO TRATES COMO PAPEL COSAS CON VALOR SENTIMENTAL, COMO CARTAS DE AMOR Y DIARIOS. DÉJALAS PARA EL FINAL.
UNA VEZ HAYAS RECICLADO LOS PAPELES CLARAMENTE INNECESARIOS.
PERIÓDICOS VIEJOS
... PUEDES ORDENAR EL RESTO POR CATEGORÍAS.
ALQUILAR
FOLLETOS
CUPONES CADUCADOS
50%
VEAMOS, PAPELES DE TRABAJO, DE LA CASA, RECIBOS, MANUALES, CARTAS, NÓMINAS...
¿CUÁNTAS CARPETAS NECESITO?
SOLO TRES.

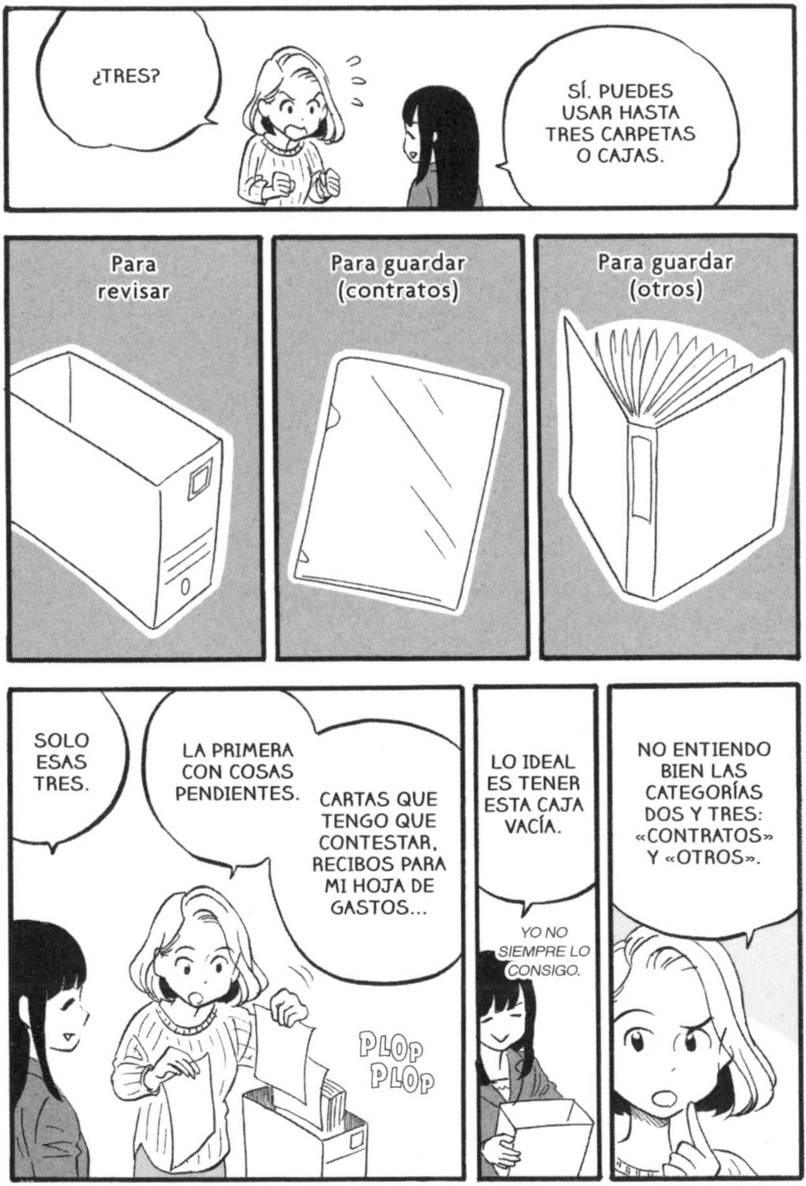
¿TRES?
SÍ. PUEDES USAR HASTA TRES CARPETAS O CAJAS.
Para revisar
Para guardar (contratos)
Para guardar (otros)
SOLO ESAS TRES.
LA PRIMERA CON COSAS PENDIENTES.
CARTAS QUE TENGO QUE CONTESTAR, RECIBOS PARA MI HOJA DE GASTOS...
PLOP PLOP
LO IDEAL ES TENER ESTA CAJA VACÍA.
YO NO SIEMPRE LO CONSIGO.
NO ENTIENDO BIEN LAS CATEGORÍAS DOS Y TRES: «CONTRATOS» Y «OTROS».

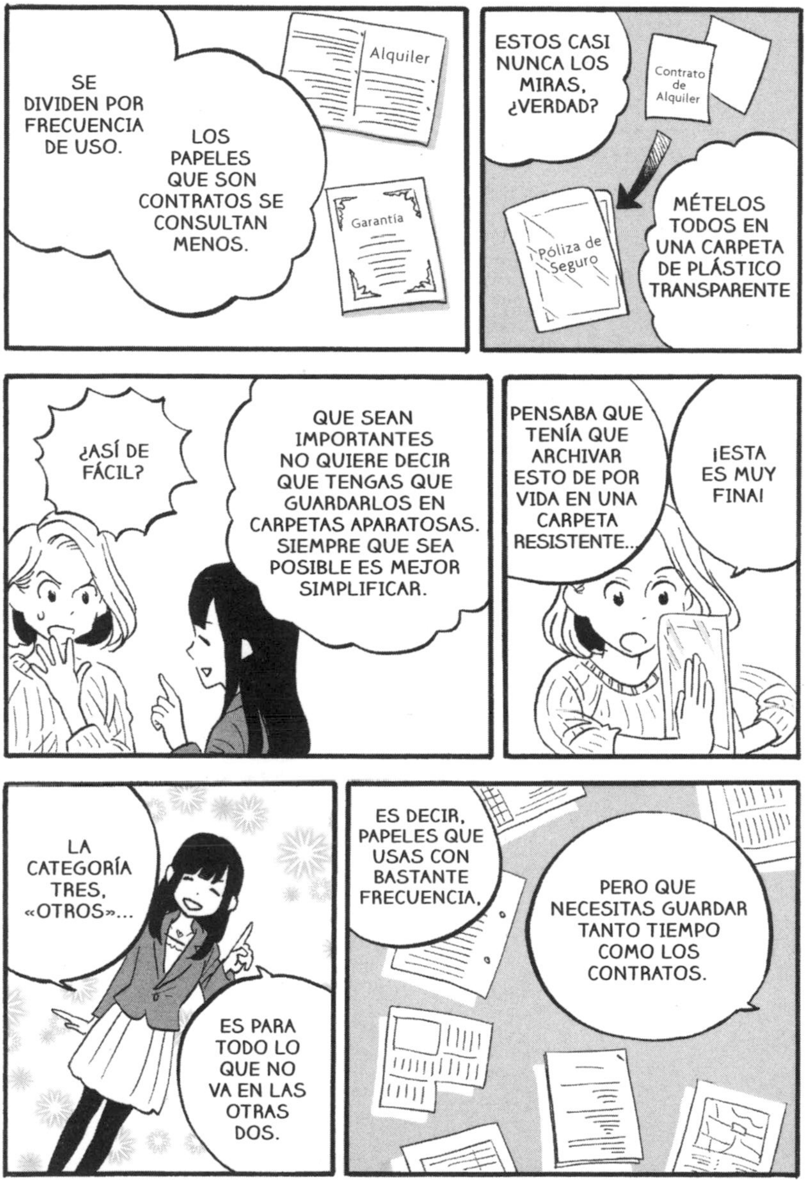
SE DIVIDEN POR FRECUENCIA DE USO.
LOS PAPELES QUE SON CONTRATOS SE CONSULTAN MENOS.
Alquiler
Garantía
ESTOS CASI NUNCA LOS MIRAS, ¿VERDAD?
Contrato de Alquiler
Póliza de Seguro
MÉTELOS TODOS EN UNA CARPETA DE PLÁSTICO TRANSPARENTE
¿ASÍ DE FÁCIL?
QUE SEAN IMPORTANTES NO QUIERE DECIR QUE TENGAS QUE GUARDARLOS EN CARPETAS APARATOSAS. SIEMPRE QUE SEA POSIBLE ES MEJOR SIMPLIFICAR.
PENSABA QUE TENÍA QUE ARCHIVAR ESTO DE POR VIDA EN UNA CARPETA RESISTENTE...
¡ESTA ES MUY FINA!
LA CATEGORÍA TRES, «OTROS»...
ES PARA TODO LO QUE NO VA EN LAS OTRAS DOS.
ES DECIR, PAPELES QUE USAS CON BASTANTE FRECUENCIA,
PERO QUE NECESITAS GUARDAR TANTO TIEMPO COMO LOS CONTRATOS.

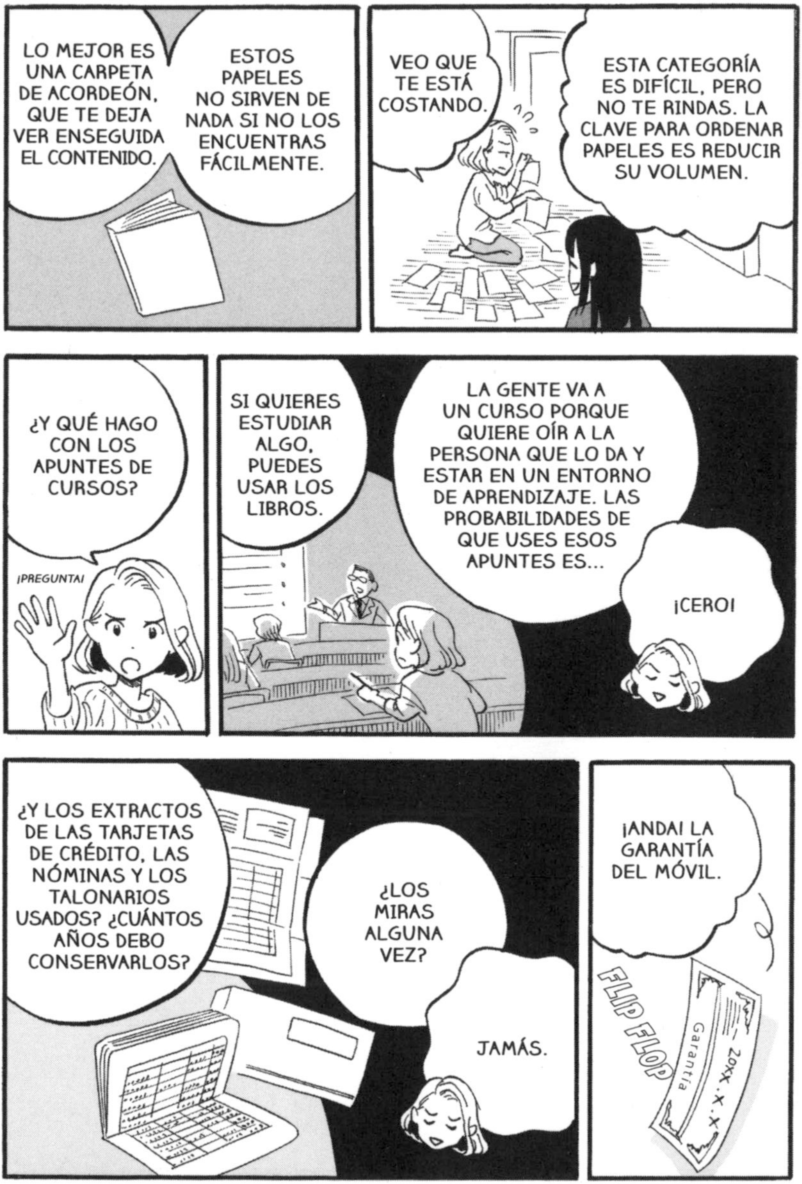
LO MEJOR ES UNA CARPETA DE ACORDEÓN, QUE TE DEJA VER ENSEGUIDA EL CONTENIDO.
ESTOS PAPELES NO SIRVEN DE NADA SI NO LOS ENCUENTRAS FÁCILMENTE.
VEO QUE TE ESTÁ COSTANDO.
ESTA CATEGORÍA ES DIFÍCIL, PERO NO TE RINDAS. LA CLAVE PARA ORDENAR PAPELES ES REDUCIR SU VOLUMEN.
¿Y QUÉ HAGO CON LOS APUNTES DE CURSOS?
¡PREGUNTA!
SI QUIERES ESTUDIAR ALGO, PUEDES USAR LOS LIBROS.
LA GENTE VA A UN CURSO PORQUE QUIERE OÍR A LA PERSONA QUE LO DA Y ESTAR EN UN ENTORNO DE APRENDIZAJE. LAS PROBABILIDADES DE QUE USES ESOS APUNTES ES...
¡CERO!
¿Y LOS EXTRACTOS DE LAS TARJETAS DE CRÉDITO, LAS NÓMINAS Y LOS TALONARIOS USADOS? ¿CUÁNTOS AÑOS DEBO CONSERVARLOS?
¿LOS MIRAS ALGUNA VEZ?
JAMÁS.
¡ANDA! LA GARANTÍA DEL MÓVIL.
FLIP FLOP
Garantía
20XX.X.X

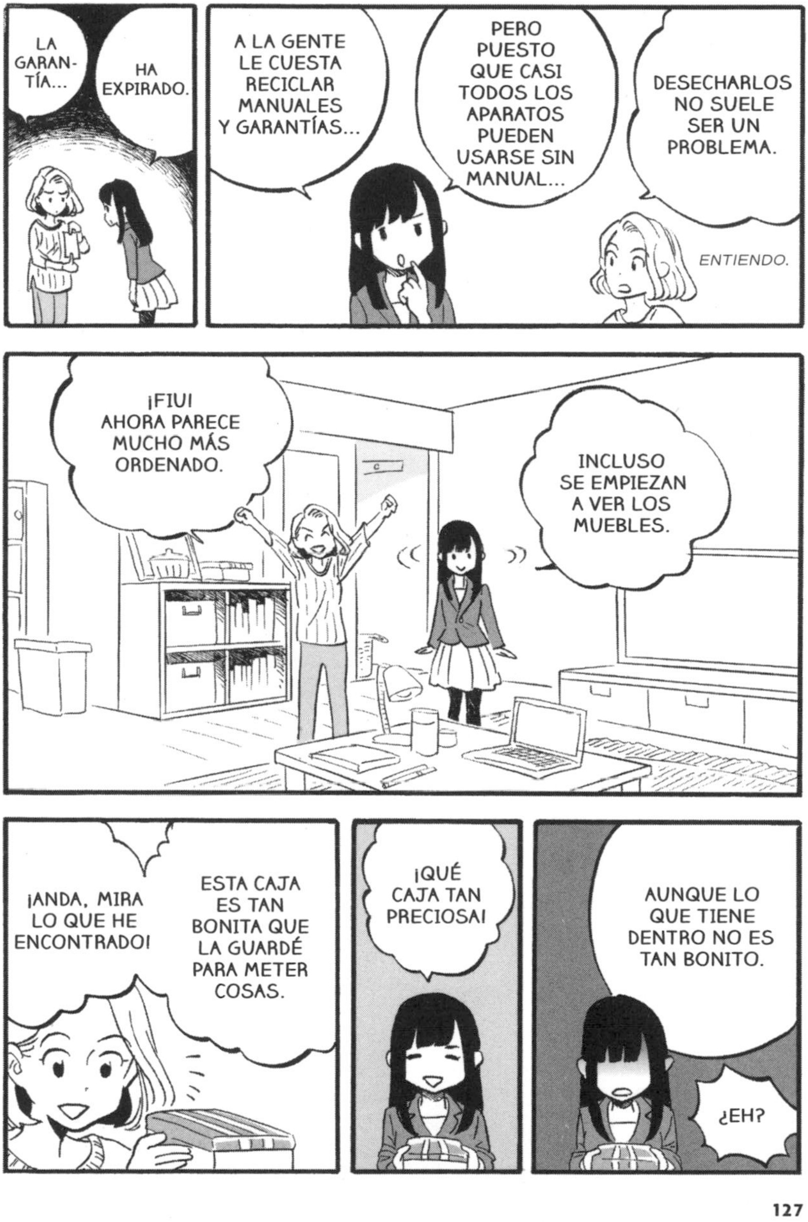
LA GARANTÍA...
HA EXPIRADO.
A LA GENTE LE CUESTA RECICLAR MANUALES Y GARANTÍAS...
PERO PUESTO QUE CASI TODOS LOS APARATOS PUEDEN USARSE SIN MANUAL...
DESECHARLOS NO SUELE SER UN PROBLEMA.
ENTIENDO.
¡FIU! AHORA PARECE MUCHO MÁS ORDENADO.
INCLUSO SE EMPIEZAN A VER LOS MUEBLES.
¡ANDA, MIRA LO QUE HE ENCONTRADO!
ESTA CAJA ES TAN BONITA QUE LA GUARDÉ PARA METER COSAS.
¡QUÉ CAJA TAN PRECIOSA!
AUNQUE LO QUE TIENE DENTRO NO ES TAN BONITO.
¿EH?

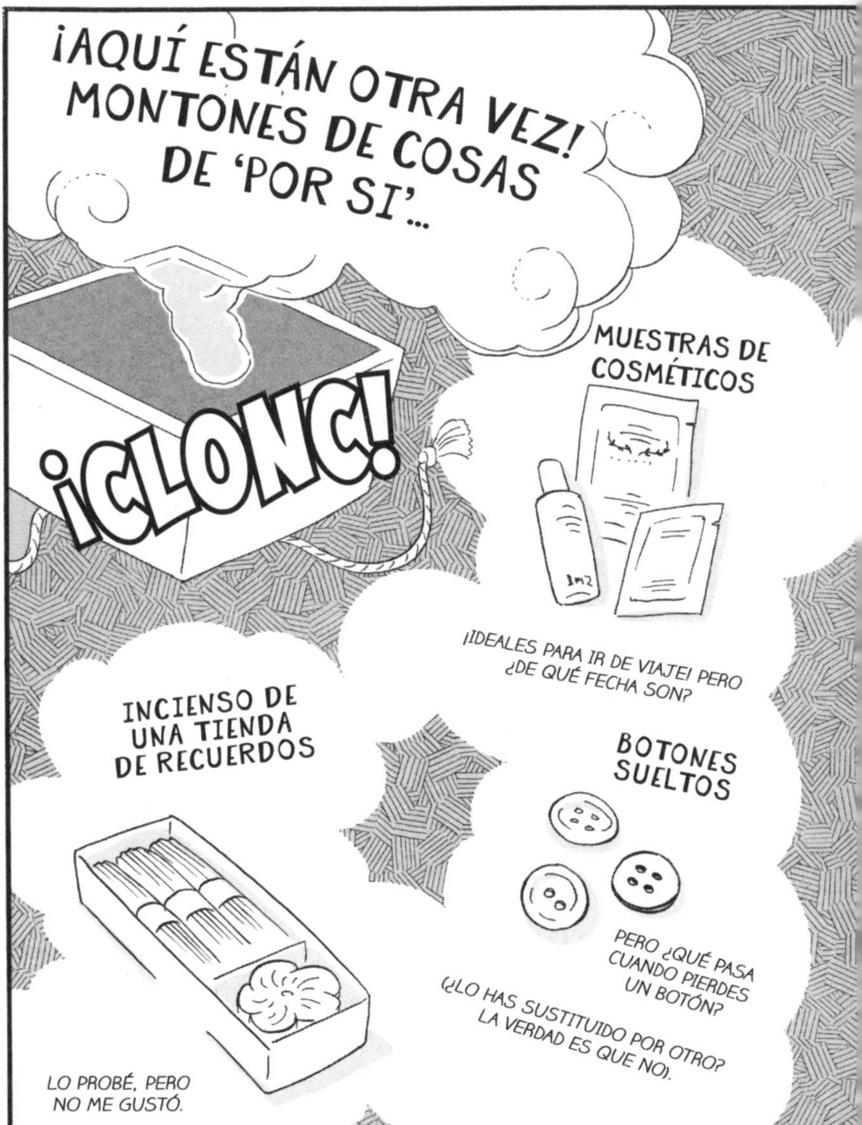
¡AQUÍ ESTÁN OTRA VEZ! MONTONES DE COSAS DE 'POR SI'...
¡CLONC!
MUESTRAS DE COSMÉTICOS
¡IDEALES PARA IR DE VIAJE! PERO ¿DE QUÉ FECHA SON?
INCIENSO DE UNA TIENDA DE RECUERDOS
BOTONES SUELTOS
PERO ¿QUÉ PASA CUANDO PIERDES UN BOTÓN?
(¿LO HAS SUSTITUIDO POR OTRO? LA VERDAD ES QUE NO).
LO PROBÉ, PERO NO ME GUSTÓ.

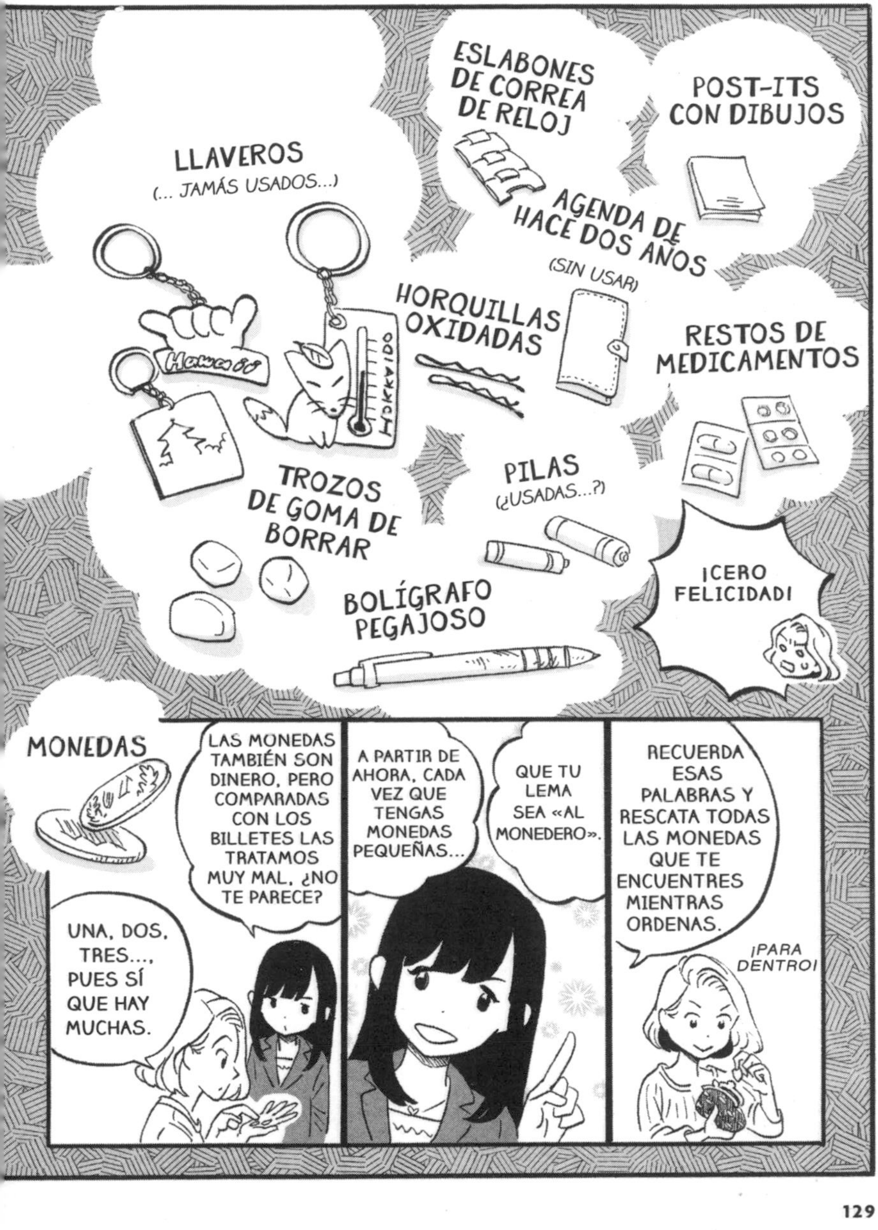
LLAVEROS
(... JAMÁS USADOS...)
ESLABONES DE CORREA DE RELOJ
POST-ITS CON DIBUJOS
AGENDA DE HACE DOS AÑOS
(SIN USAR)
HORQUILLAS OXIDADAS
RESTOS DE MEDICAMENTOS
TROZOS DE GOMA DE BORRAR
PILAS
(¿USADAS...?)
¡CERO FELICIDAD!
BOLÍGRAFO PEGAJOSO
MONEDAS
LAS MONEDAS TAMBIÉN SON DINERO, PERO COMPARADAS CON LOS BILLETES LAS TRATAMOS MUY MAL, ¿NO TE PARECE?
UNA, DOS, TRES..., PUES SÍ QUE HAY MUCHAS.
A PARTIR DE AHORA, CADA VEZ QUE TENGAS MONEDAS PEQUEÑAS...
QUE TU LEMA SEA «AL MONEDERO».
RECUERDA ESAS PALABRAS Y RESCATA TODAS LAS MONEDAS QUE TE ENCUENTRES MIENTRAS ORDENAS.
¡PARA DENTRO!

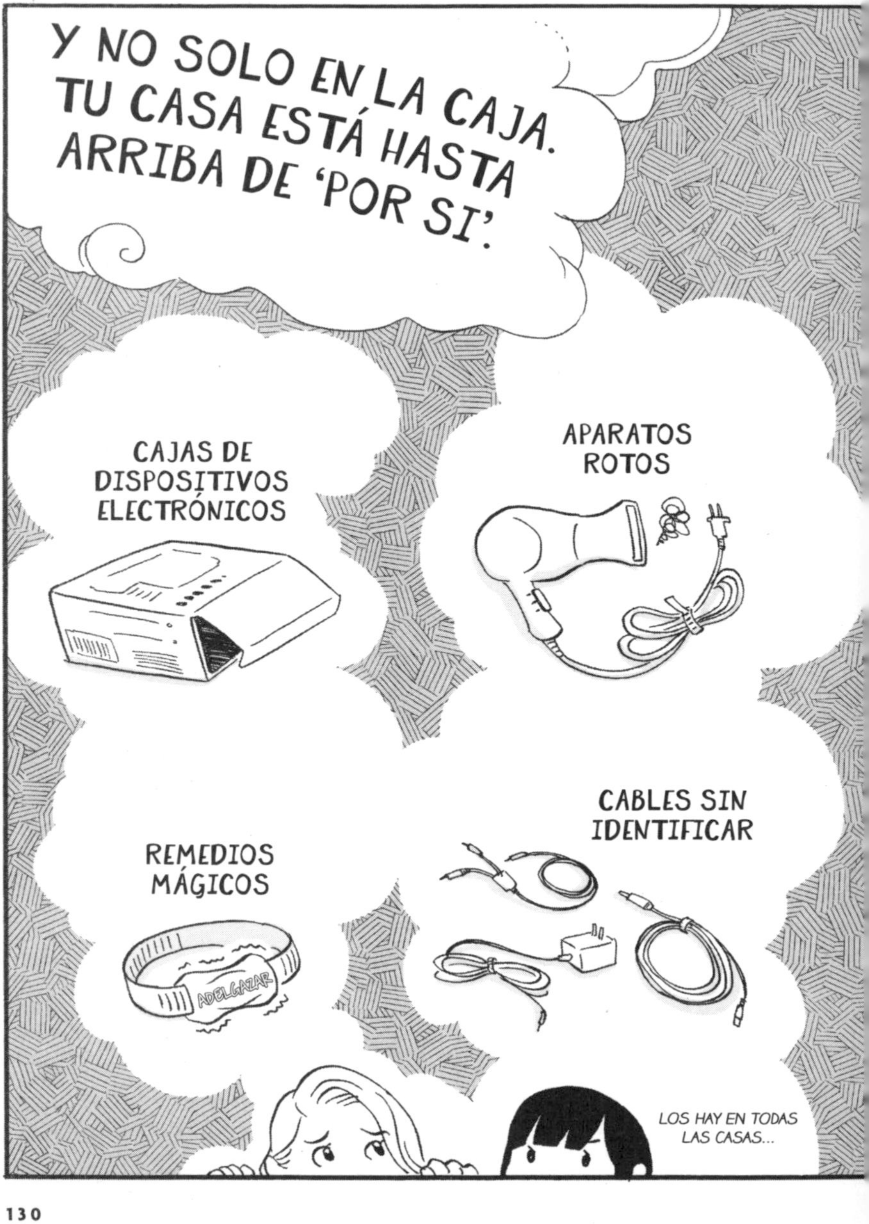
Y NO SOLO EN LA CAJA. TU CASA ESTÁ HASTA ARRIBA DE 'POR SI'.
CAJAS DE DISPOSITIVOS ELECTRÓNICOS
APARATOS ROTOS
REMEDIOS MÁGICOS
ADELGAZAR
CABLES SIN IDENTIFICAR
LOS HAY EN TODAS LAS CASAS...

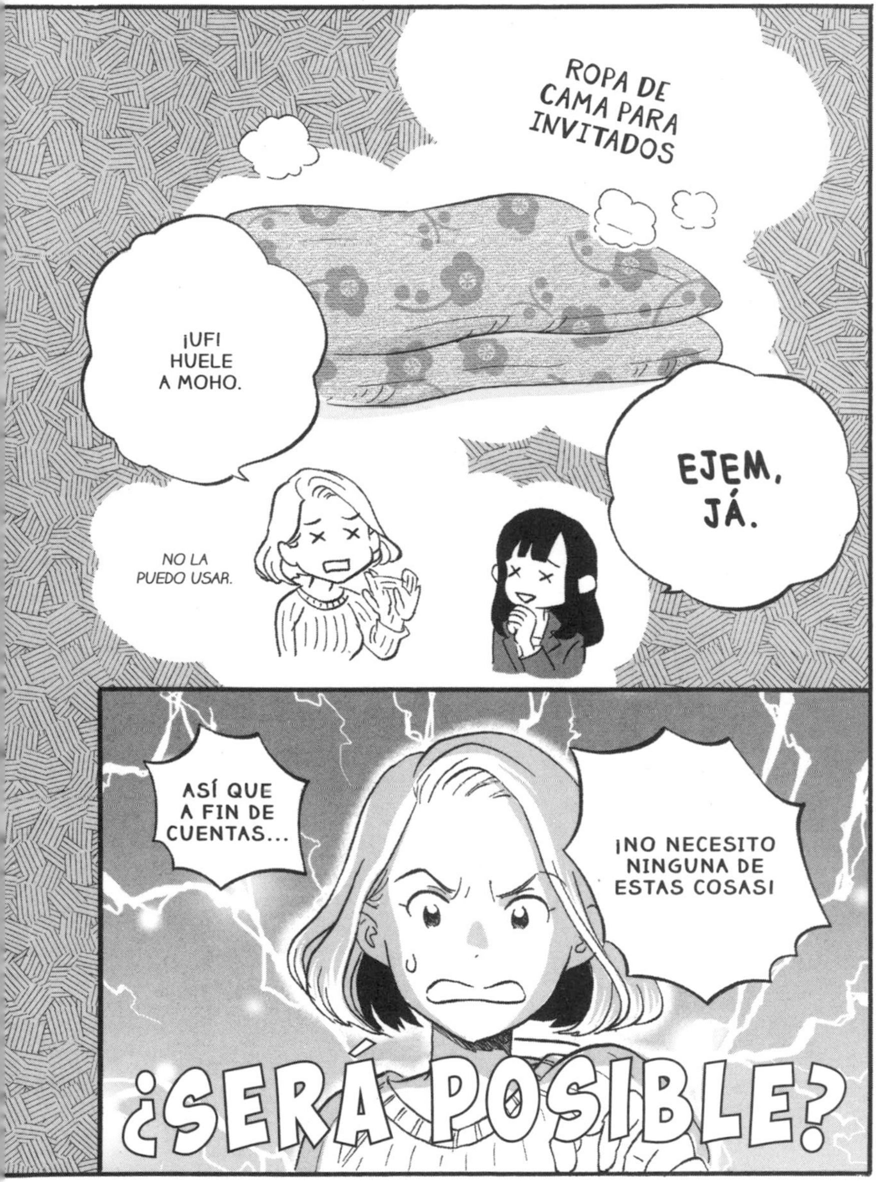
ROPA DE CAMA PARA INVITADOS
¡UFI HUELE A MOHO.
NO LA PUEDO USAR.
EJEM, JÁ.
ASÍ QUE A FIN DE CUENTAS...
¡NO NECESITO NINGUNA DE ESTAS COSASI
¿SERÁ POSIBLE?

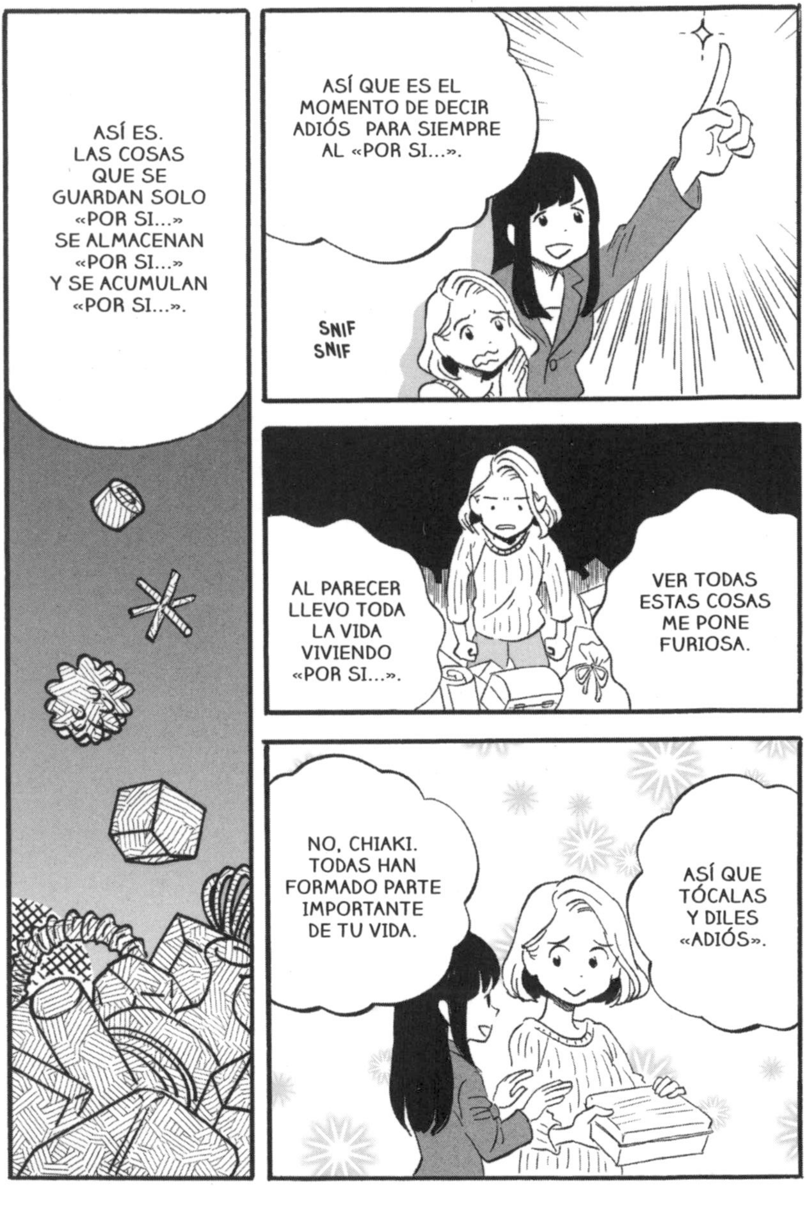
ASÍ ES.
LAS COSAS QUE SE GUARDAN SOLO «POR SI...» SE ALMACENAN «POR SI...» Y SE ACUMULAN «POR SI...».
ASÍ QUE ES EL MOMENTO DE DECIR ADIÓS PARA SIEMPRE AL «POR SI...».
SNIF SNIF
AL PARECER LLEVO TODA LA VIDA VIVIENDO «POR SI...».
VER TODAS ESTAS COSAS ME PONE FURIOSA.
NO, CHIAKI. TODAS HAN FORMADO PARTE IMPORTANTE DE TU VIDA.
ASÍ QUE TÓCALAS Y DILES «ADIÓS».

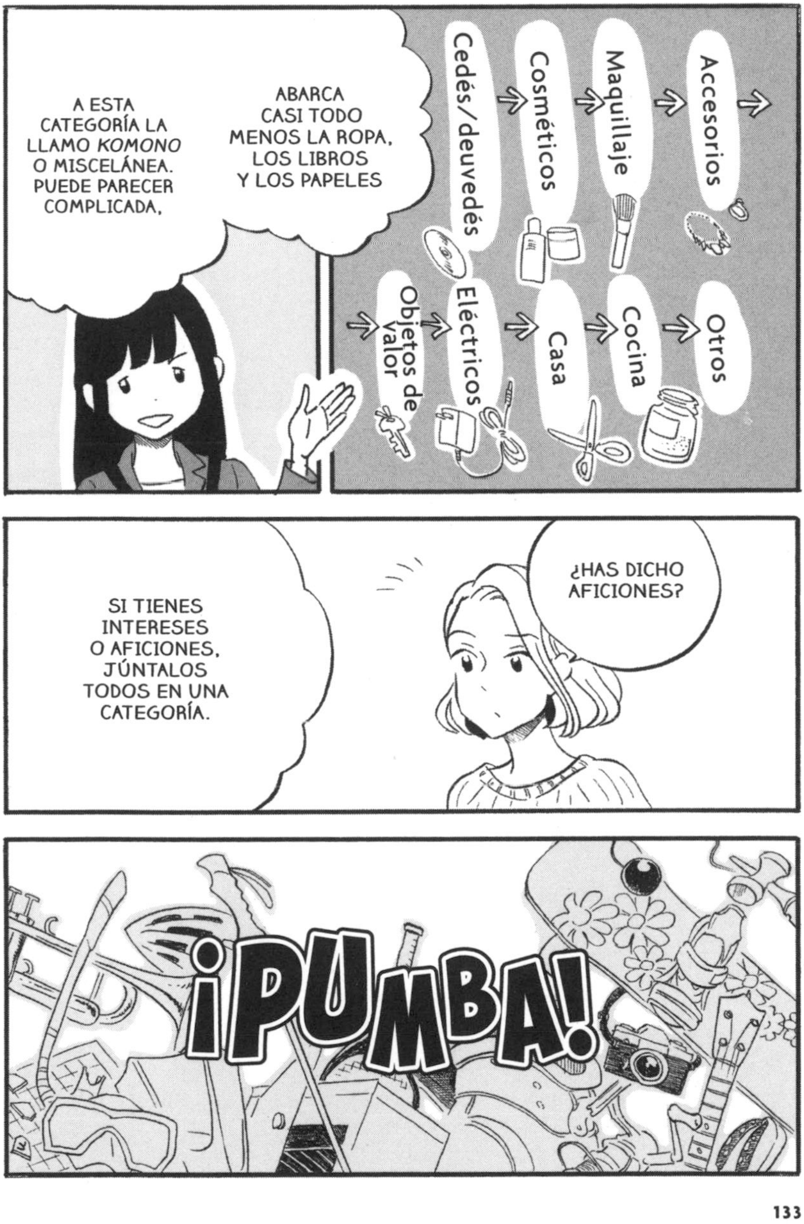
A ESTA CATEGORÍA LA LLAMO *KOMONO* O MISCELÁNEA. PUEDE PARECER COMPLICADA,
ABARCA CASI TODO MENOS LA ROPA, LOS LIBROS Y LOS PAPELES
Accesorios
Maquillaje
Cosméticos
Cedés/deuvedés
Objetos de valor
Eléctricos
Casa
Cocina
Otros
SI TIENES INTERESES O AFICIONES, JÚNTALOS TODOS EN UNA CATEGORÍA.
¿HAS DICHO AFICIONES?
¡PUMBA!

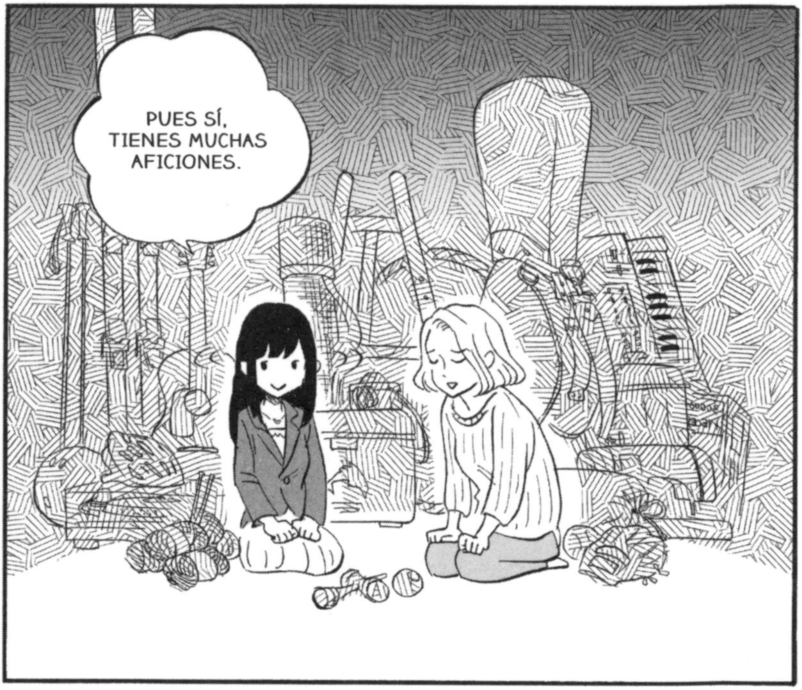
PUES SÍ, TIENES MUCHAS AFICIONES.

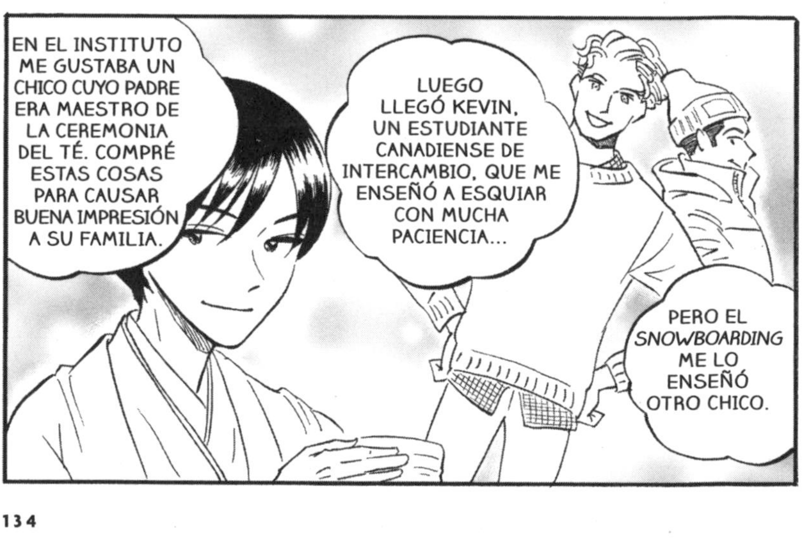
EN EL INSTITUTO ME GUSTABA UN CHICO CUYO PADRE ERA MAESTRO DE LA CEREMONIA DEL TÉ. COMPRÉ ESTAS COSAS PARA CAUSAR BUENA IMPRESIÓN A SU FAMILIA.
LUEGO LLEGÓ KEVIN, UN ESTUDIANTE CANADIENSE DE INTERCAMBIO, QUE ME ENSEÑÓ A ESQUIAR CON MUCHA PACIENCIA...
PERO EL *SNOWBOARDING* ME LO ENSEÑÓ OTRO CHICO.

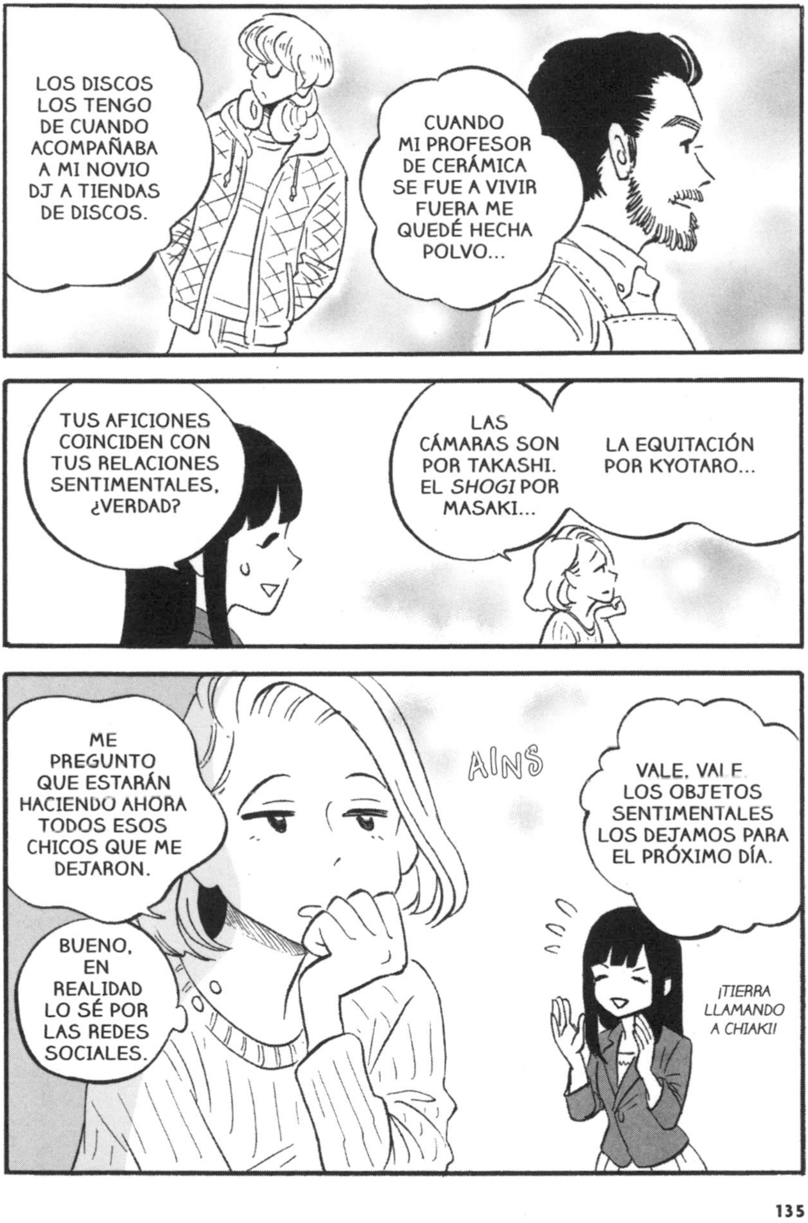
LOS DISCOS LOS TENGO DE CUANDO ACOMPAÑABA A MI NOVIO DJ A TIENDAS DE DISCOS.
CUANDO MI PROFESOR DE CERÁMICA SE FUE A VIVIR FUERA ME QUEDÉ HECHA POLVO...
TUS AFICIONES COINCIDEN CON TUS RELACIONES SENTIMENTALES, ¿VERDAD?
LAS CÁMARAS SON POR TAKASHI. EL *SHOGI* POR MASAKI...
LA EQUITACIÓN POR KYOTARO...
ME PREGUNTO QUE ESTARÁN HACIENDO AHORA TODOS ESOS CHICOS QUE ME DEJARON.
AINS
BUENO, EN REALIDAD LO SÉ POR LAS REDES SOCIALES.
VALE, VALE. LOS OBJETOS SENTIMENTALES LOS DEJAMOS PARA EL PRÓXIMO DÍA.
¡TIERRA LLAMANDO A CHIAKI!

La regla básica para los papeles
es tirarlos todos. Guarda solo
los que estás seguro que necesitarás
en el futuro.

———

Desecha todos los papeles que no entren en una de estas tres categorías: los que estás usando ahora, los que necesitarás durante un periodo de tiempo limitado y los que tienes que tener siempre.

Guarda los papeles que requieren una acción, como cartas que debes responder o facturas que debes pagar, en una «caja de pendientes», fija una fecha para ocuparte de ellos y hazlo de una sentada. Tareas sin terminar como estas nos pesan mucho más de lo que somos conscientes. Te sentirás mucho mejor si te quitas esta obligación de encima cuanto antes.

8

deja para lo último
lo que tenga valor
sentimental

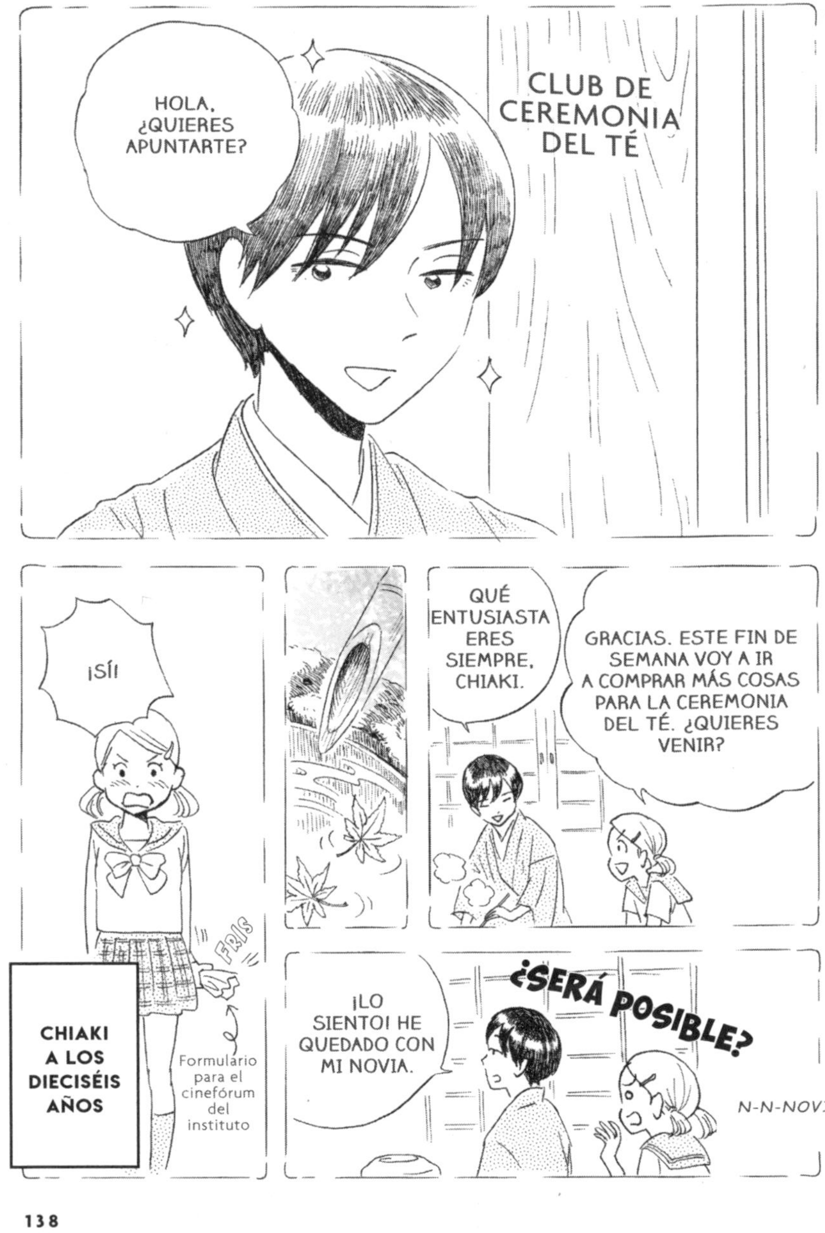
HOLA, ¿QUIERES APUNTARTE?
CLUB DE CEREMONIA DEL TÉ
¡SÍ!
FRIS
CHIAKI A LOS DIECISÉIS AÑOS
Formulario para el cinefórum del instituto
QUÉ ENTUSIASTA ERES SIEMPRE, CHIAKI.
GRACIAS. ESTE FIN DE SEMANA VOY A IR A COMPRAR MÁS COSAS PARA LA CEREMONIA DEL TÉ. ¿QUIERES VENIR?
¡LO SIENTO! HE QUEDADO CON MI NOVIA.
¿SERÁ POSIBLE?
N-N-NOVIA

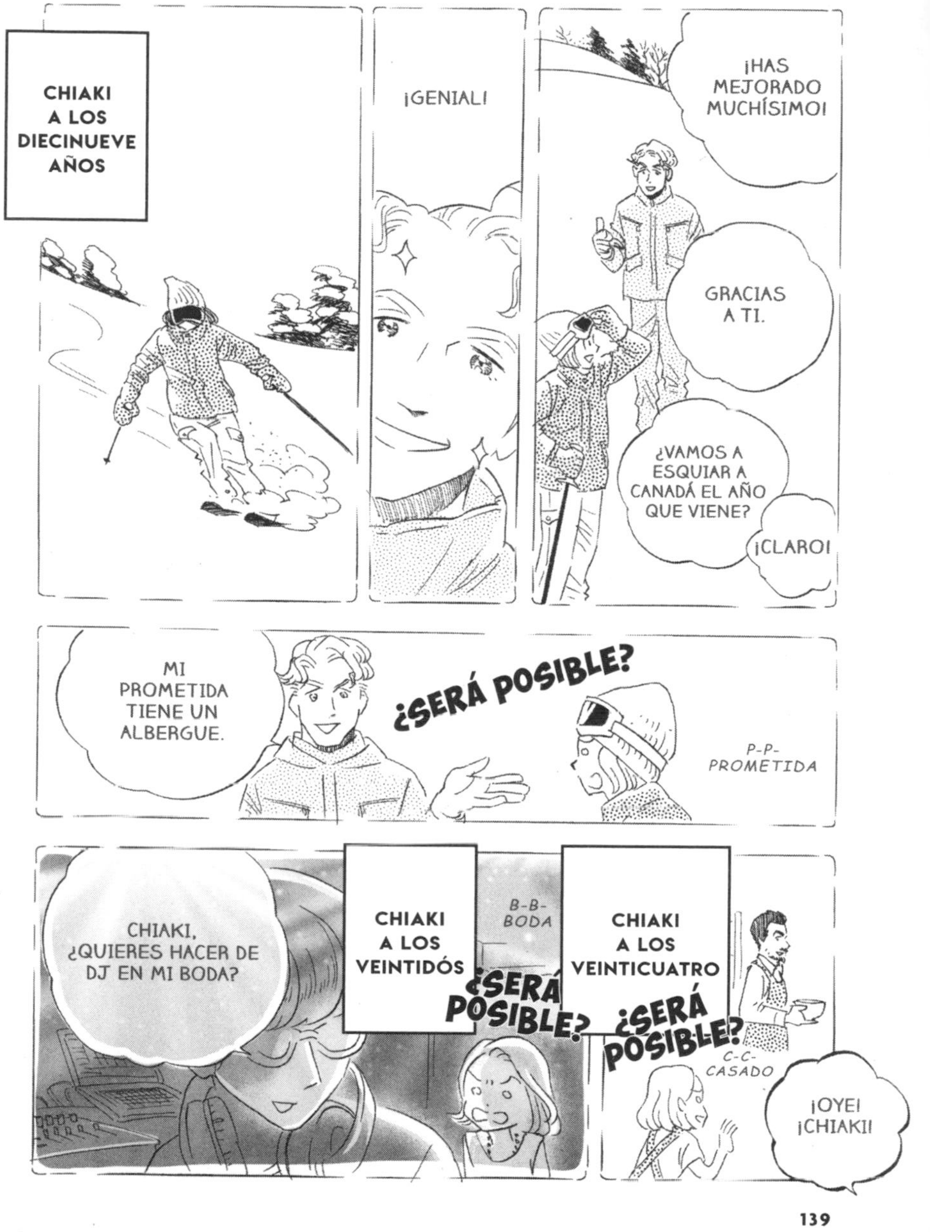

CHIAKI A LOS DIECINUEVE AÑOS
¡GENIAL!
¡HAS MEJORADO MUCHÍSIMO!
GRACIAS A TI.
¿VAMOS A ESQUIAR A CANADÁ EL AÑO QUE VIENE?
¡CLARO!
MI PROMETIDA TIENE UN ALBERGUE.
¿SERÁ POSIBLE?
P-P- PROMETIDA
CHIAKI, ¿QUIERES HACER DE DJ EN MI BODA?
CHIAKI A LOS VEINTIDÓS
B-B- BODA
¿SERÁ POSIBLE?
CHIAKI A LOS VEINTICUATRO
¿SERÁ POSIBLE?
C-C- CASADO
¡OYE! ¡CHIAKI!

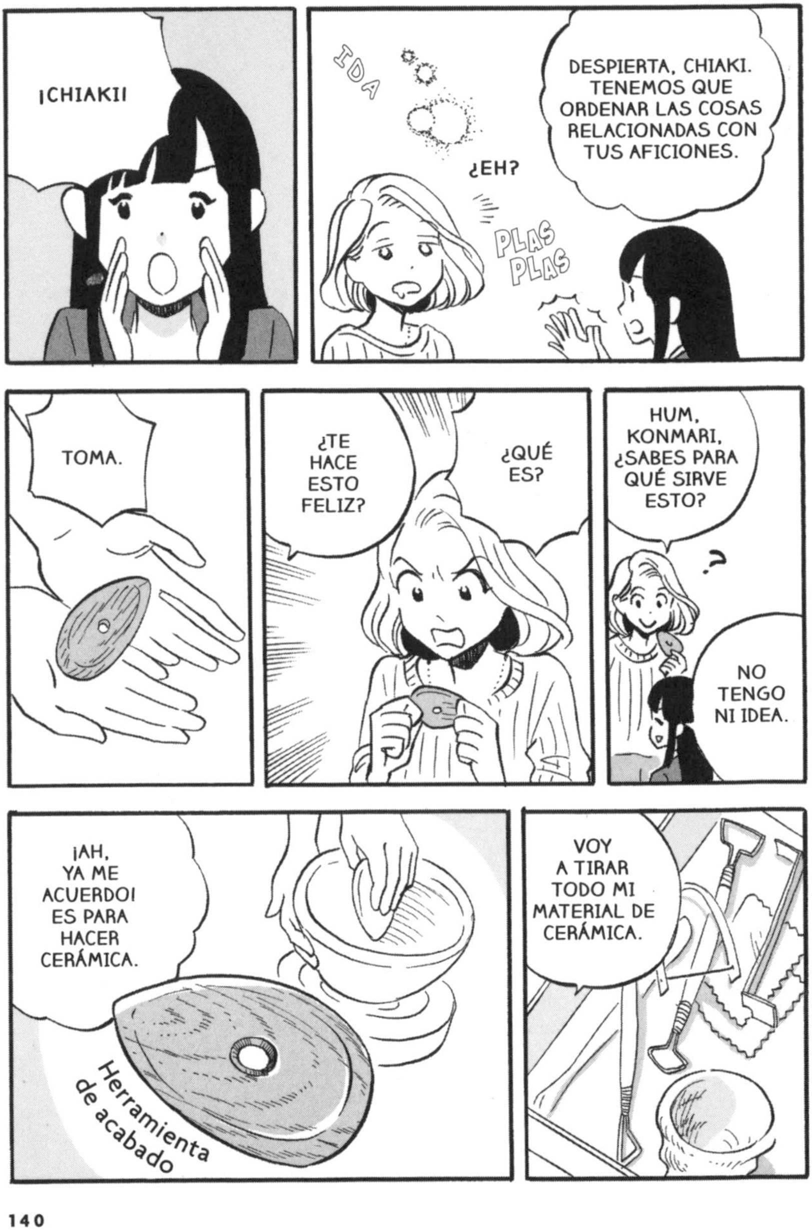
¡CHIAKI!
IDA
¿EH?
PLAS PLAS
DESPIERTA, CHIAKI. TENEMOS QUE ORDENAR LAS COSAS RELACIONADAS CON TUS AFICIONES.
TOMA.
¿TE HACE ESTO FELIZ?
¿QUÉ ES?
HUM, KONMARI, ¿SABES PARA QUÉ SIRVE ESTO?
?
NO TENGO NI IDEA.
¡AH, YA ME ACUERDO! ES PARA HACER CERÁMICA.
Herramienta de acabado
VOY A TIRAR TODO MI MATERIAL DE CERÁMICA.

ESTO ES LO PRIMERO QUE HICE.

ME PARECIÓ UN FRACASO, PERO NO ESTÁ TAN MAL.

TE HACE FELIZ, ¿VERDAD?

PODRÍA USARLO DE JARRÓN.

AHORA QUE HAS DECIDIDO QUÉ COSAS QUIERES QUEDARTE,

MÚSICA

CLASES

DEPORTE

VAMOS A DIVIDIRLAS EN CATEGORÍAS AMPLIAS Y A GUARDARLAS.

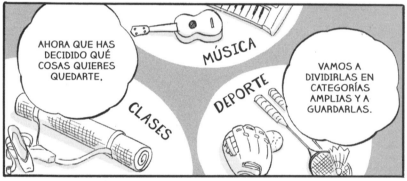

PARA ASEGURARTE DE QUE NO TE OLVIDAS DE LAS QUE USAS POCO,

GUÁRDALAS EN UNA BOLSA QUE TE GUSTE MUCHO.

YA ESTÁ.

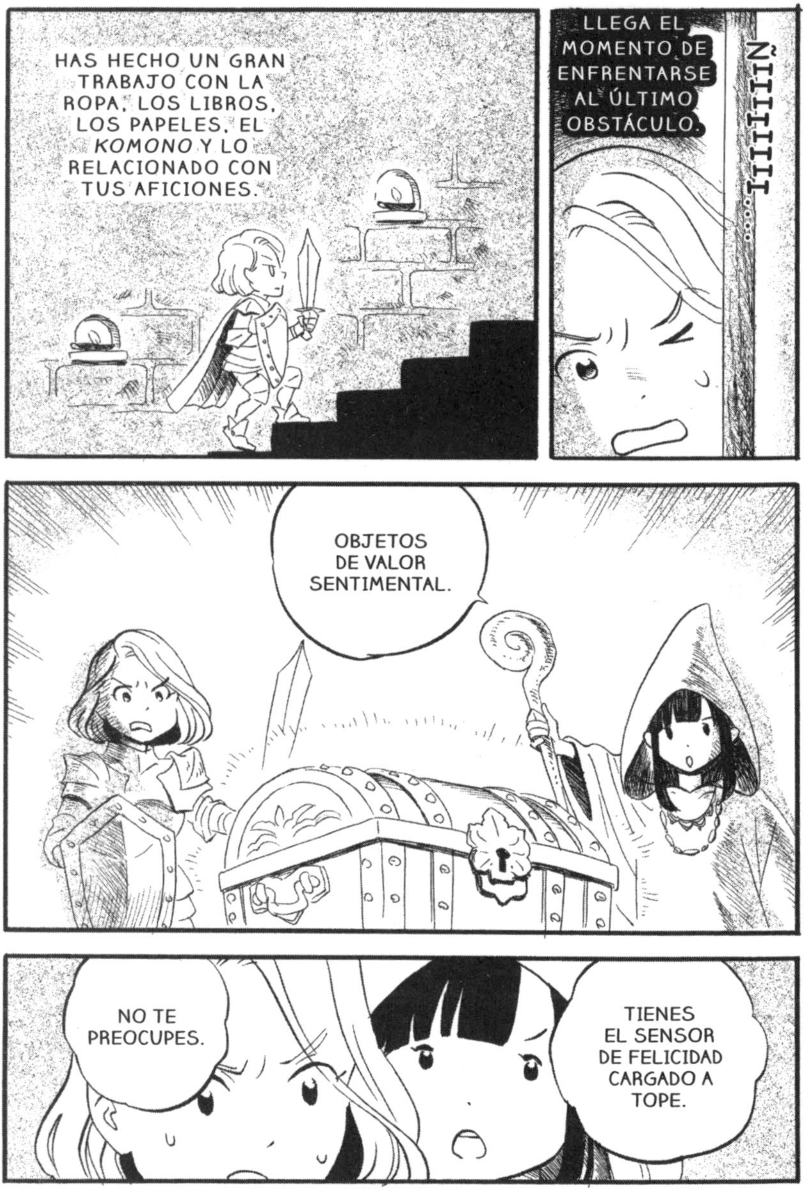
HAS HECHO UN GRAN TRABAJO CON LA ROPA, LOS LIBROS, LOS PAPELES, EL *KOMONO* Y LO RELACIONADO CON TUS AFICIONES.
LLEGA EL MOMENTO DE ENFRENTARSE AL ÚLTIMO OBSTÁCULO.
ÑIIIIII...
OBJETOS DE VALOR SENTIMENTAL.
NO TE PREOCUPES.
TIENES EL SENSOR DE FELICIDAD CARGADO A TOPE.

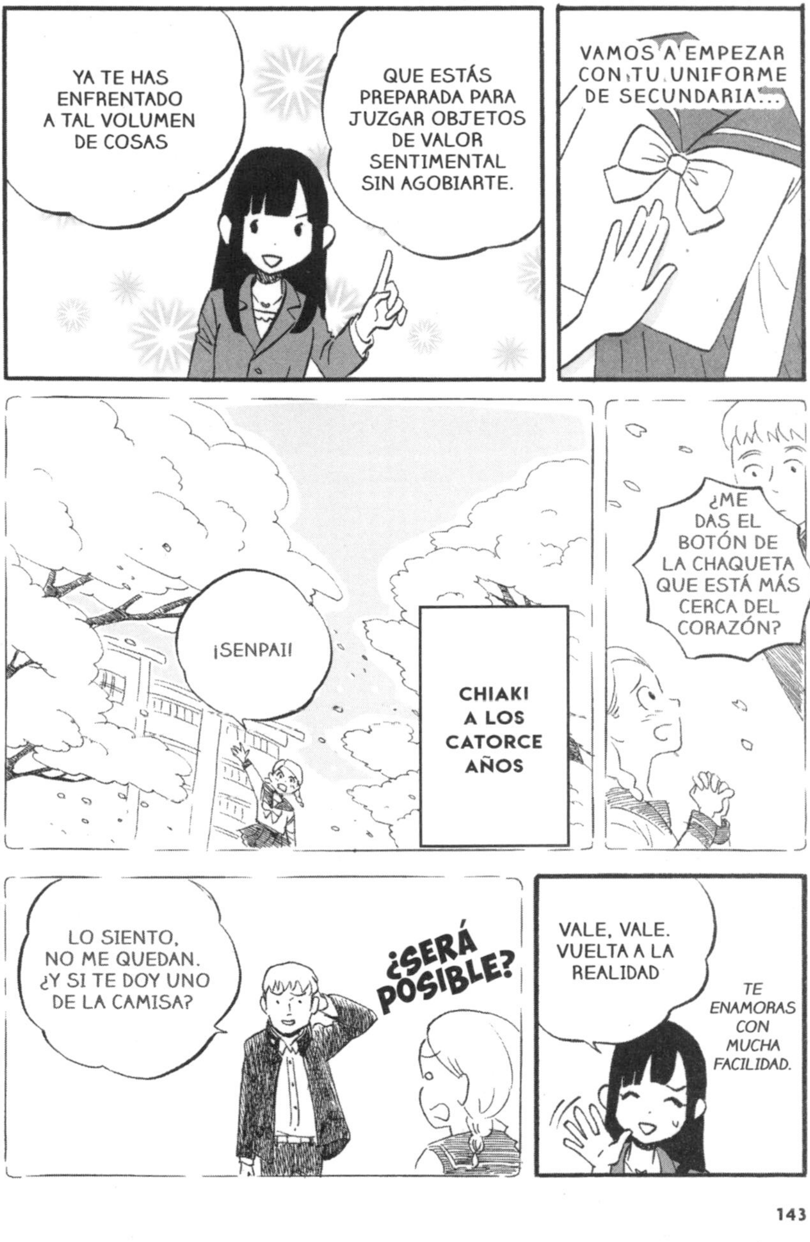
YA TE HAS ENFRENTADO A TAL VOLUMEN DE COSAS
QUE ESTÁS PREPARADA PARA JUZGAR OBJETOS DE VALOR SENTIMENTAL SIN AGOBIARTE.
VAMOS A EMPEZAR CON TU UNIFORME DE SECUNDARIA...
¡SENPAI!
CHIAKI A LOS CATORCE AÑOS
¿ME DAS EL BOTÓN DE LA CHAQUETA QUE ESTÁ MÁS CERCA DEL CORAZÓN?
LO SIENTO, NO ME QUEDAN. ¿Y SI TE DOY UNO DE LA CAMISA?
¿SERÁ POSIBLE?
VALE, VALE. VUELTA A LA REALIDAD
TE ENAMORAS CON MUCHA FACILIDAD.

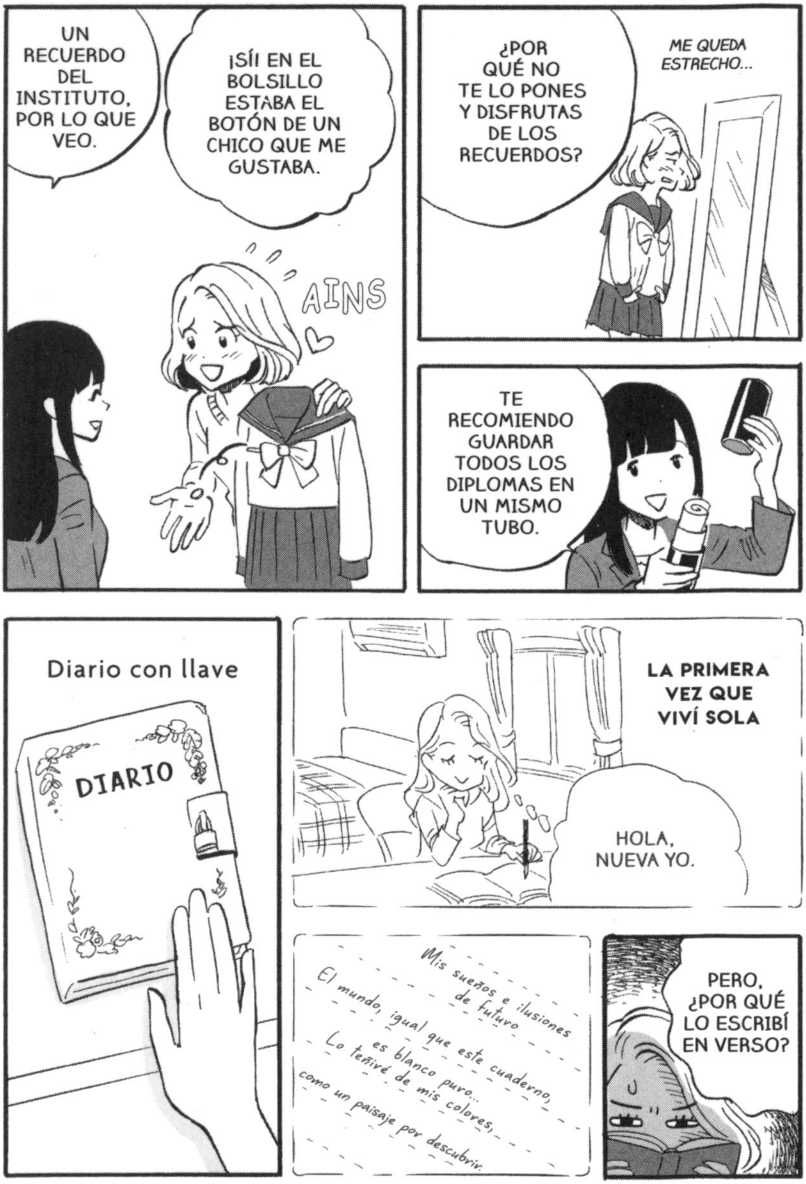
UN RECUERDO DEL INSTITUTO, POR LO QUE VEO.
¡SÍ! EN EL BOLSILLO ESTABA EL BOTÓN DE UN CHICO QUE ME GUSTABA.
AINS
¿POR QUÉ NO TE LO PONES Y DISFRUTAS DE LOS RECUERDOS?
ME QUEDA ESTRECHO...
TE RECOMIENDO GUARDAR TODOS LOS DIPLOMAS EN UN MISMO TUBO.
Diario con llave
DIARIO
LA PRIMERA VEZ QUE VIVÍ SOLA
HOLA, NUEVA YO.
Mis sueños e ilusiones
de futuro
El mundo, igual que este cuaderno,
es blanco puro...
Lo teñiré de mis colores,
como un paisaje por descubrir.
PERO, ¿POR QUÉ LO ESCRIBÍ EN VERSO?

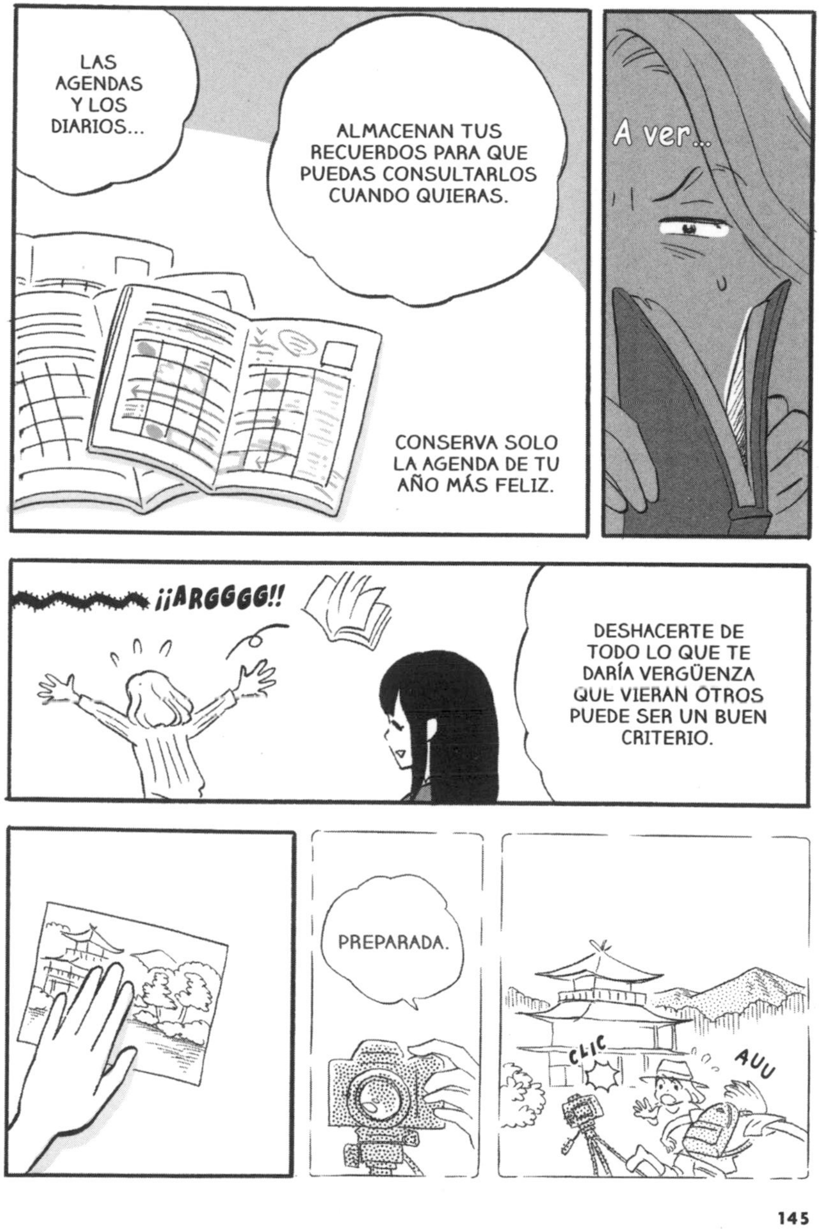
LAS AGENDAS Y LOS DIARIOS...
ALMACENAN TUS RECUERDOS PARA QUE PUEDAS CONSULTARLOS CUANDO QUIERAS.
CONSERVA SOLO LA AGENDA DE TU AÑO MÁS FELIZ.
A ver...
¡¡ARGGGG!!
DESHACERTE DE TODO LO QUE TE DARÍA VERGÜENZA QUE VIERAN OTROS PUEDE SER UN BUEN CRITERIO.
PREPARADA.
CLIC
AUU

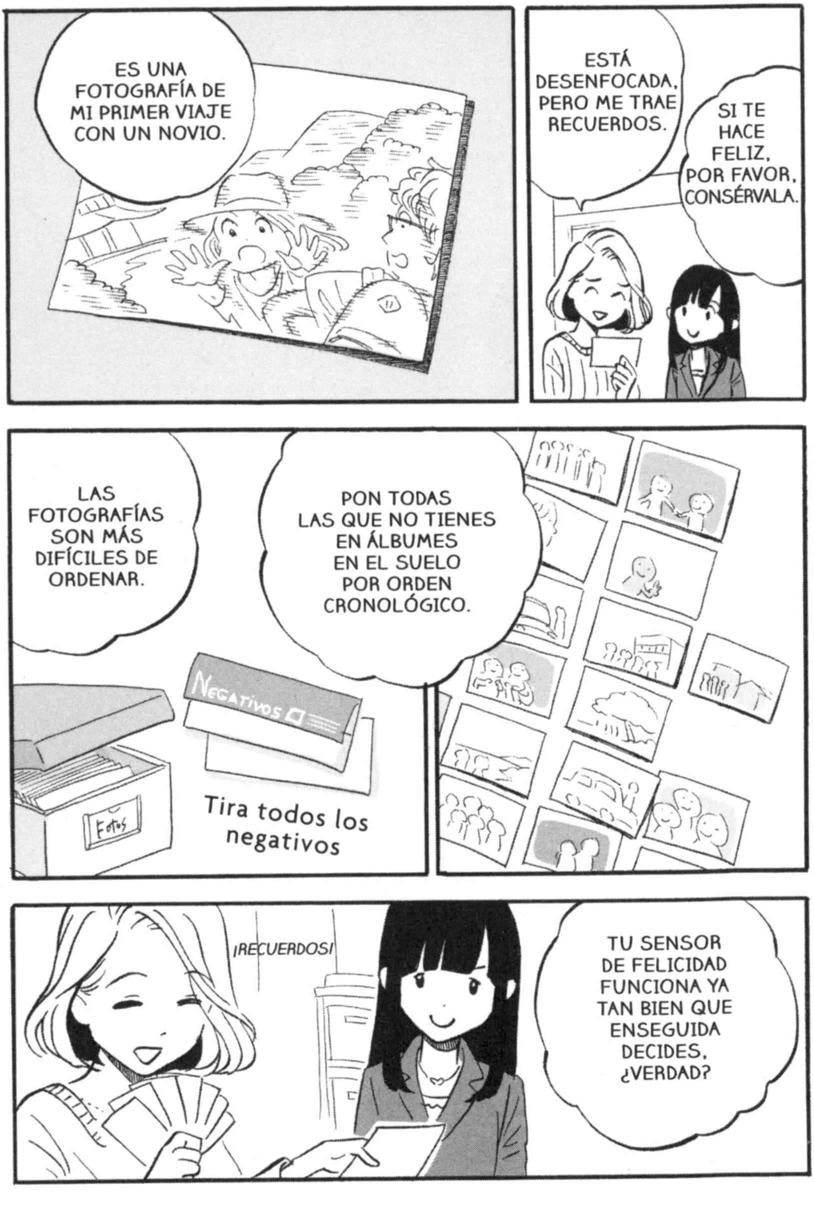
ES UNA FOTOGRAFÍA DE MI PRIMER VIAJE CON UN NOVIO.
ESTÁ DESENFOCADA, PERO ME TRAE RECUERDOS.
SI TE HACE FELIZ, POR FAVOR, CONSÉRVALA.
LAS FOTOGRAFÍAS SON MÁS DIFÍCILES DE ORDENAR.
PON TODAS LAS QUE NO TIENES EN ÁLBUMES EN EL SUELO POR ORDEN CRONOLÓGICO.
NEGATIVOS
Fotos
Tira todos los negativos
¡RECUERDOS!
TU SENSOR DE FELICIDAD FUNCIONA YA TAN BIEN QUE ENSEGUIDA DECIDES, ¿VERDAD?

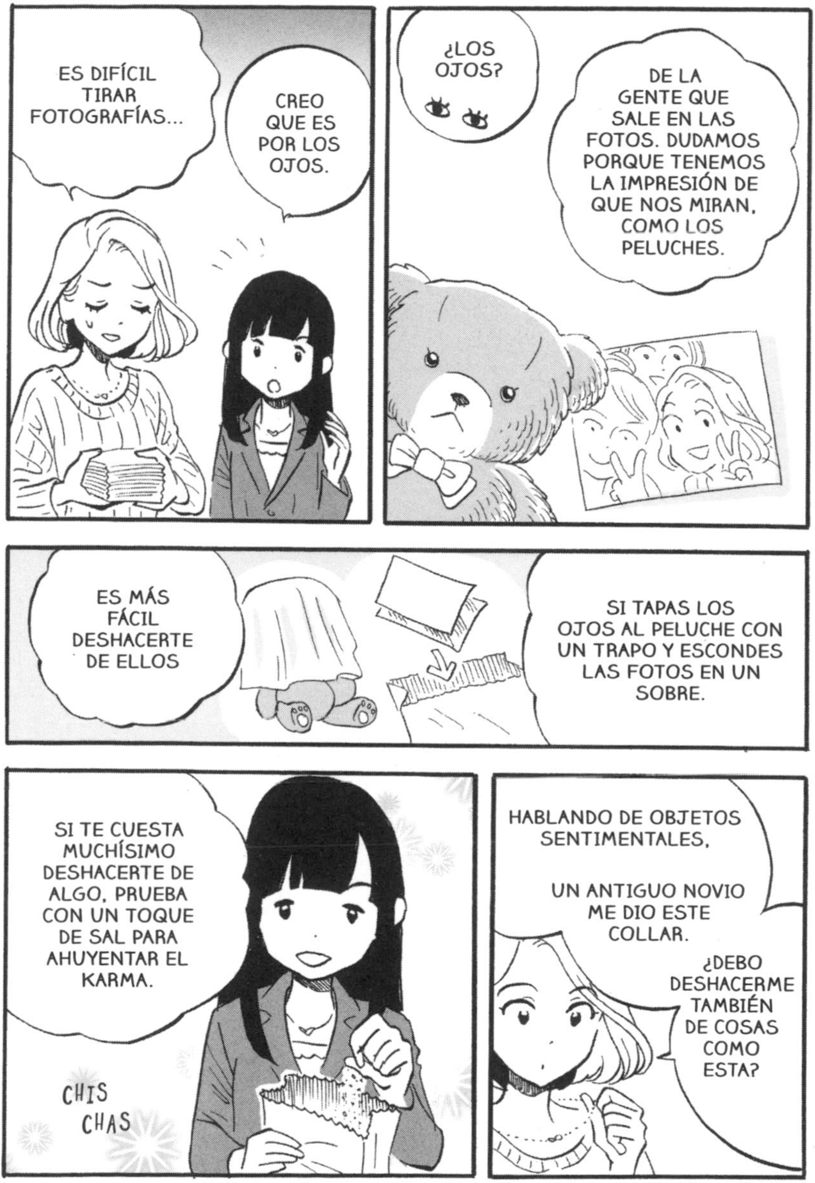
ES DIFÍCIL TIRAR FOTOGRAFÍAS...
CREO QUE ES POR LOS OJOS.
¿LOS OJOS?
DE LA GENTE QUE SALE EN LAS FOTOS. DUDAMOS PORQUE TENEMOS LA IMPRESIÓN DE QUE NOS MIRAN, COMO LOS PELUCHES.
ES MÁS FÁCIL DESHACERTE DE ELLOS
SI TAPAS LOS OJOS AL PELUCHE CON UN TRAPO Y ESCONDES LAS FOTOS EN UN SOBRE.
SI TE CUESTA MUCHÍSIMO DESHACERTE DE ALGO, PRUEBA CON UN TOQUE DE SAL PARA AHUYENTAR EL KARMA.
CHIS
CHAS
HABLANDO DE OBJETOS SENTIMENTALES,
UN ANTIGUO NOVIO ME DIO ESTE COLLAR.
¿DEBO DESHACERME TAMBIÉN DE COSAS COMO ESTA?

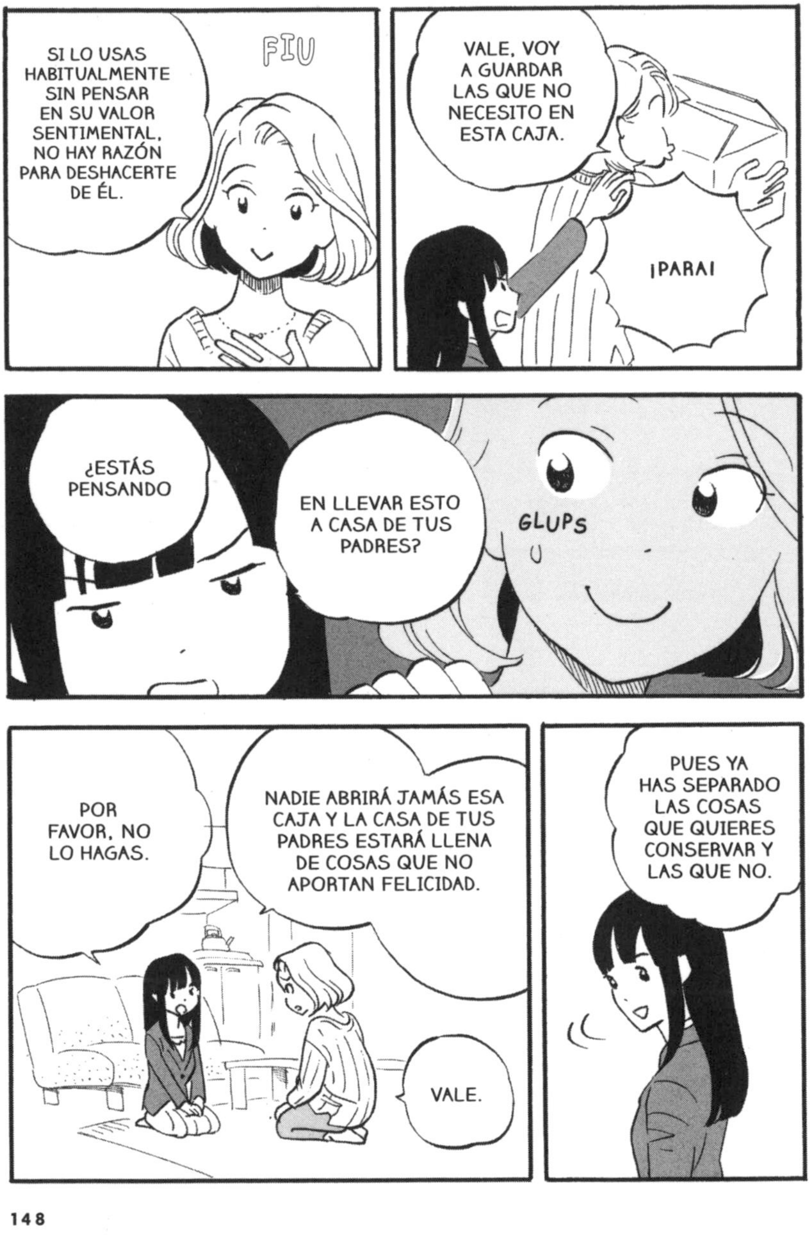
SI LO USAS HABITUALMENTE SIN PENSAR EN SU VALOR SENTIMENTAL, NO HAY RAZÓN PARA DESHACERTE DE ÉL.
FIU
VALE, VOY A GUARDAR LAS QUE NO NECESITO EN ESTA CAJA.
¡PARA!
¿ESTÁS PENSANDO
EN LLEVAR ESTO A CASA DE TUS PADRES?
GLUPS
POR FAVOR, NO LO HAGAS.
NADIE ABRIRÁ JAMÁS ESA CAJA Y LA CASA DE TUS PADRES ESTARÁ LLENA DE COSAS QUE NO APORTAN FELICIDAD.
VALE.
PUES YA HAS SEPARADO LAS COSAS QUE QUIERES CONSERVAR Y LAS QUE NO.

ESPERA.
¿QUÉ PASA CON ESA FOTO?
...
CHIAKI

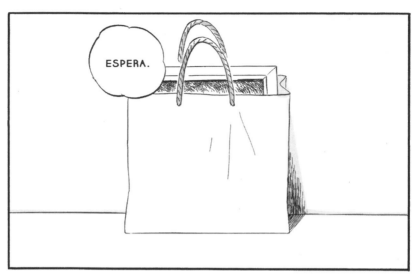

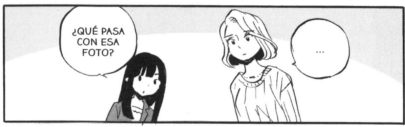

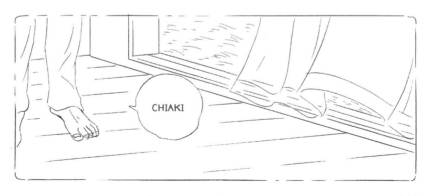

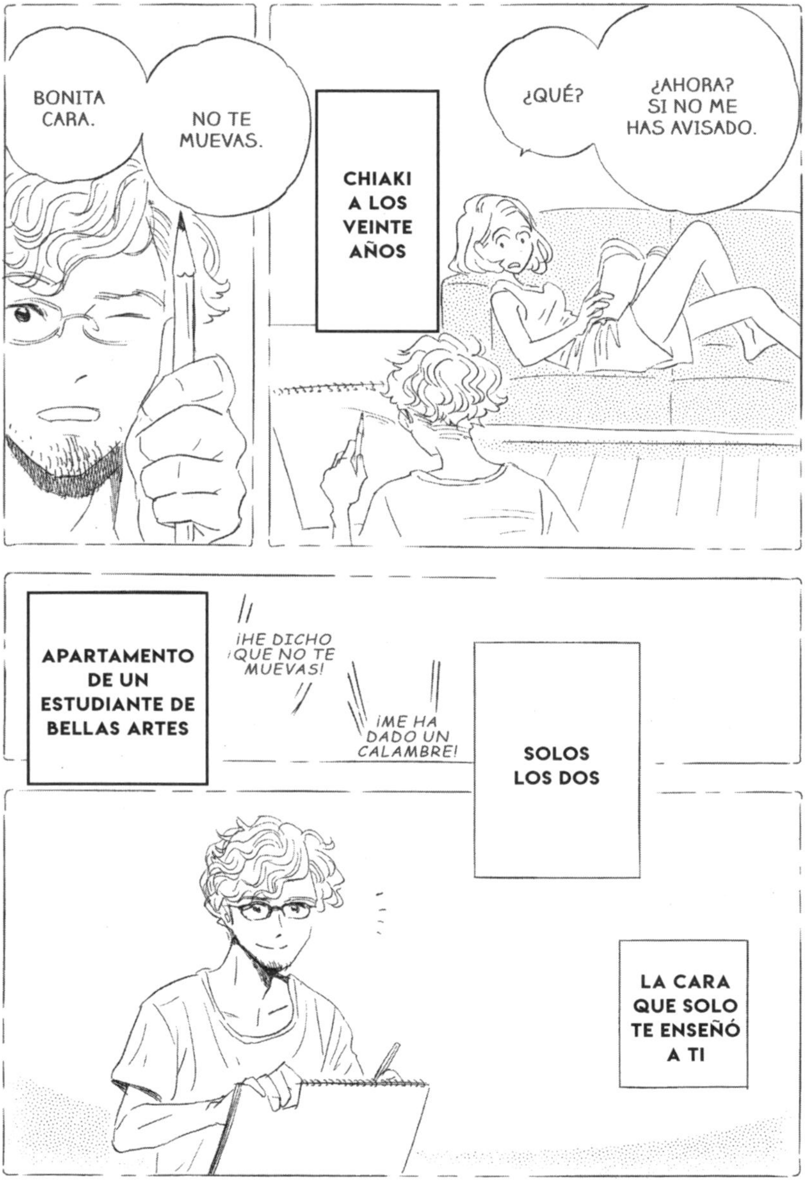
BONITA CARA.
NO TE MUEVAS.
CHIAKI A LOS VEINTE AÑOS
¿QUÉ?
¿AHORA? SI NO ME HAS AVISADO.
APARTAMENTO DE UN ESTUDIANTE DE BELLAS ARTES
¡HE DICHO QUE NO TE MUEVAS!
¡ME HA DADO UN CALAMBRE!
SOLOS LOS DOS
LA CARA QUE SOLO TE ENSEÑÓ A TI

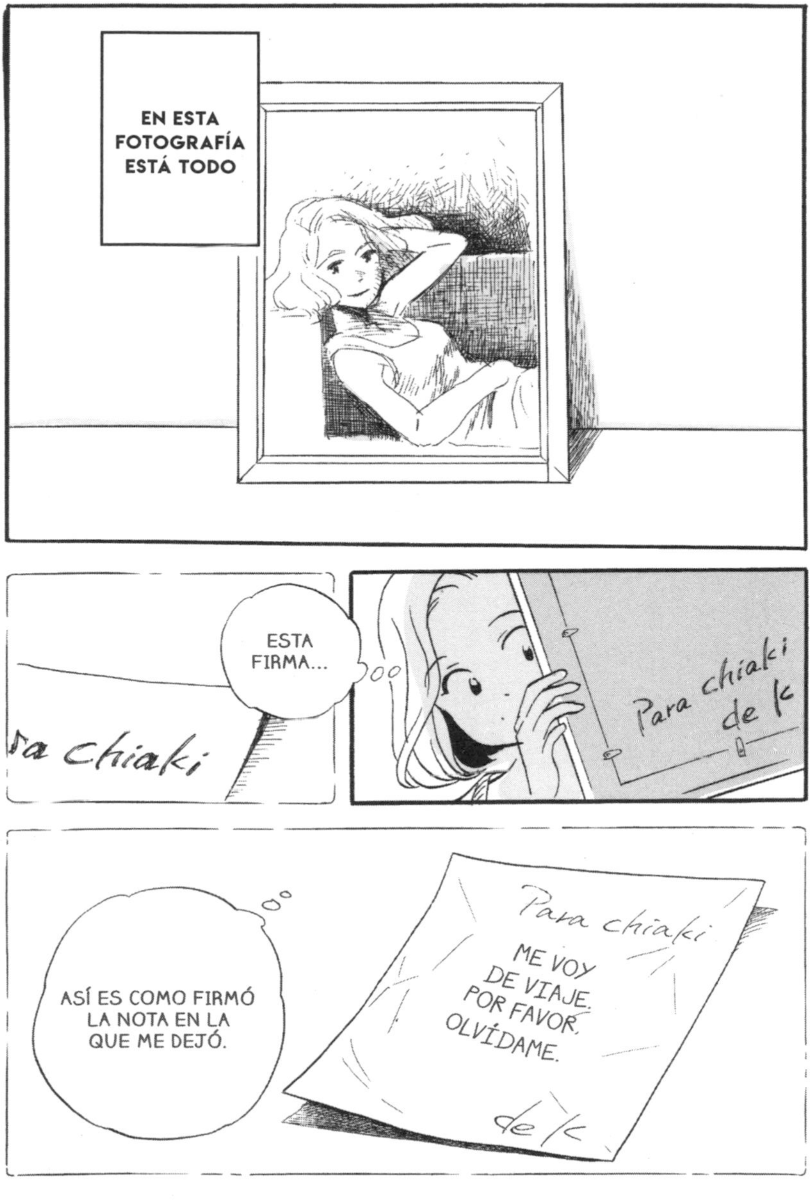
EN ESTA FOTOGRAFÍA ESTÁ TODO
ra chiaki
ESTA FIRMA...
Para chiaki de K
ASÍ ES COMO FIRMÓ LA NOTA EN LA QUE ME DEJÓ.
Para chiaki
ME VOY DE VIAJE. POR FAVOR, OLVÍDAME.
de K

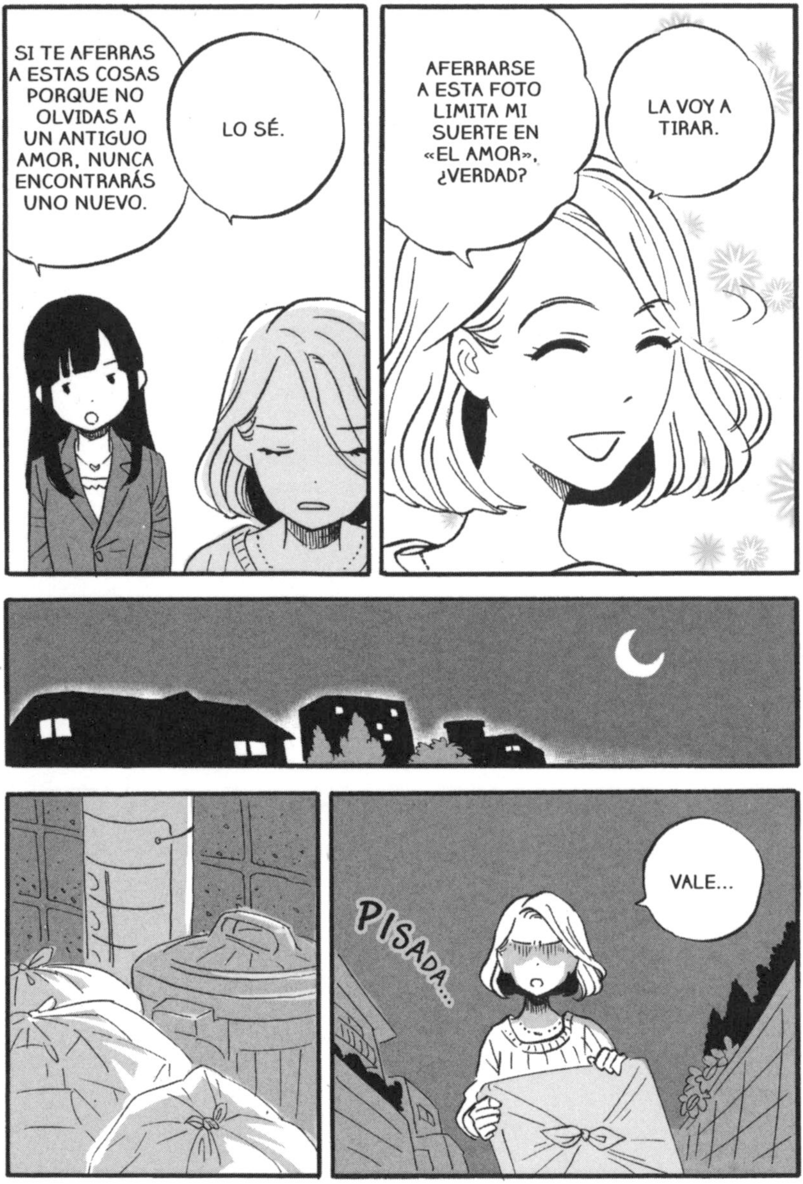
SI TE AFERRAS A ESTAS COSAS PORQUE NO OLVIDAS A UN ANTIGUO AMOR, NUNCA ENCONTRARÁS UNO NUEVO.
LO SÉ.
AFERRARSE A ESTA FOTO LIMITA MI SUERTE EN «EL AMOR», ¿VERDAD?
LA VOY A TIRAR.
PISADA...
VALE...

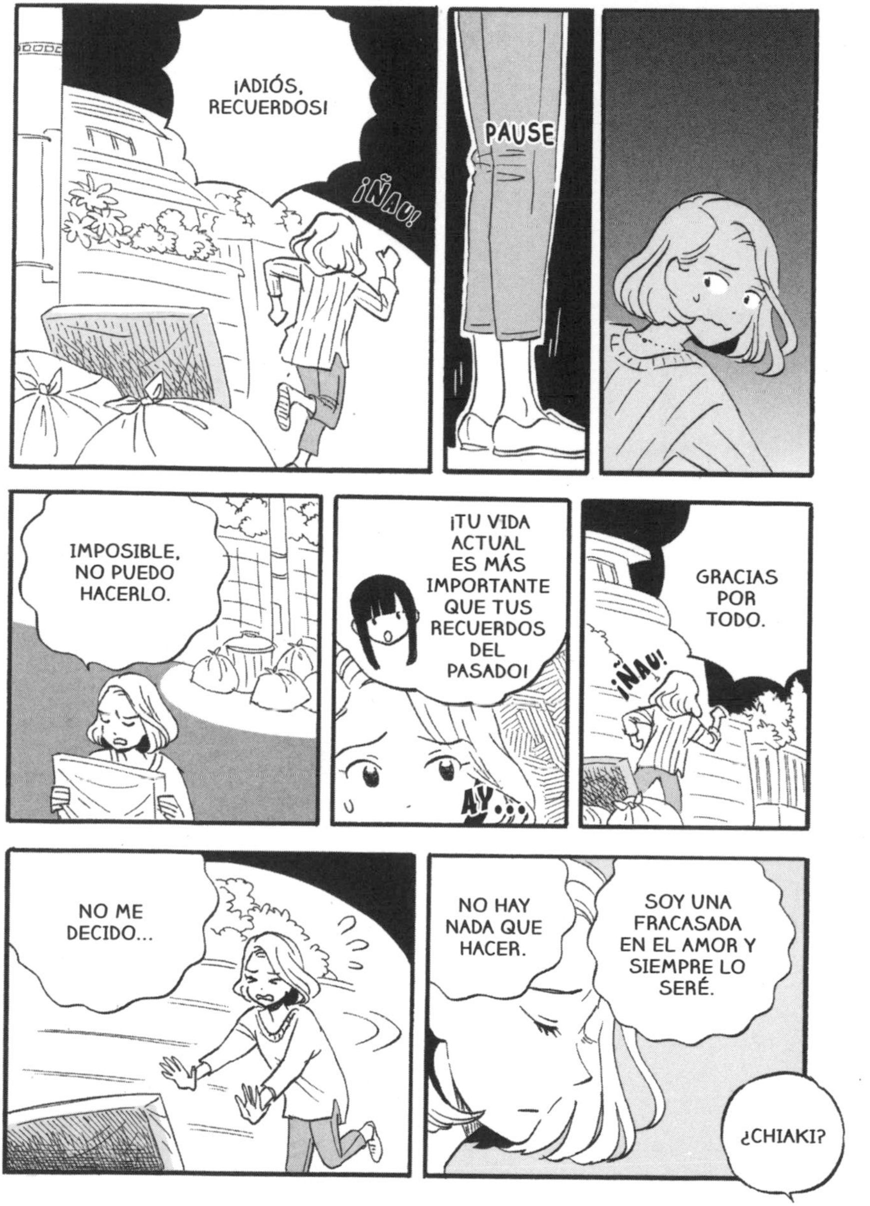
¡ADIÓS, RECUERDOS!
¡ÑAU!
PAUSE
IMPOSIBLE, NO PUEDO HACERLO.
¡TU VIDA ACTUAL ES MÁS IMPORTANTE QUE TUS RECUERDOS DEL PASADO!
AY...
GRACIAS POR TODO.
¡ÑAU!
NO ME DECIDO...
NO HAY NADA QUE HACER.
SOY UNA FRACASADA EN EL AMOR Y SIEMPRE LO SERÉ.
¿CHIAKI?

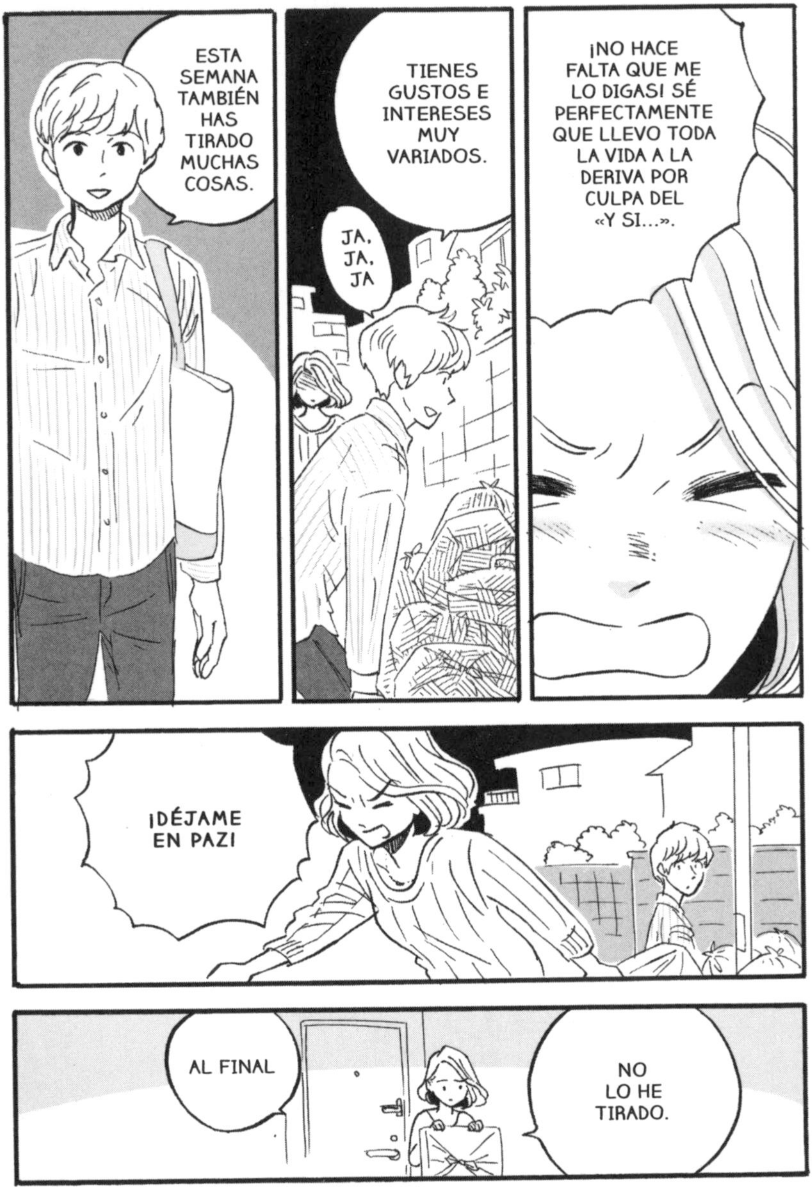
ESTA SEMANA TAMBIÉN HAS TIRADO MUCHAS COSAS.
TIENES GUSTOS E INTERESES MUY VARIADOS.
JA, JA, JA
¡NO HACE FALTA QUE ME LO DIGAS! SÉ PERFECTAMENTE QUE LLEVO TODA LA VIDA A LA DERIVA POR CULPA DEL «Y SI...».
¡DÉJAME EN PAZ!
AL FINAL
NO LO HE TIRADO.

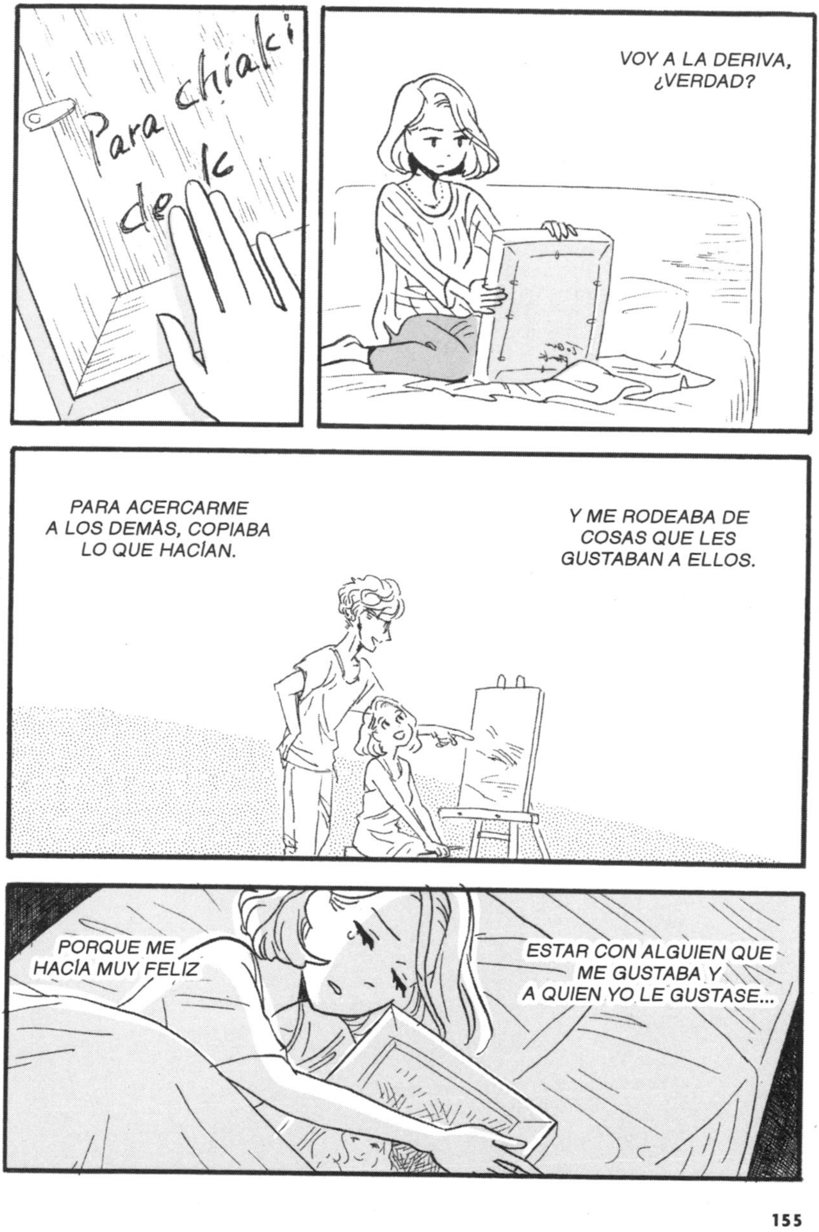
Para chiaki de k
VOY A LA DERIVA, ¿VERDAD?
PARA ACERCARME A LOS DEMÁS, COPIABA LO QUE HACÍAN.
Y ME RODEABA DE COSAS QUE LES GUSTABAN A ELLOS.
PORQUE ME HACÍA MUY FELIZ
ESTAR CON ALGUIEN QUE ME GUSTABA Y A QUIEN YO LE GUSTASE...

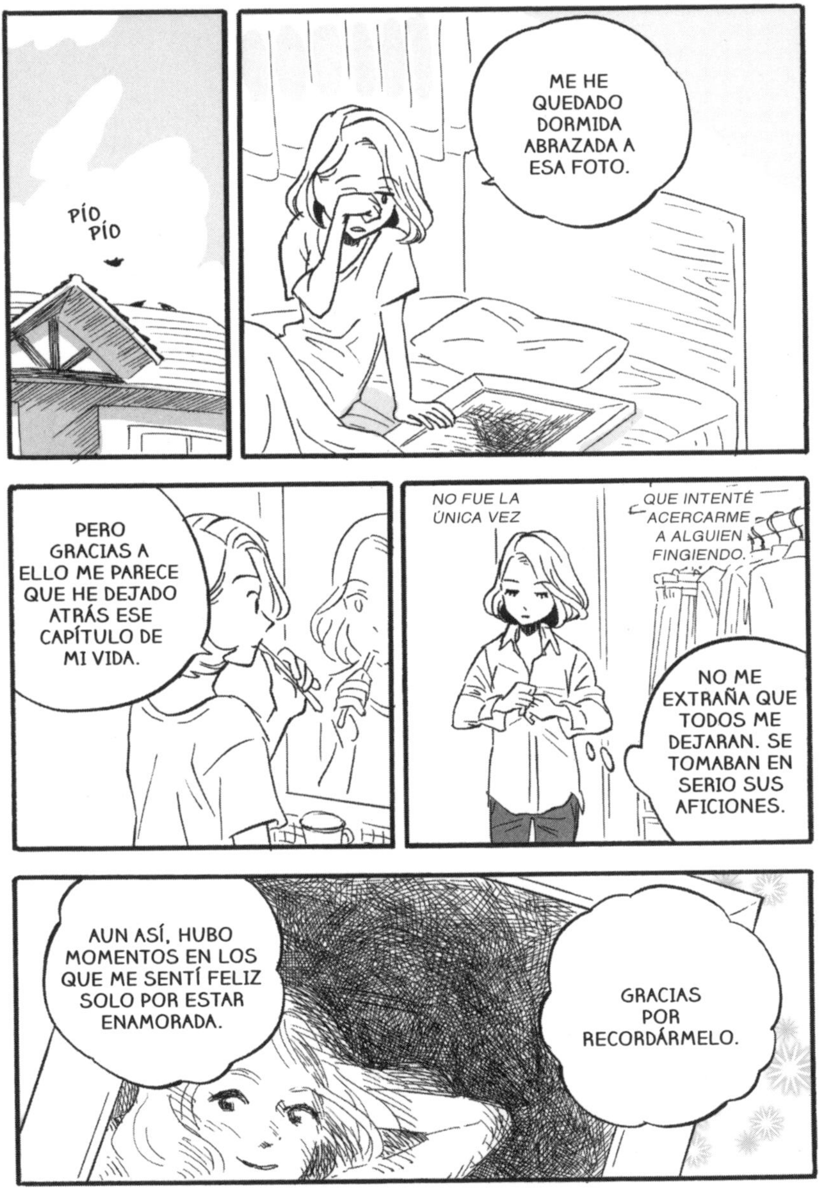
PÍO PÍO
ME HE QUEDADO DORMIDA ABRAZADA A ESA FOTO.
PERO GRACIAS A ELLO ME PARECE QUE HE DEJADO ATRÁS ESE CAPÍTULO DE MI VIDA.
NO FUE LA ÚNICA VEZ
QUE INTENTÉ ACERCARME A ALGUIEN FINGIENDO.
NO ME EXTRAÑA QUE TODOS ME DEJARAN. SE TOMABAN EN SERIO SUS AFICIONES.
AUN ASÍ, HUBO MOMENTOS EN LOS QUE ME SENTÍ FELIZ SOLO POR ESTAR ENAMORADA.
GRACIAS POR RECORDÁRMELO.

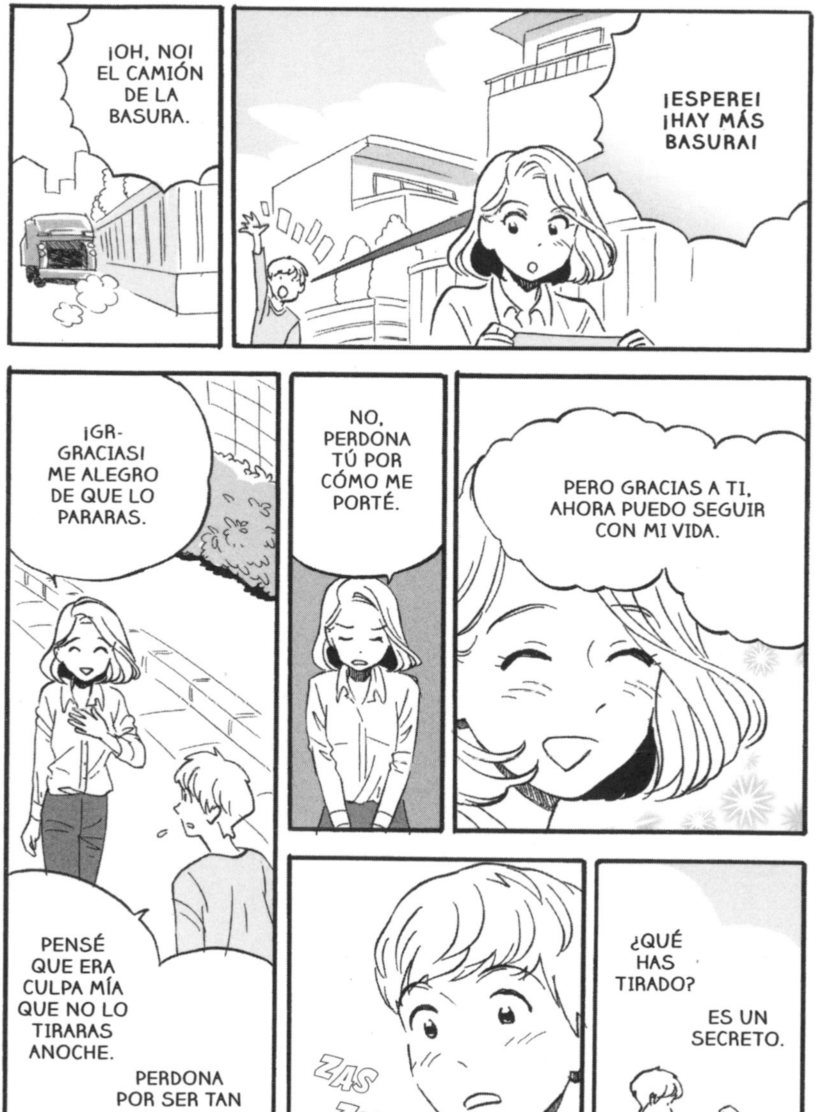
¡OH, NO! EL CAMIÓN DE LA BASURA.
¡ESPERE! ¡HAY MÁS BASURA!
¡GR- GRACIAS! ME ALEGRO DE QUE LO PARARAS.
PENSÉ QUE ERA CULPA MÍA QUE NO LO TIRARAS ANOCHE.
PERDONA POR SER TAN DESCONSIDERADO.
NO, PERDONA TÚ POR CÓMO ME PORTÉ.
PERO GRACIAS A TI, AHORA PUEDO SEGUIR CON MI VIDA.
ZAS
ZIS
¿QUÉ HAS TIRADO?
ES UN SECRETO.

Vivimos en el presente. Quién eres ahora es más importante que los recuerdos de tu pasado. Sé bueno contigo mismo.

———————————

Es muy difícil deshacerse de cosas que en otro tiempo nos hicieron felices y están llenas de recuerdos valiosos. Es como si también se desvanecieran los recuerdos. Pero no es así. Los recuerdos que tienen verdadero valor nunca se olvidan, aunque desechemos un objeto asociado a ellos.

Lo que de verdad importa no es el pasado, sino la persona en que nos hemos convertido gracias a esas experiencias. Deberíamos usar nuestro espacio no para la persona que fuimos, sino para la que vamos a ser.

9 guarda cada cosa en el lugar que le corresponde

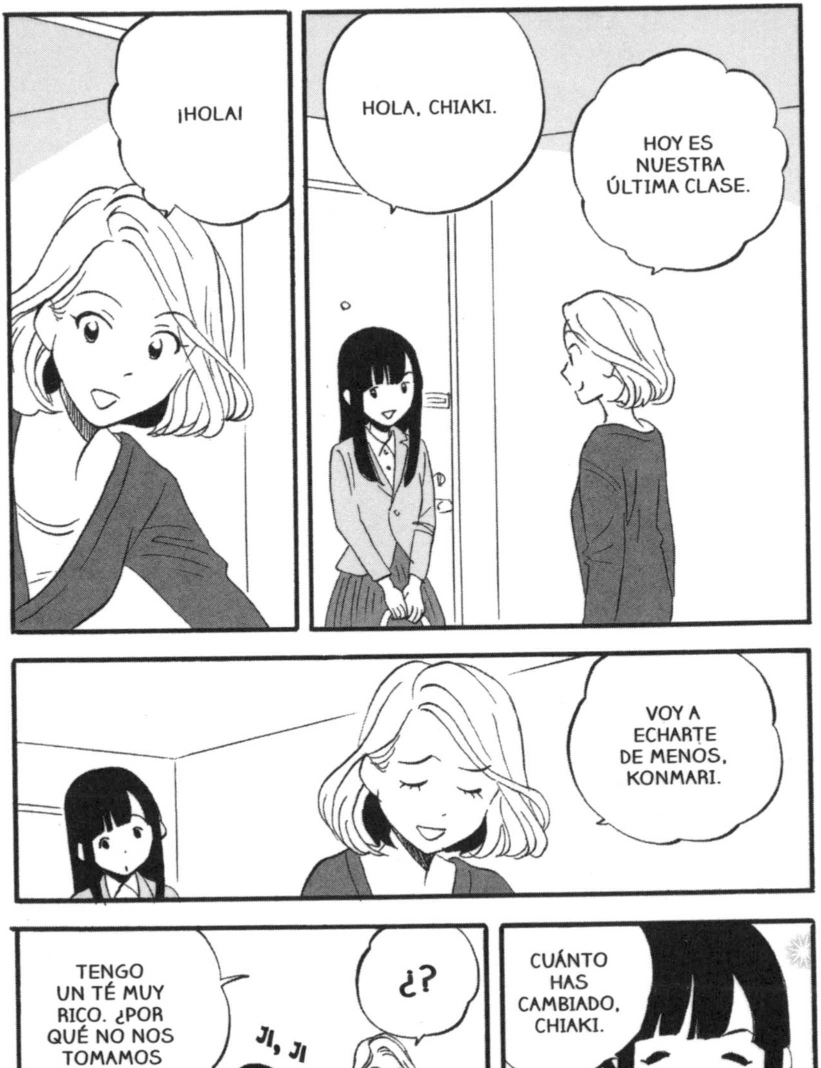
¡HOLA!
HOLA, CHIAKI.
HOY ES NUESTRA ÚLTIMA CLASE.
VOY A ECHARTE DE MENOS, KONMARI.
TENGO UN TÉ MUY RICO. ¿POR QUÉ NO NOS TOMAMOS PRIMERO UNA TAZA?
JI, JI
¿?
CUÁNTO HAS CAMBIADO, CHIAKI.

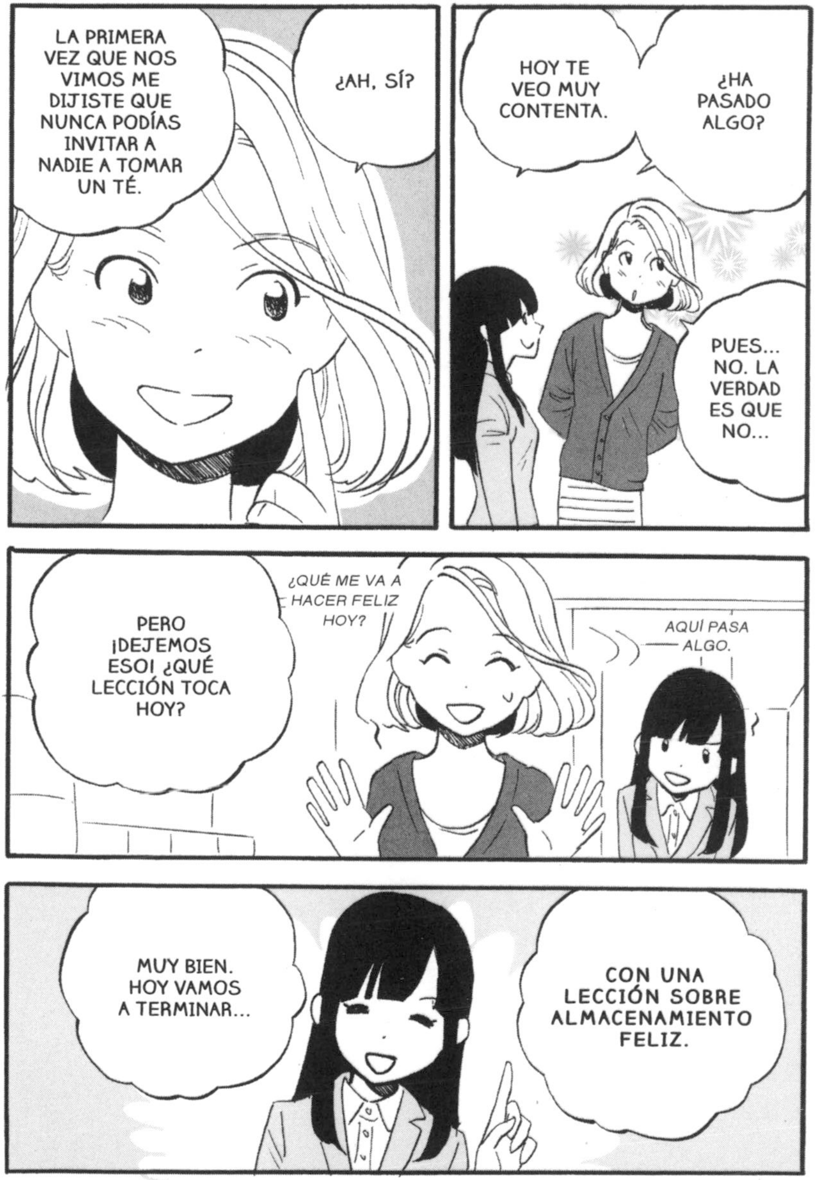
LA PRIMERA VEZ QUE NOS VIMOS ME DIJISTE QUE NUNCA PODÍAS INVITAR A NADIE A TOMAR UN TÉ.
¿AH, SÍ?
HOY TE VEO MUY CONTENTA.
¿HA PASADO ALGO?
PUES... NO. LA VERDAD ES QUE NO...
PERO ¡DEJEMOS ESO! ¿QUÉ LECCIÓN TOCA HOY?
¿QUÉ ME VA A HACER FELIZ HOY?
AQUÍ PASA ALGO.
MUY BIEN. HOY VAMOS A TERMINAR...
CON UNA LECCIÓN SOBRE ALMACENAMIENTO FELIZ.

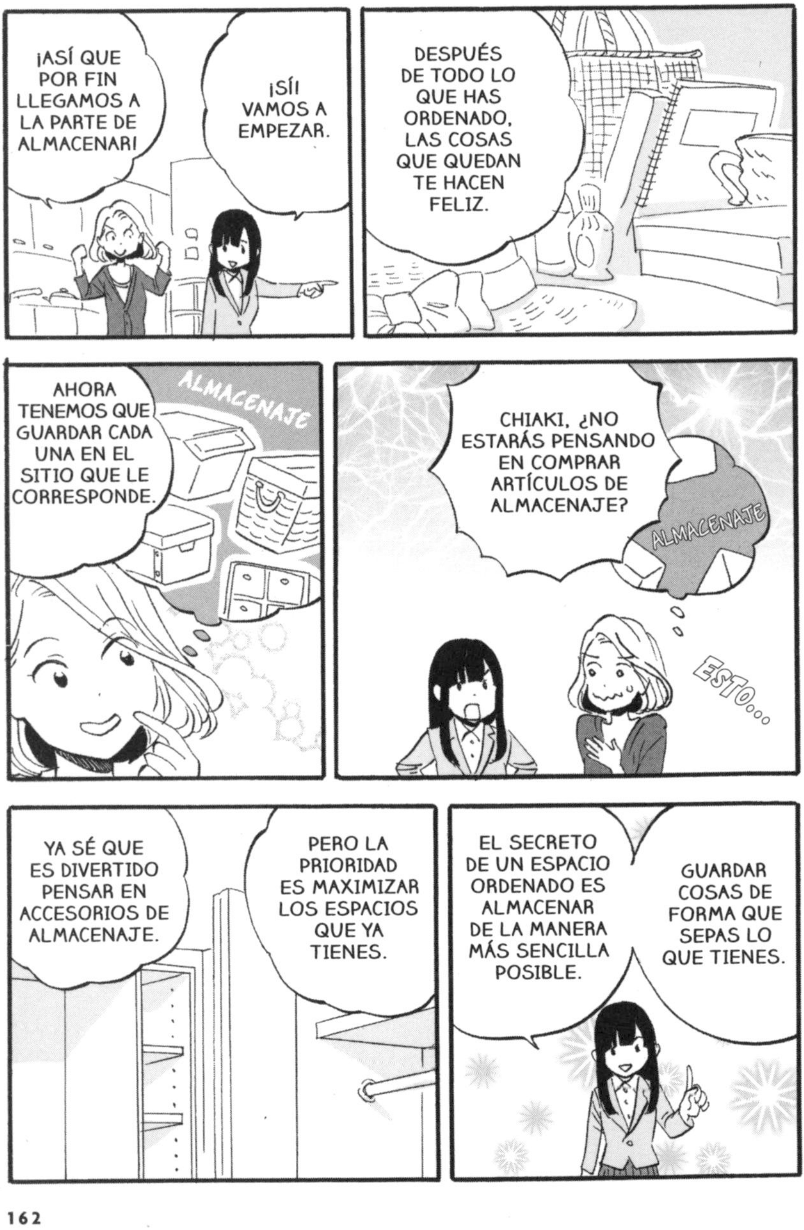
¡ASÍ QUE POR FIN LLEGAMOS A LA PARTE DE ALMACENAR!
¡SÍ! VAMOS A EMPEZAR.
DESPUÉS DE TODO LO QUE HAS ORDENADO, LAS COSAS QUE QUEDAN TE HACEN FELIZ.
AHORA TENEMOS QUE GUARDAR CADA UNA EN EL SITIO QUE LE CORRESPONDE.
ALMACENAJE
CHIAKI, ¿NO ESTARÁS PENSANDO EN COMPRAR ARTÍCULOS DE ALMACENAJE?
ALMACENAJE
ESTO...
YA SÉ QUE ES DIVERTIDO PENSAR EN ACCESORIOS DE ALMACENAJE.
PERO LA PRIORIDAD ES MAXIMIZAR LOS ESPACIOS QUE YA TIENES.
EL SECRETO DE UN ESPACIO ORDENADO ES ALMACENAR DE LA MANERA MÁS SENCILLA POSIBLE.
GUARDAR COSAS DE FORMA QUE SEPAS LO QUE TIENES.

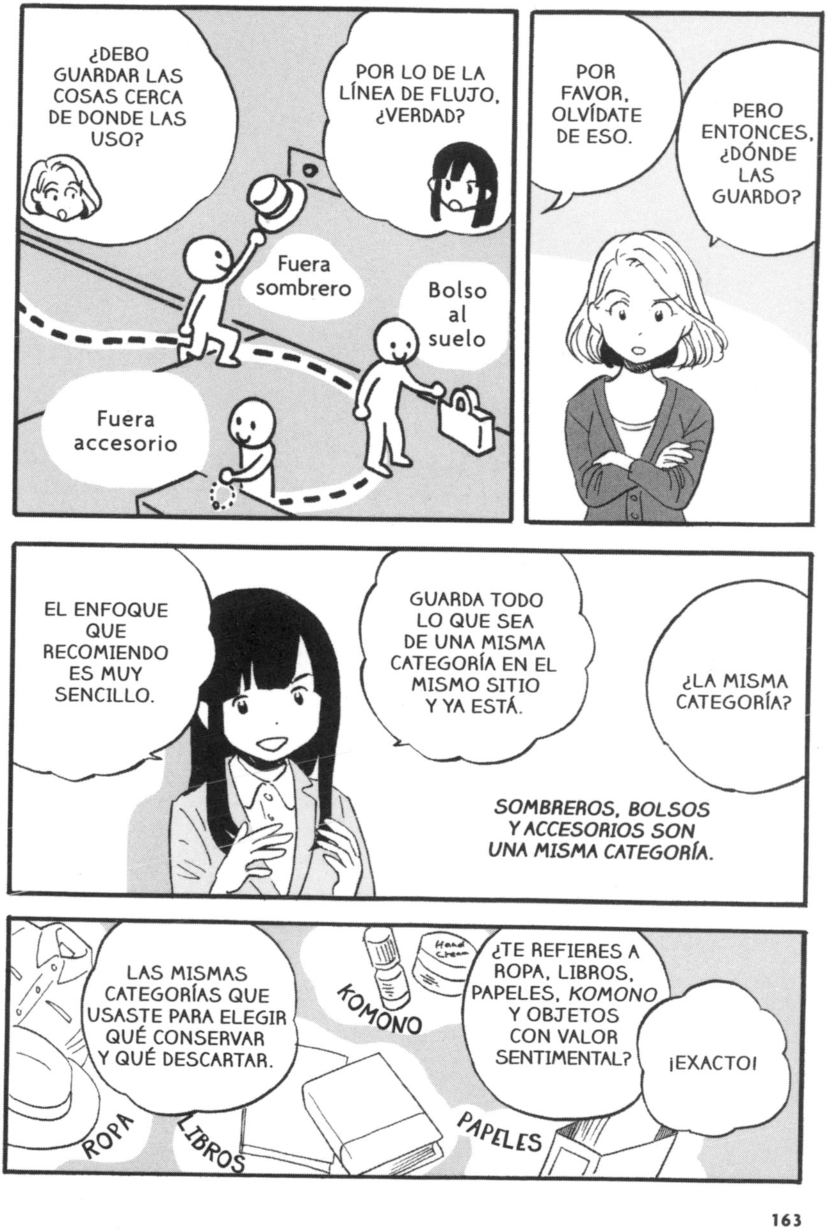
¿DEBO GUARDAR LAS COSAS CERCA DE DONDE LAS USO?
POR LO DE LA LÍNEA DE FLUJO, ¿VERDAD?
Fuera sombrero
Bolso al suelo
Fuera accesorio
POR FAVOR, OLVÍDATE DE ESO.
PERO ENTONCES, ¿DÓNDE LAS GUARDO?
EL ENFOQUE QUE RECOMIENDO ES MUY SENCILLO.
GUARDA TODO LO QUE SEA DE UNA MISMA CATEGORÍA EN EL MISMO SITIO Y YA ESTÁ.
¿LA MISMA CATEGORÍA?
SOMBREROS, BOLSOS Y ACCESORIOS SON UNA MISMA CATEGORÍA.
LAS MISMAS CATEGORÍAS QUE USASTE PARA ELEGIR QUÉ CONSERVAR Y QUÉ DESCARTAR.
KOMONO
Hand Cream
¿TE REFIERES A ROPA, LIBROS, PAPELES, KOMONO Y OBJETOS CON VALOR SENTIMENTAL?
¡EXACTO!
ROPA
LIBROS
PAPELES

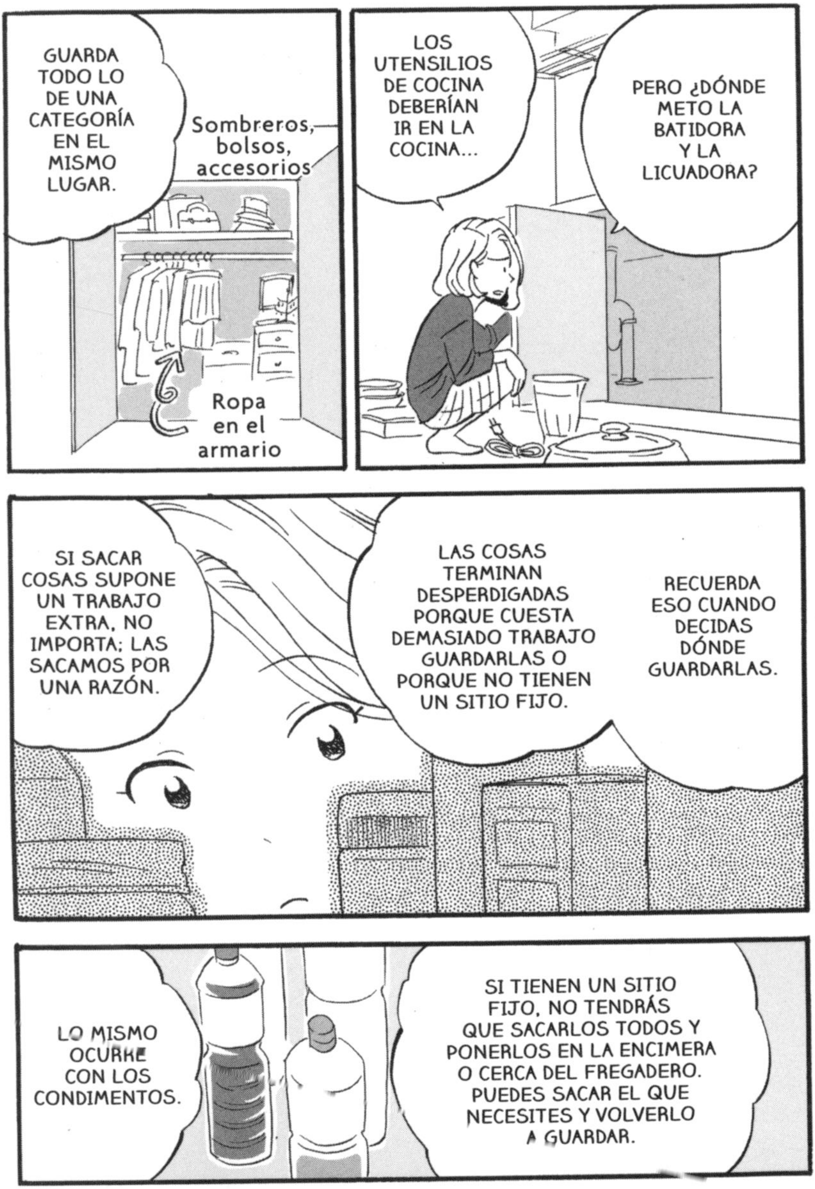
GUARDA TODO LO DE UNA CATEGORÍA EN EL MISMO LUGAR.
Sombreros, bolsos, accesorios
Ropa en el armario
LOS UTENSILIOS DE COCINA DEBERÍAN IR EN LA COCINA...
PERO ¿DÓNDE METO LA BATIDORA Y LA LICUADORA?
SI SACAR COSAS SUPONE UN TRABAJO EXTRA, NO IMPORTA; LAS SACAMOS POR UNA RAZÓN.
LAS COSAS TERMINAN DESPERDIGADAS PORQUE CUESTA DEMASIADO TRABAJO GUARDARLAS O PORQUE NO TIENEN UN SITIO FIJO.
RECUERDA ESO CUANDO DECIDAS DÓNDE GUARDARLAS.
LO MISMO OCURRE CON LOS CONDIMENTOS.
SI TIENEN UN SITIO FIJO, NO TENDRÁS QUE SACARLOS TODOS Y PONERLOS EN LA ENCIMERA O CERCA DEL FREGADERO. PUEDES SACAR EL QUE NECESITES Y VOLVERLO A GUARDAR.

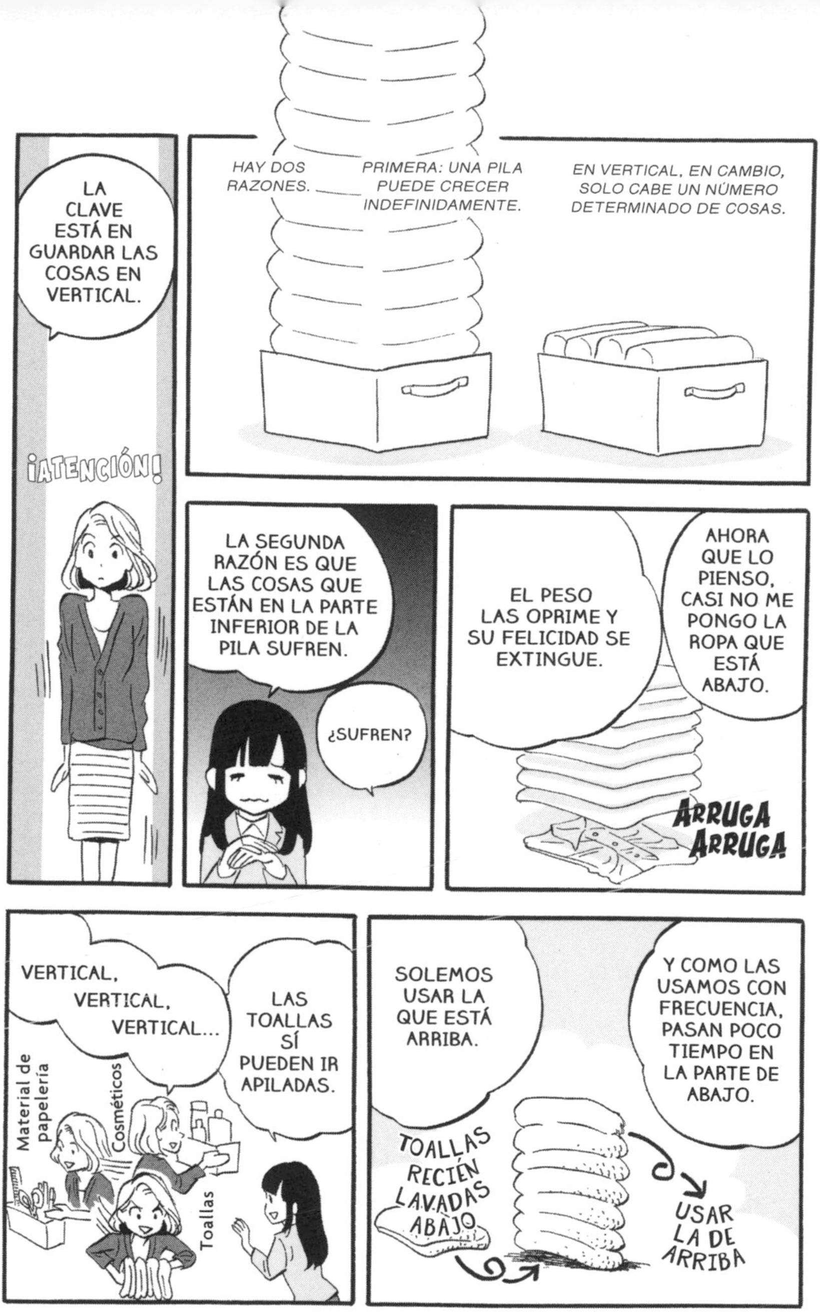
LA CLAVE ESTÁ EN GUARDAR LAS COSAS EN VERTICAL.
¡ATENCIÓN!
HAY DOS RAZONES.
PRIMERA: UNA PILA PUEDE CRECER INDEFINIDAMENTE.
EN VERTICAL, EN CAMBIO, SOLO CABE UN NÚMERO DETERMINADO DE COSAS.
LA SEGUNDA RAZÓN ES QUE LAS COSAS QUE ESTÁN EN LA PARTE INFERIOR DE LA PILA SUFREN.
¿SUFREN?
EL PESO LAS OPRIME Y SU FELICIDAD SE EXTINGUE.
AHORA QUE LO PIENSO, CASI NO ME PONGO LA ROPA QUE ESTÁ ABAJO.
ARRUGA ARRUGA
VERTICAL, VERTICAL, VERTICAL...
Material de papelería
Cosméticos
Toallas
LAS TOALLAS SÍ PUEDEN IR APILADAS.
SOLEMOS USAR LA QUE ESTÁ ARRIBA.
Y COMO LAS USAMOS CON FRECUENCIA, PASAN POCO TIEMPO EN LA PARTE DE ABAJO.
TOALLAS RECIÉN LAVADAS ABAJO
USAR LA DE ARRIBA

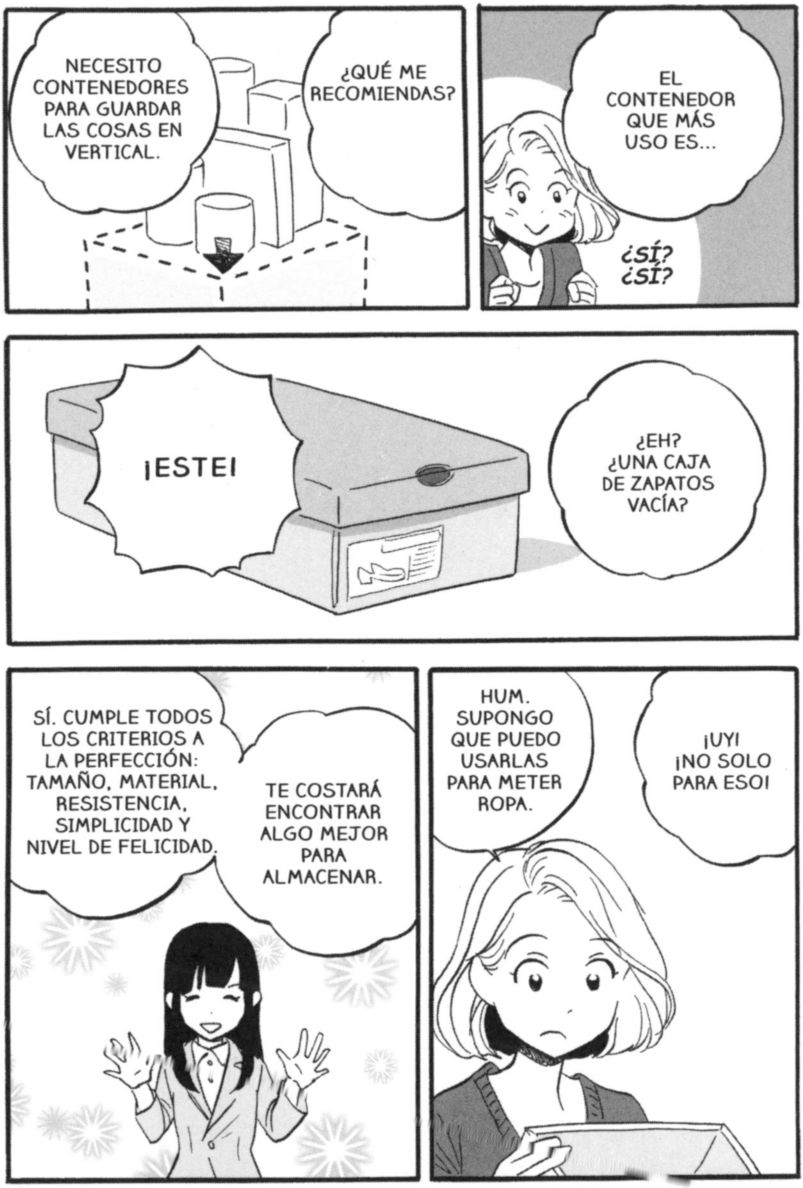
NECESITO CONTENEDORES PARA GUARDAR LAS COSAS EN VERTICAL.
¿QUÉ ME RECOMIENDAS?
EL CONTENEDOR QUE MÁS USO ES...
¿SÍ? ¿SÍ?
¡ESTE!
¿EH? ¿UNA CAJA DE ZAPATOS VACÍA?
SÍ. CUMPLE TODOS LOS CRITERIOS A LA PERFECCIÓN: TAMAÑO, MATERIAL, RESISTENCIA, SIMPLICIDAD Y NIVEL DE FELICIDAD.
TE COSTARÁ ENCONTRAR ALGO MEJOR PARA ALMACENAR.
HUM. SUPONGO QUE PUEDO USARLAS PARA METER ROPA.
¡UY! ¡NO SOLO PARA ESO!

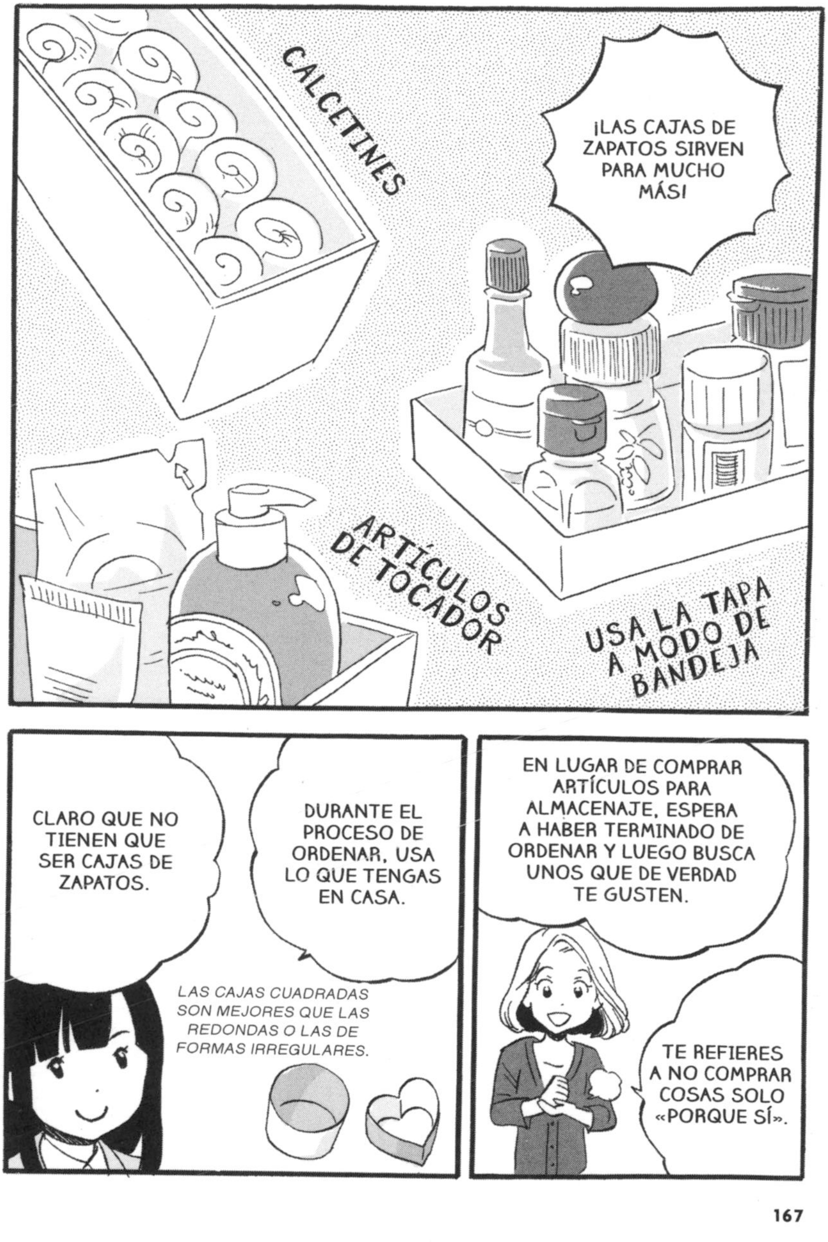
CALCETINES
¡LAS CAJAS DE ZAPATOS SIRVEN PARA MUCHO MÁS!
ARTÍCULOS DE TOCADOR
USA LA TAPA A MODO DE BANDEJA
CLARO QUE NO TIENEN QUE SER CAJAS DE ZAPATOS.
DURANTE EL PROCESO DE ORDENAR, USA LO QUE TENGAS EN CASA.
LAS CAJAS CUADRADAS SON MEJORES QUE LAS REDONDAS O LAS DE FORMAS IRREGULARES.
EN LUGAR DE COMPRAR ARTÍCULOS PARA ALMACENAJE, ESPERA A HABER TERMINADO DE ORDENAR Y LUEGO BUSCA UNOS QUE DE VERDAD TE GUSTEN.
TE REFIERES A NO COMPRAR COSAS SOLO «PORQUE SÍ».

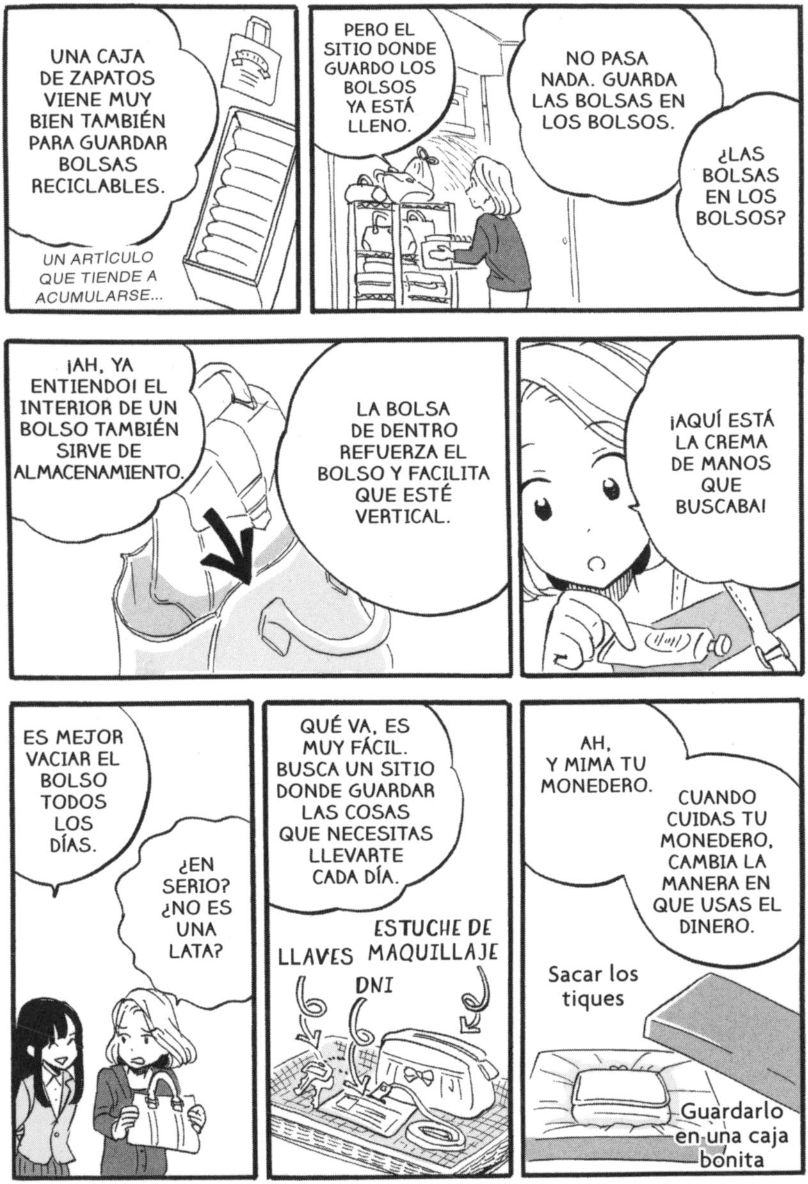
UNA CAJA DE ZAPATOS VIENE MUY BIEN TAMBIÉN PARA GUARDAR BOLSAS RECICLABLES.
UN ARTÍCULO QUE TIENDE A ACUMULARSE...
PERO EL SITIO DONDE GUARDO LOS BOLSOS YA ESTÁ LLENO.
NO PASA NADA. GUARDA LAS BOLSAS EN LOS BOLSOS.
¿LAS BOLSAS EN LOS BOLSOS?
¡AH, YA ENTIENDO! EL INTERIOR DE UN BOLSO TAMBIÉN SIRVE DE ALMACENAMIENTO.
LA BOLSA DE DENTRO REFUERZA EL BOLSO Y FACILITA QUE ESTÉ VERTICAL.
¡AQUÍ ESTÁ LA CREMA DE MANOS QUE BUSCABA!
ES MEJOR VACIAR EL BOLSO TODOS LOS DÍAS.
¿EN SERIO? ¿NO ES UNA LATA?
QUÉ VA, ES MUY FÁCIL. BUSCA UN SITIO DONDE GUARDAR LAS COSAS QUE NECESITAS LLEVARTE CADA DÍA.
LLAVES
DNI
ESTUCHE DE MAQUILLAJE
AH, Y MIMA TU MONEDERO.
CUANDO CUIDAS TU MONEDERO, CAMBIA LA MANERA EN QUE USAS EL DINERO.
Sacar los tiques
Guardarlo en una caja bonita

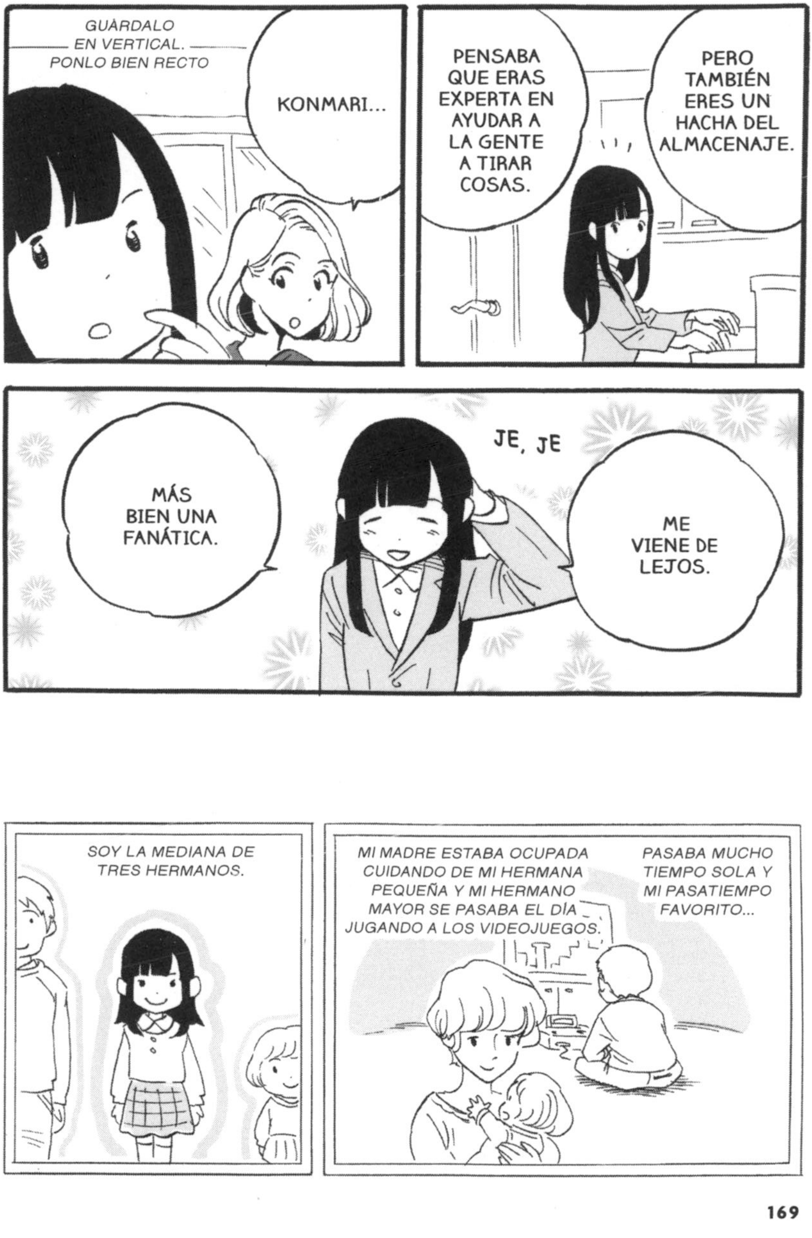
GUÀRDALO EN VERTICAL. PONLO BIEN RECTO
KONMARI...
PENSABA QUE ERAS EXPERTA EN AYUDAR A LA GENTE A TIRAR COSAS.
PERO TAMBIÉN ERES UN HACHA DEL ALMACENAJE.
MÁS BIEN UNA FANÁTICA.
JE, JE
ME VIENE DE LEJOS.
SOY LA MEDIANA DE TRES HERMANOS.
MI MADRE ESTABA OCUPADA CUIDANDO DE MI HERMANA PEQUEÑA Y MI HERMANO MAYOR SE PASABA EL DÍA JUGANDO A LOS VIDEOJUEGOS.
PASABA MUCHO TIEMPO SOLA Y MI PASATIEMPO FAVORITO...

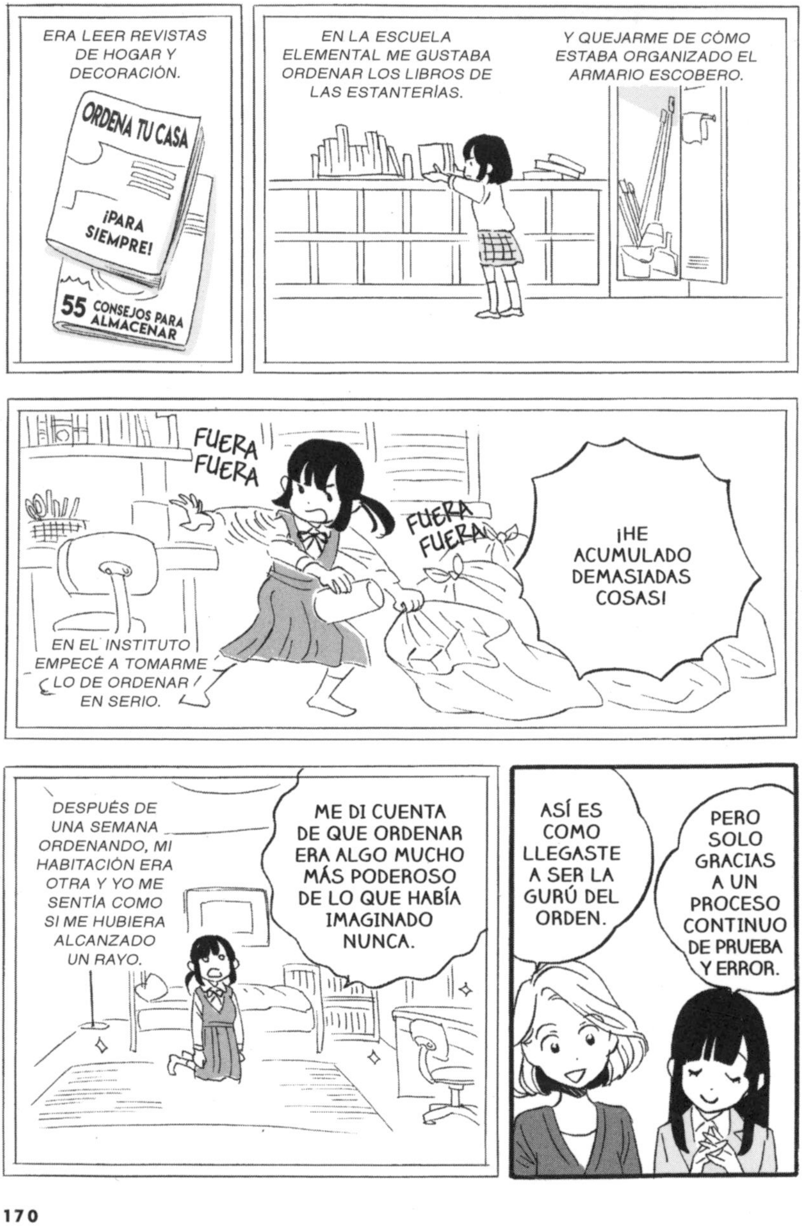
ERA LEER REVISTAS DE HOGAR Y DECORACIÓN.
ORDENA TU CASA
¡PARA SIEMPRE!
55 CONSEJOS PARA ALMACENAR
EN LA ESCUELA ELEMENTAL ME GUSTABA ORDENAR LOS LIBROS DE LAS ESTANTERÍAS.
Y QUEJARME DE CÓMO ESTABA ORGANIZADO EL ARMARIO ESCOBERO.
FUERA FUERA
FUERA FUERA
¡HE ACUMULADO DEMASIADAS COSAS!
EN EL INSTITUTO EMPECÉ A TOMARME LO DE ORDENAR EN SERIO.
DESPUÉS DE UNA SEMANA ORDENANDO, MI HABITACIÓN ERA OTRA Y YO ME SENTÍA COMO SI ME HUBIERA ALCANZADO UN RAYO.
ME DI CUENTA DE QUE ORDENAR ERA ALGO MUCHO MÁS PODEROSO DE LO QUE HABÍA IMAGINADO NUNCA.
ASÍ ES COMO LLEGASTE A SER LA GURÚ DEL ORDEN.
PERO SOLO GRACIAS A UN PROCESO CONTINUO DE PRUEBA Y ERROR.

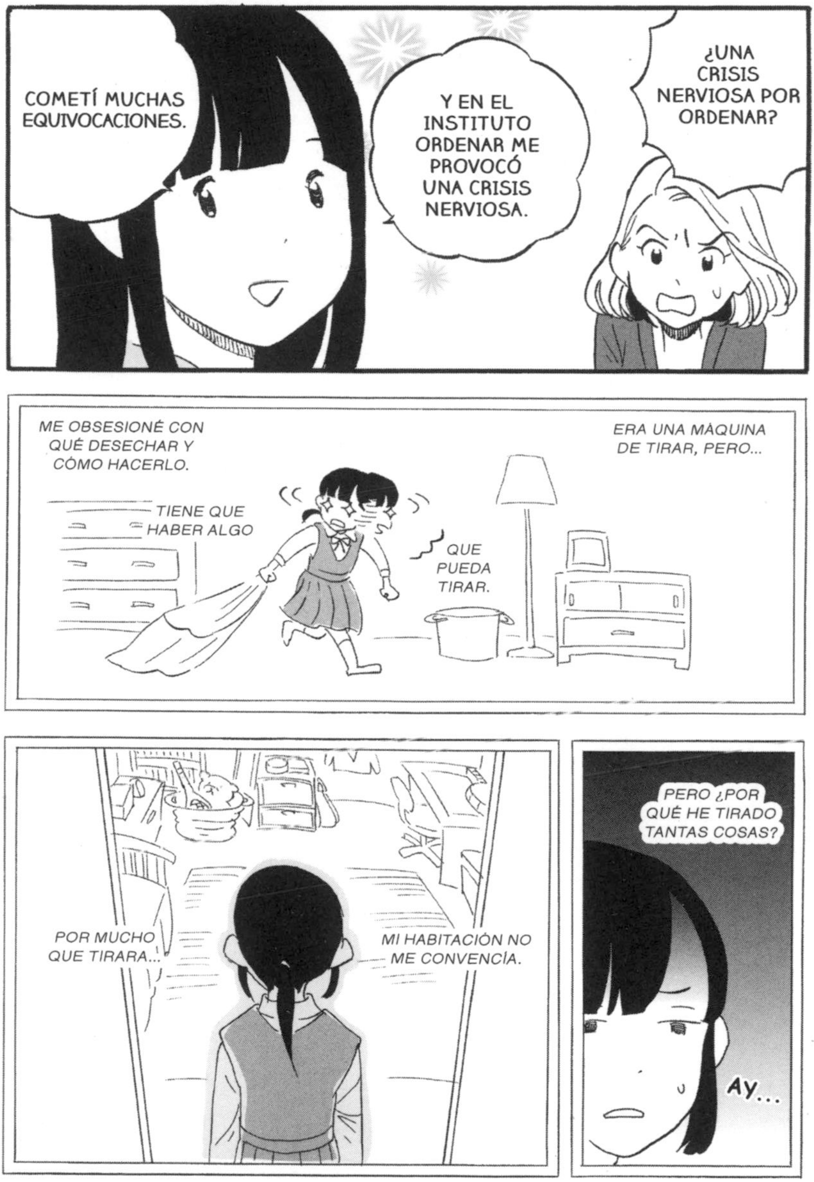
COMETÍ MUCHAS EQUIVOCACIONES.
Y EN EL INSTITUTO ORDENAR ME PROVOCÓ UNA CRISIS NERVIOSA.
¿UNA CRISIS NERVIOSA POR ORDENAR?
ME OBSESIONÉ CON QUÉ DESECHAR Y CÓMO HACERLO.
TIENE QUE HABER ALGO
QUE PUEDA TIRAR.
ERA UNA MÀQUINA DE TIRAR, PERO...
POR MUCHO QUE TIRARA...
MI HABITACIÓN NO ME CONVENCÍA.
PERO ¿POR QUÉ HE TIRADO TANTAS COSAS?
AY...

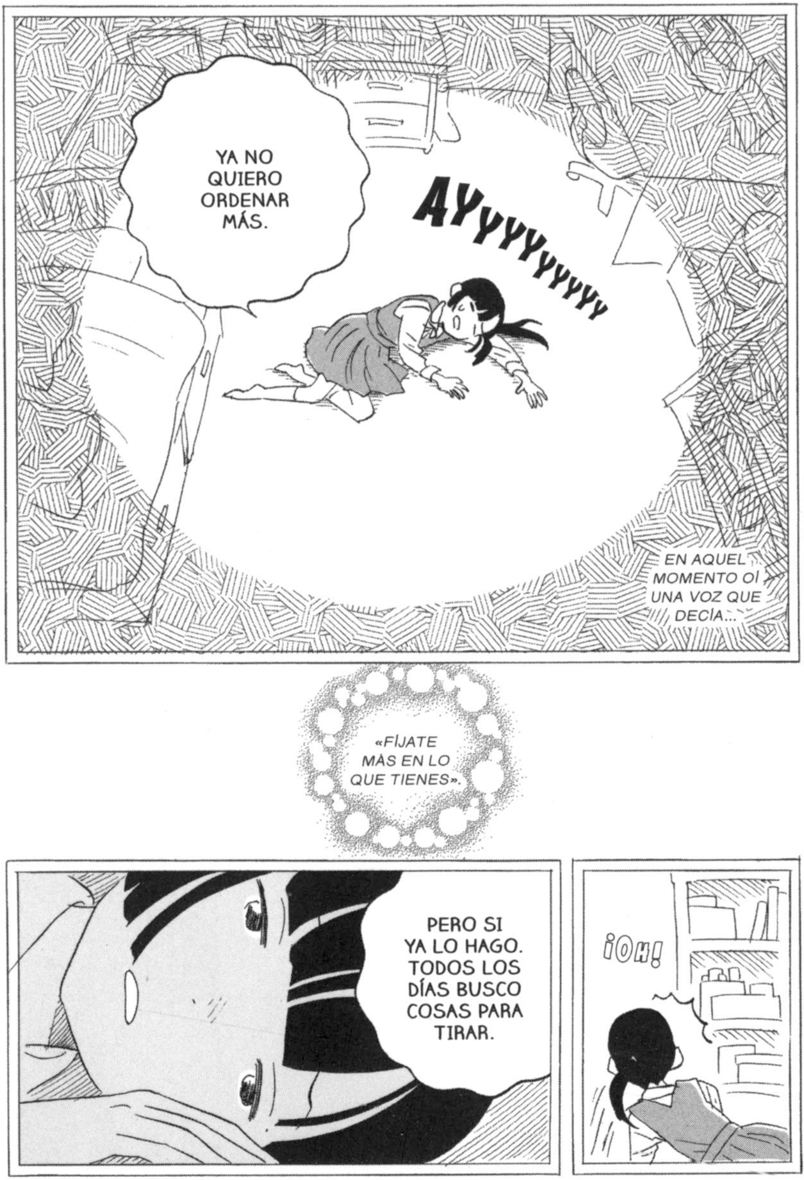
YA NO QUIERO ORDENAR MÁS.
AYYYYYYYYYY
EN AQUEL MOMENTO OÍ UNA VOZ QUE DECÍA...
«FÍJATE MÁS EN LO QUE TIENES».
PERO SI YA LO HAGO. TODOS LOS DÍAS BUSCO COSAS PARA TIRAR.
¡OH!

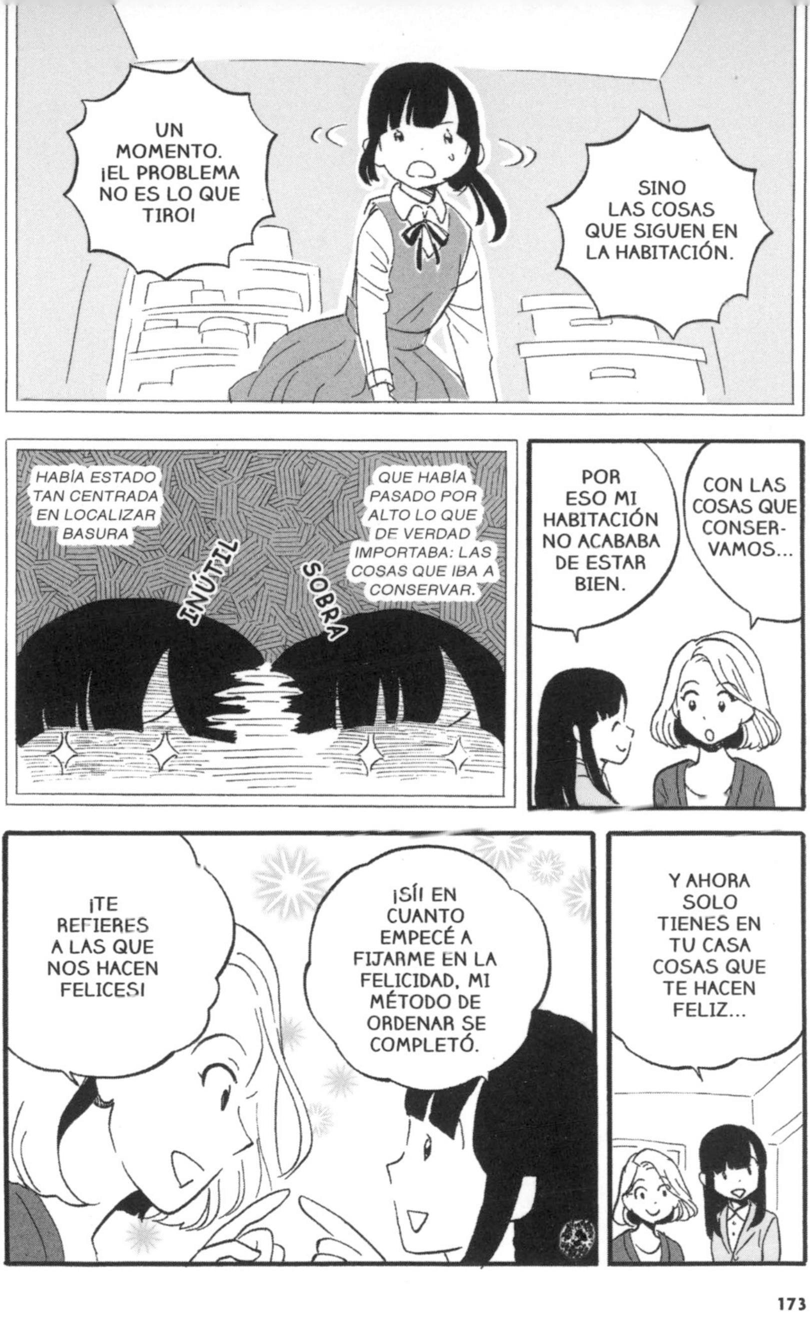
UN MOMENTO. ¡EL PROBLEMA NO ES LO QUE TIRO!
SINO LAS COSAS QUE SIGUEN EN LA HABITACIÓN.
HABÍA ESTADO TAN CENTRADA EN LOCALIZAR BASURA
INÚTIL
SOBRA
QUE HABÍA PASADO POR ALTO LO QUE DE VERDAD IMPORTABA: LAS COSAS QUE IBA A CONSERVAR.
POR ESO MI HABITACIÓN NO ACABABA DE ESTAR BIEN.
CON LAS COSAS QUE CONSERVAMOS...
¡TE REFIERES A LAS QUE NOS HACEN FELICES!
¡SÍ! EN CUANTO EMPECÉ A FIJARME EN LA FELICIDAD, MI MÉTODO DE ORDENAR SE COMPLETÓ.
Y AHORA SOLO TIENES EN TU CASA COSAS QUE TE HACEN FELIZ...

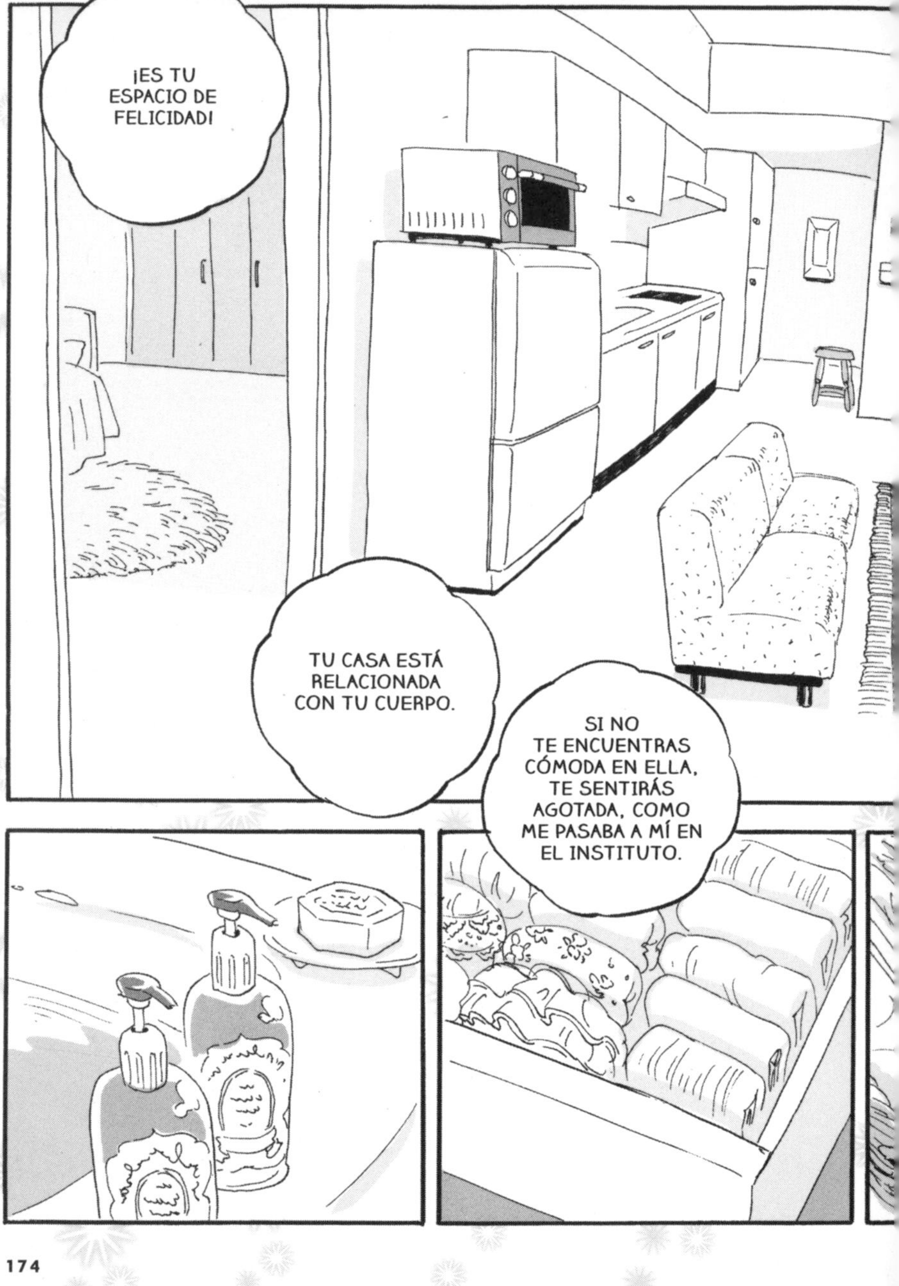
¡ES TU ESPACIO DE FELICIDAD!
TU CASA ESTÁ RELACIONADA CON TU CUERPO.
SI NO TE ENCUENTRAS CÓMODA EN ELLA, TE SENTIRÁS AGOTADA, COMO ME PASABA A MÍ EN EL INSTITUTO.

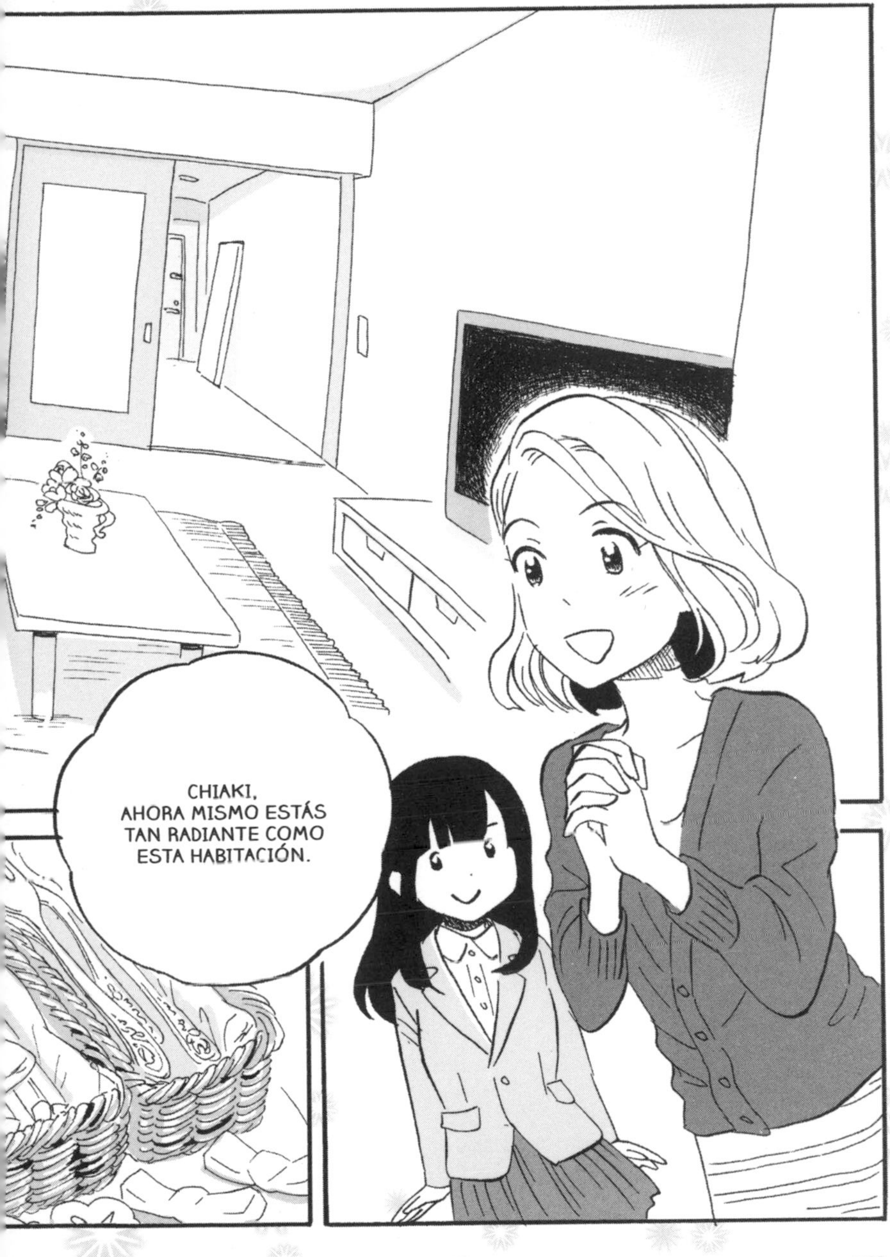
CHIAKI, AHORA MISMO ESTÁS TAN RADIANTE COMO ESTA HABITACIÓN.

Elige un «hogar» para cada cosa
y guárdala donde le corresponde.

———————

Aunque podemos no ser consciente de ello, nuestras cosas trabajan duro para apoyarnos cada día. Igual que nos gusta llegar a casa y relajarnos después de una larga jornada de trabajo, nuestras cosas suspiran de alivio cuando vuelven al sitio que les corresponde. Es muy importante dar a nuestras cosas la tranquilidad de que tienen un sitio al que volver.

Las cosas que vuelven cada día al lugar que les corresponde son distintas. Tienen un brillo especial. Si mimamos nuestras pertenencias, ellas también nos mimarán a nosotros.

la vida
empieza de
verdad después
de ordenar
tu casa

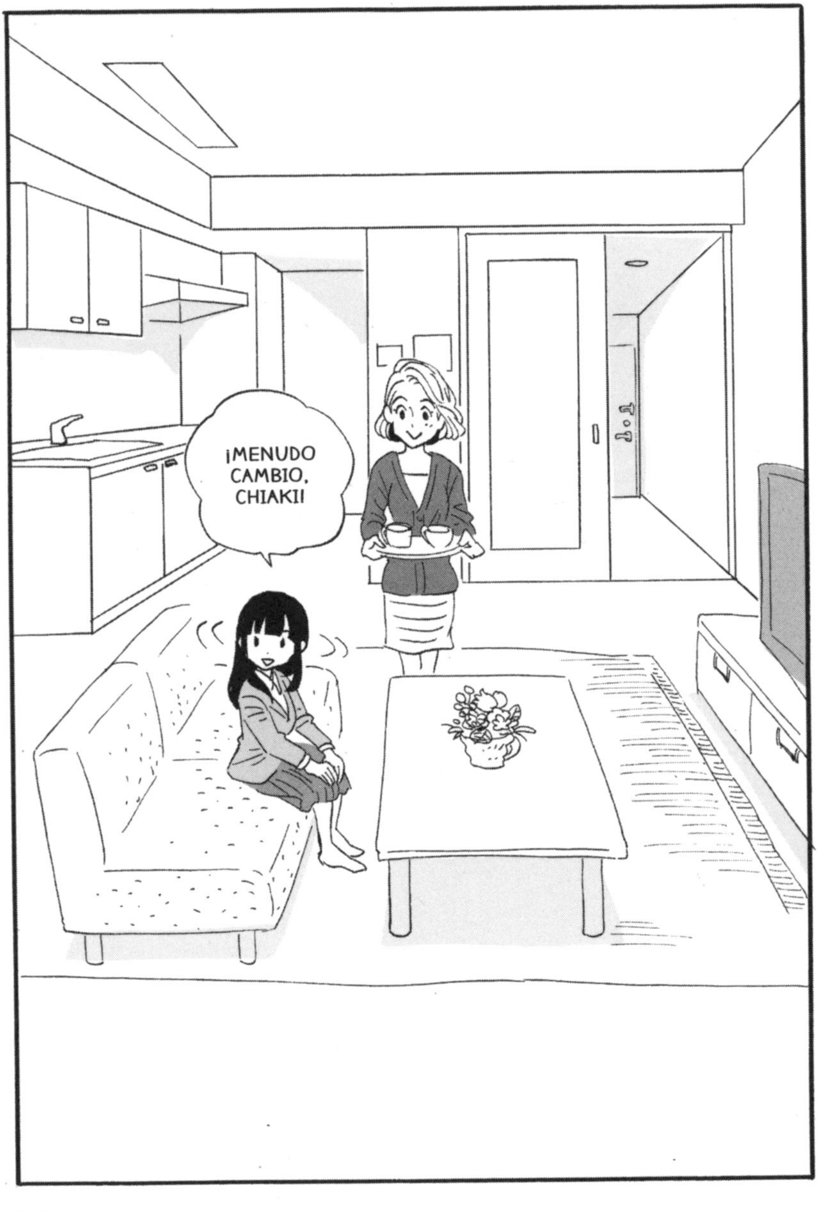
¡MENUDO CAMBIO, CHIAKI!

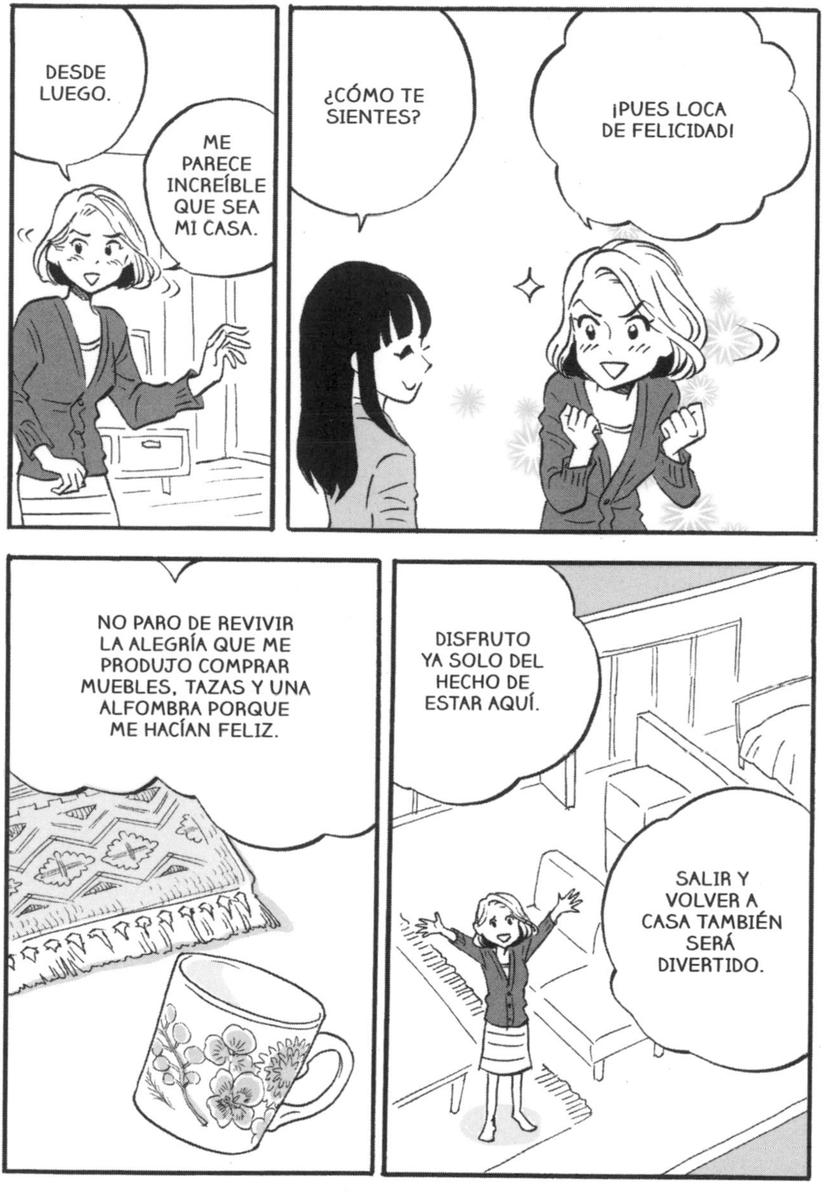

DESDE LUEGO.
ME PARECE INCREÍBLE QUE SEA MI CASA.
¿CÓMO TE SIENTES?
¡PUES LOCA DE FELICIDAD!
NO PARO DE REVIVIR LA ALEGRÍA QUE ME PRODUJO COMPRAR MUEBLES, TAZAS Y UNA ALFOMBRA PORQUE ME HACÍAN FELIZ.
DISFRUTO YA SOLO DEL HECHO DE ESTAR AQUÍ.
SALIR Y VOLVER A CASA TAMBIÉN SERÁ DIVERTIDO.

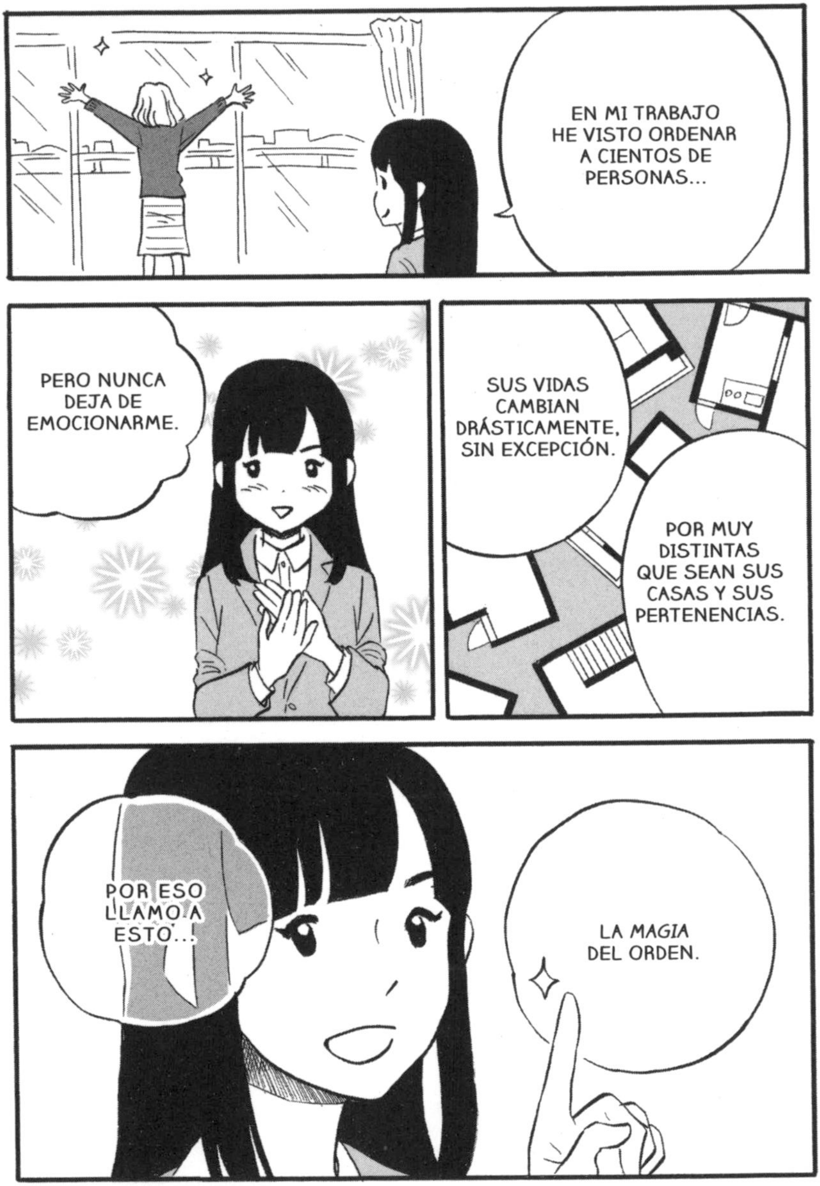
EN MI TRABAJO HE VISTO ORDENAR A CIENTOS DE PERSONAS...
PERO NUNCA DEJA DE EMOCIONARME.
SUS VIDAS CAMBIAN DRÁSTICAMENTE, SIN EXCEPCIÓN.
POR MUY DISTINTAS QUE SEAN SUS CASAS Y SUS PERTENENCIAS.
POR ESO LLAMO A ESTO...
LA *MAGIA* DEL ORDEN.

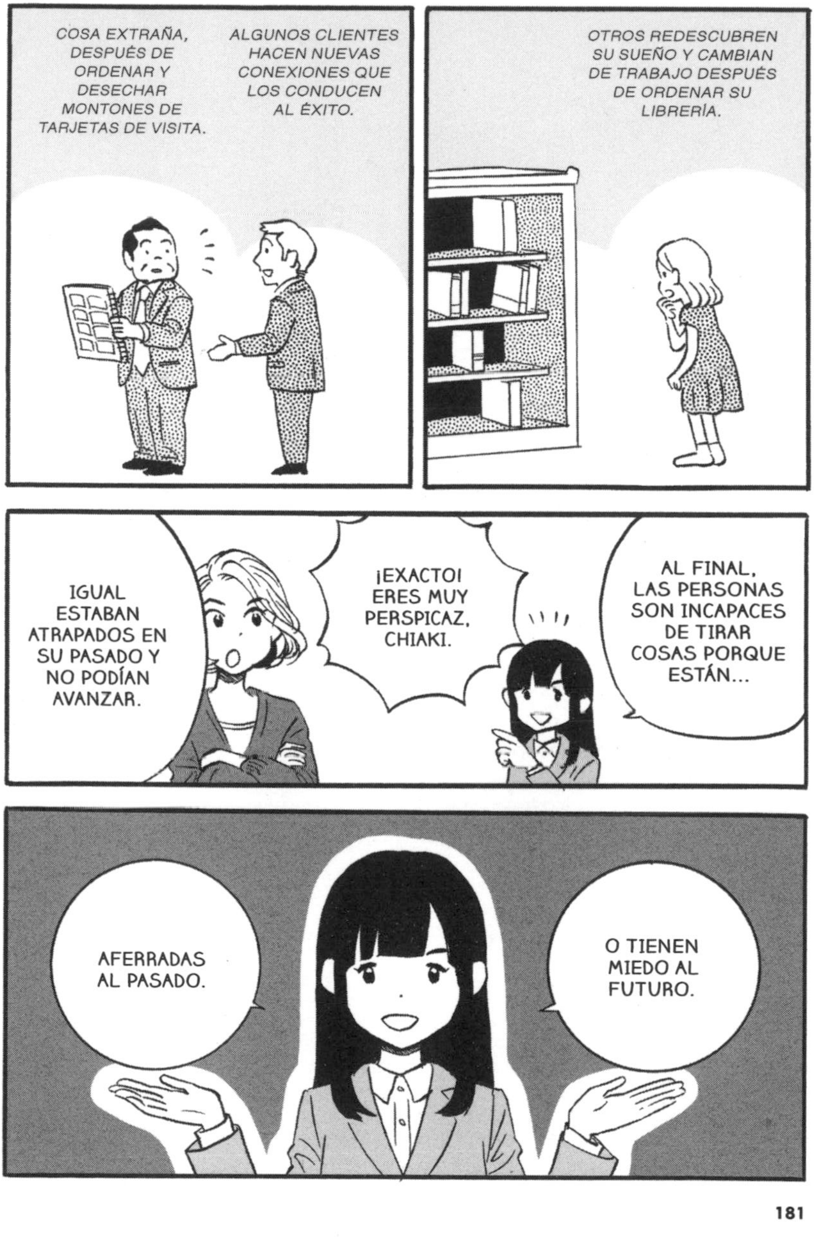
COSA EXTRAÑA, DESPUÉS DE ORDENAR Y DESECHAR MONTONES DE TARJETAS DE VISITA.
ALGUNOS CLIENTES HACEN NUEVAS CONEXIONES QUE LOS CONDUCEN AL ÉXITO.
OTROS REDESCUBREN SU SUEÑO Y CAMBIAN DE TRABAJO DESPUÉS DE ORDENAR SU LIBRERÍA.
IGUAL ESTABAN ATRAPADOS EN SU PASADO Y NO PODÍAN AVANZAR.
¡EXACTO! ERES MUY PERSPICAZ, CHIAKI.
AL FINAL, LAS PERSONAS SON INCAPACES DE TIRAR COSAS PORQUE ESTÁN...
AFERRADAS AL PASADO.
O TIENEN MIEDO AL FUTURO.

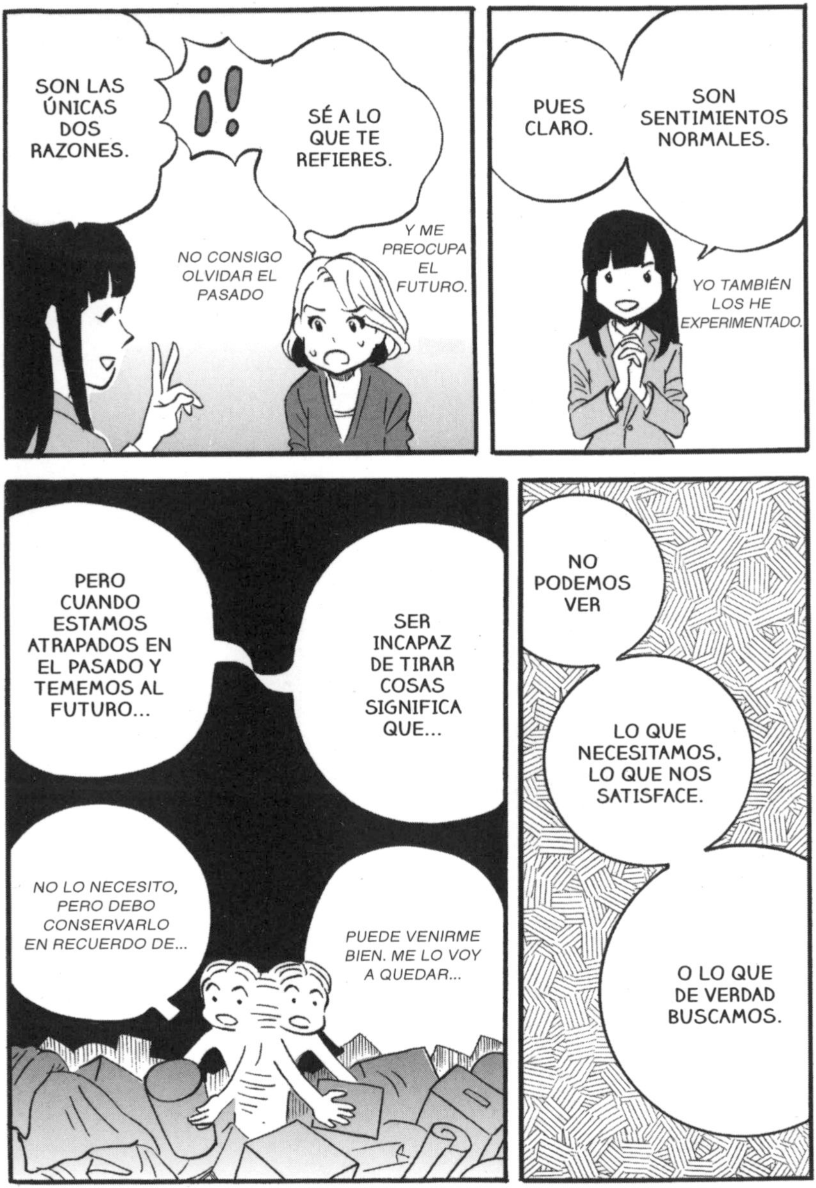
SON LAS ÚNICAS DOS RAZONES.
¡!
SÉ A LO QUE TE REFIERES.
NO CONSIGO OLVIDAR EL PASADO
Y ME PREOCUPA EL FUTURO.
PUES CLARO.
SON SENTIMIENTOS NORMALES.
YO TAMBIÉN LOS HE EXPERIMENTADO.
PERO CUANDO ESTAMOS ATRAPADOS EN EL PASADO Y TEMEMOS AL FUTURO...
SER INCAPAZ DE TIRAR COSAS SIGNIFICA QUE...
NO LO NECESITO, PERO DEBO CONSERVARLO EN RECUERDO DE...
PUEDE VENIRME BIEN. ME LO VOY A QUEDAR...
NO PODEMOS VER
LO QUE NECESITAMOS, LO QUE NOS SATISFACE.
O LO QUE DE VERDAD BUSCAMOS.

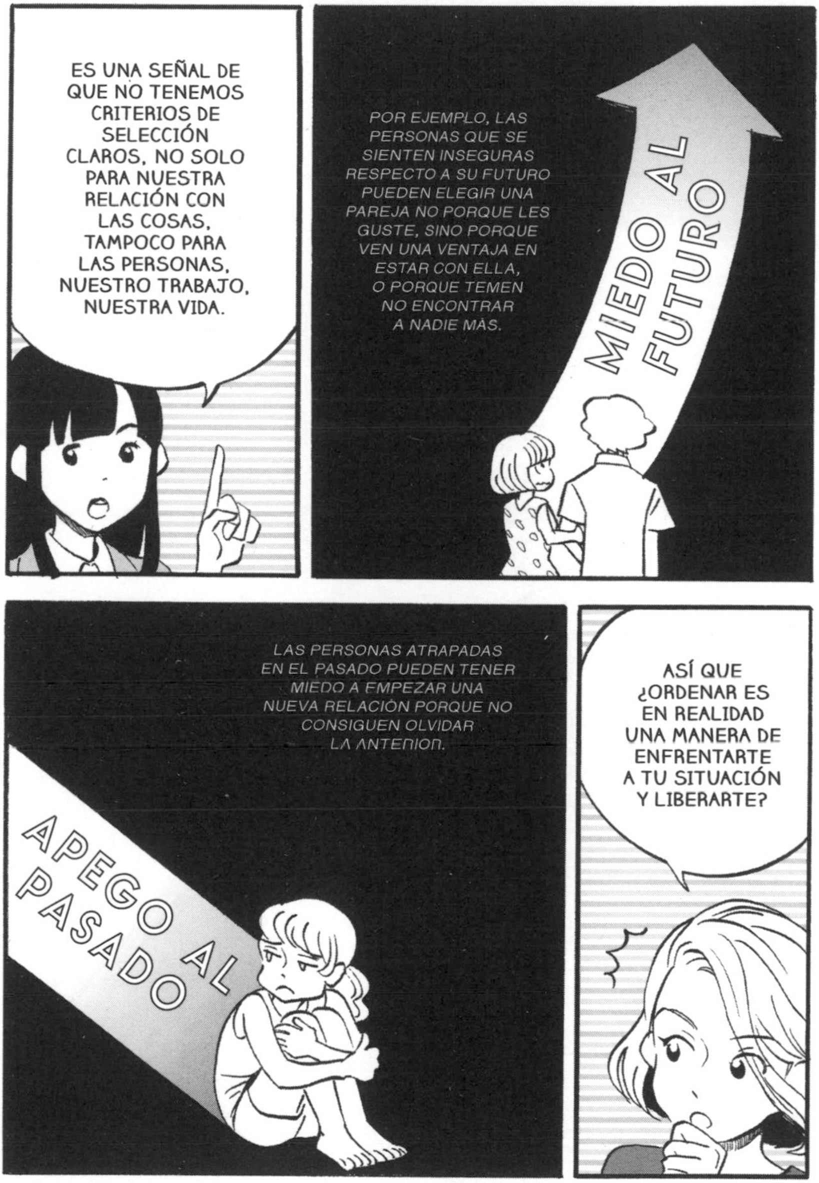
ES UNA SEÑAL DE QUE NO TENEMOS CRITERIOS DE SELECCIÓN CLAROS, NO SOLO PARA NUESTRA RELACIÓN CON LAS COSAS, TAMPOCO PARA LAS PERSONAS, NUESTRO TRABAJO, NUESTRA VIDA.
POR EJEMPLO, LAS PERSONAS QUE SE SIENTEN INSEGURAS RESPECTO A SU FUTURO PUEDEN ELEGIR UNA PAREJA NO PORQUE LES GUSTE, SINO PORQUE VEN UNA VENTAJA EN ESTAR CON ELLA, O PORQUE TEMEN NO ENCONTRAR A NADIE MÁS.
MIEDO AL FUTURO
LAS PERSONAS ATRAPADAS EN EL PASADO PUEDEN TENER MIEDO A EMPEZAR UNA NUEVA RELACIÓN PORQUE NO CONSIGUEN OLVIDAR LA ANTERIOR.
APEGO AL PASADO
ASÍ QUE ¿ORDENAR ES EN REALIDAD UNA MANERA DE ENFRENTARTE A TU SITUACIÓN Y LIBERARTE?

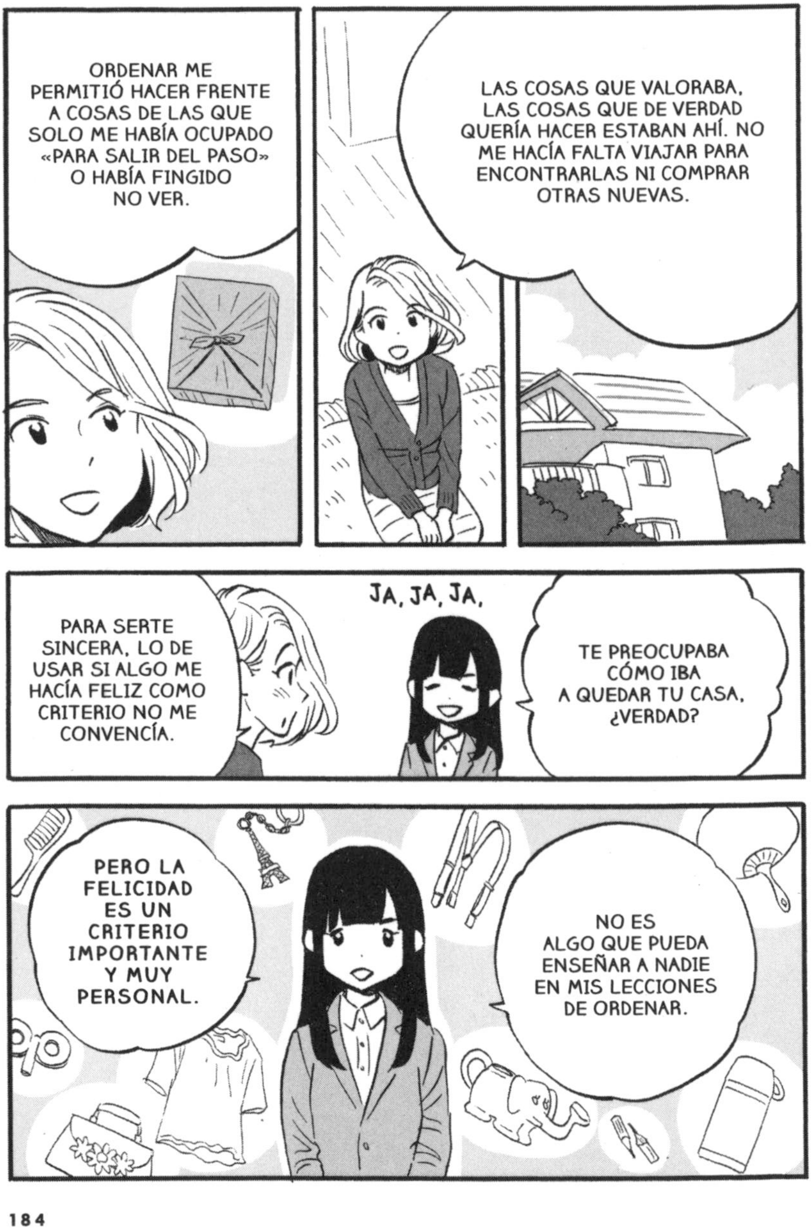
ORDENAR ME PERMITIÓ HACER FRENTE A COSAS DE LAS QUE SOLO ME HABÍA OCUPADO «PARA SALIR DEL PASO» O HABÍA FINGIDO NO VER.
LAS COSAS QUE VALORABA, LAS COSAS QUE DE VERDAD QUERÍA HACER ESTABAN AHÍ. NO ME HACÍA FALTA VIAJAR PARA ENCONTRARLAS NI COMPRAR OTRAS NUEVAS.
PARA SERTE SINCERA, LO DE USAR SI ALGO ME HACÍA FELIZ COMO CRITERIO NO ME CONVENCÍA.
JA, JA, JA.
TE PREOCUPABA CÓMO IBA A QUEDAR TU CASA, ¿VERDAD?
PERO LA FELICIDAD ES UN CRITERIO IMPORTANTE Y MUY PERSONAL.
NO ES ALGO QUE PUEDA ENSEÑAR A NADIE EN MIS LECCIONES DE ORDENAR.

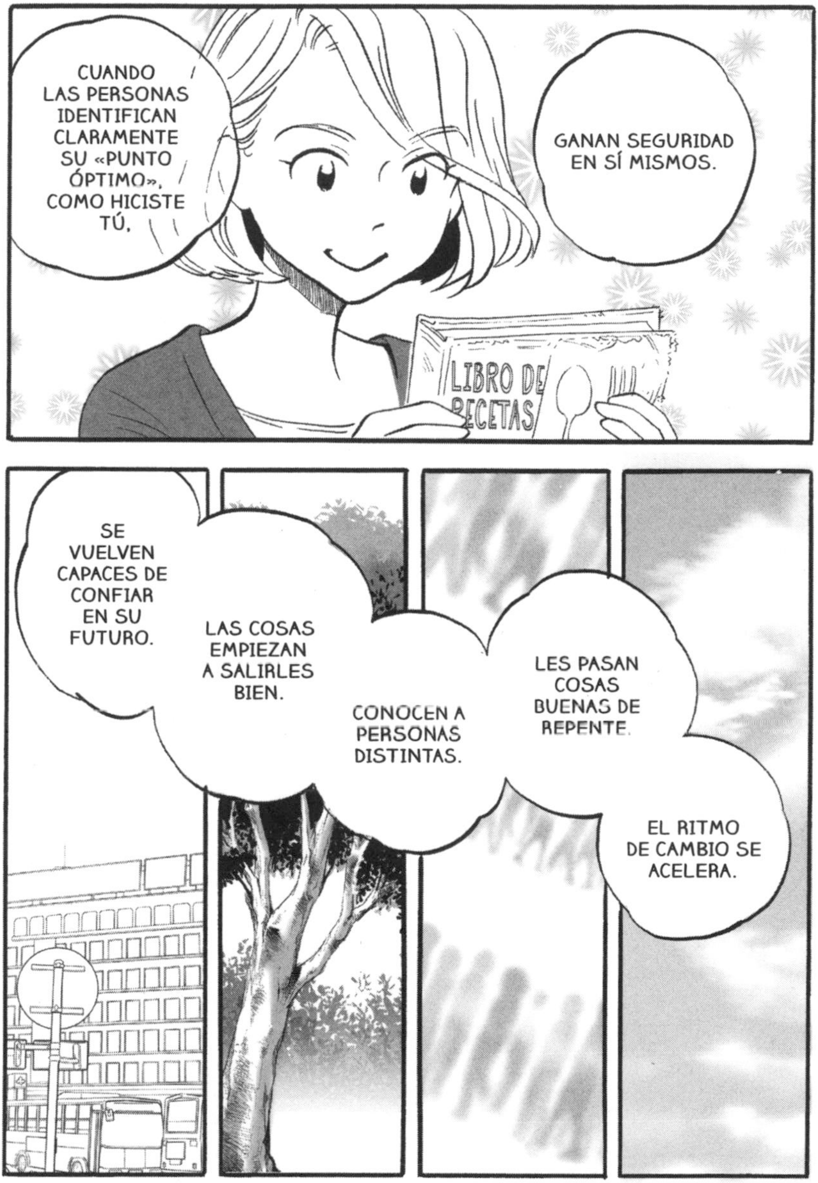
CUANDO LAS PERSONAS IDENTIFICAN CLARAMENTE SU «PUNTO ÓPTIMO», COMO HICISTE TÚ,
GANAN SEGURIDAD EN SÍ MISMOS.
LIBRO DE RECETAS
SE VUELVEN CAPACES DE CONFIAR EN SU FUTURO.
LAS COSAS EMPIEZAN A SALIRLES BIEN.
CONOCEN A PERSONAS DISTINTAS.
LES PASAN COSAS BUENAS DE REPENTE.
EL RITMO DE CAMBIO SE ACELERA.

ORDENAR ES ALGO MUY PEQUEÑO, PERO QUE PUEDE CAMBIAR TU VIDA POR COMPLETO.

¡LA FELICIDAD ES UNA FLECHA ASCENDENTE!

KIUN

¡CLARO QUE SÍI

KIUN

¡DING-DONG!

ESTO...

MIS PADRES ME HAN MANDADO UNA CAJA DE COMIDA, PERO ES MÁS DE LO QUE NECESITO.

¡GUAU! ¡DIRECTO DE LA HUERTA!

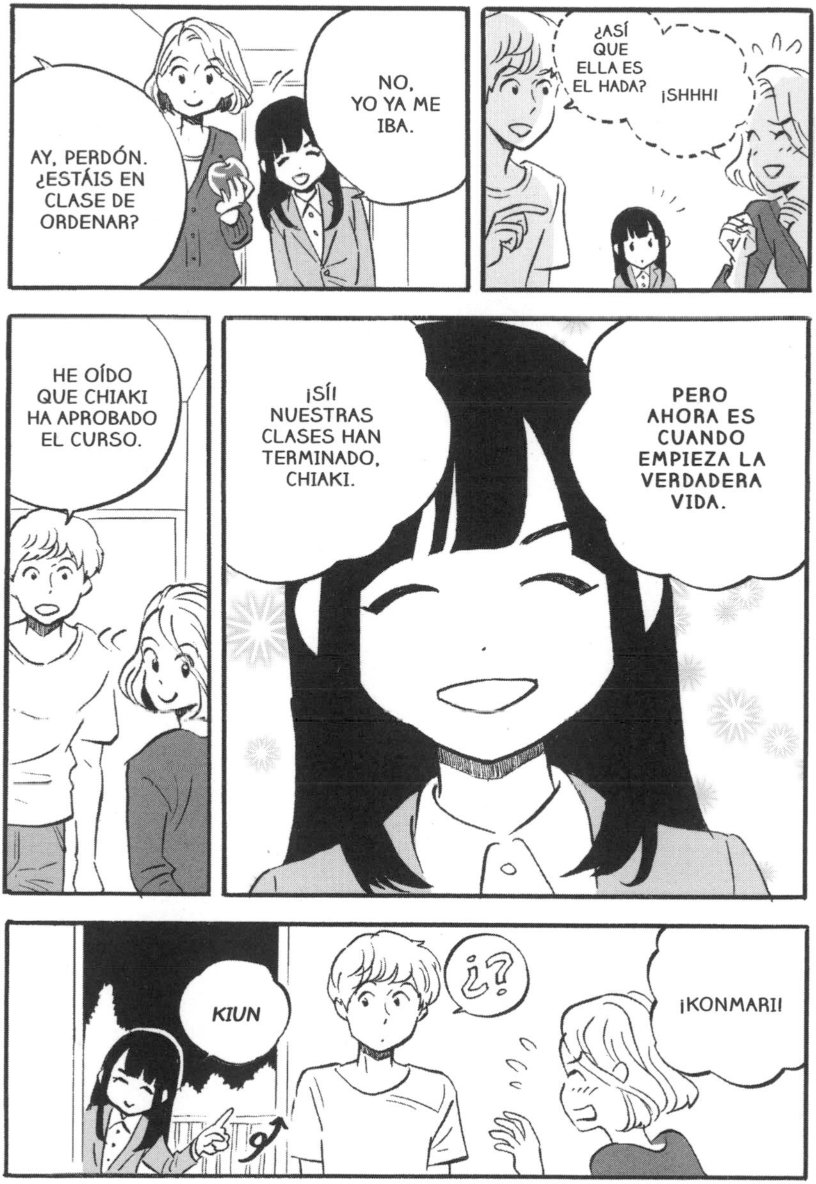
AY, PERDÓN. ¿ESTÁIS EN CLASE DE ORDENAR?
NO, YO YA ME IBA.
¿ASÍ QUE ELLA ES EL HADA?
¡SHHH!
HE OÍDO QUE CHIAKI HA APROBADO EL CURSO.
¡SÍ! NUESTRAS CLASES HAN TERMINADO, CHIAKI.
PERO AHORA ES CUANDO EMPIEZA LA VERDADERA VIDA.
KIUN
¿?
¡KONMARI!

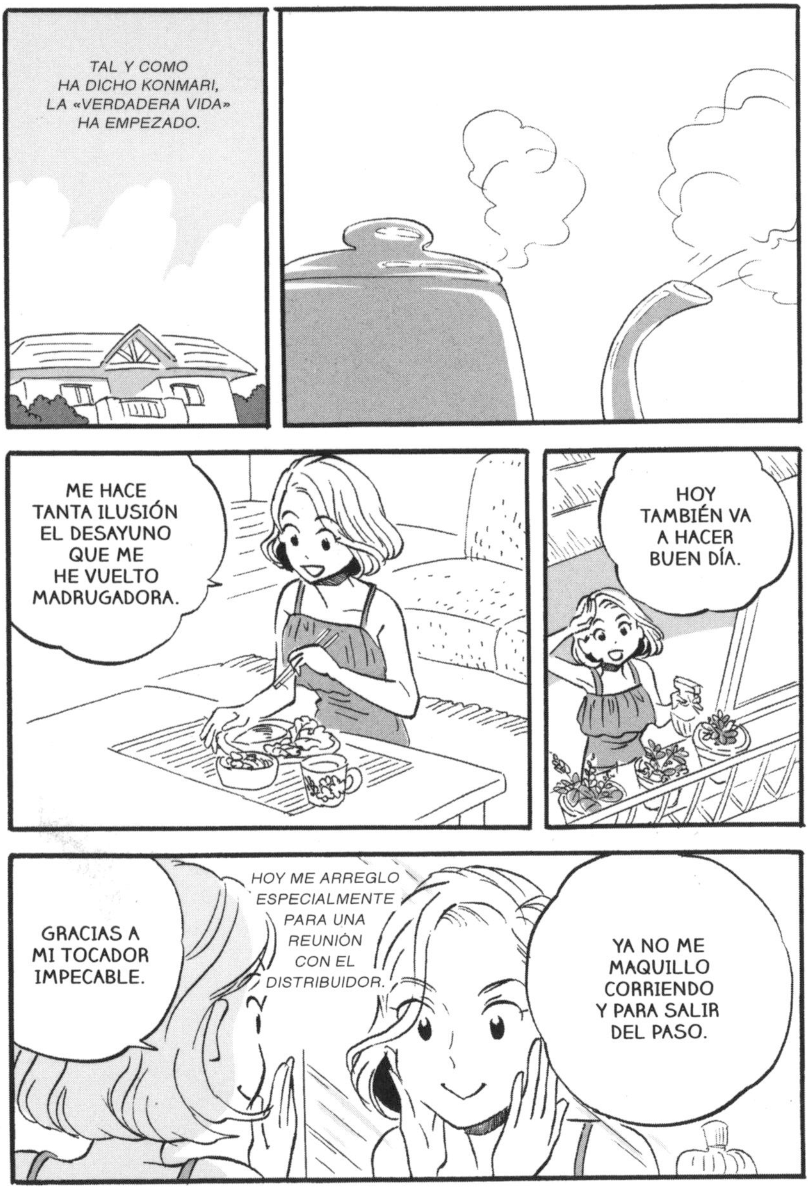
TAL Y COMO HA DICHO KONMARI, LA «VERDADERA VIDA» HA EMPEZADO.
ME HACE TANTA ILUSIÓN EL DESAYUNO QUE ME HE VUELTO MADRUGADORA.
HOY TAMBIÉN VA A HACER BUEN DÍA.
GRACIAS A MI TOCADOR IMPECABLE.
HOY ME ARREGLO ESPECIALMENTE PARA UNA REUNIÓN CON EL DISTRIBUIDOR.
YA NO ME MAQUILLO CORRIENDO Y PARA SALIR DEL PASO.

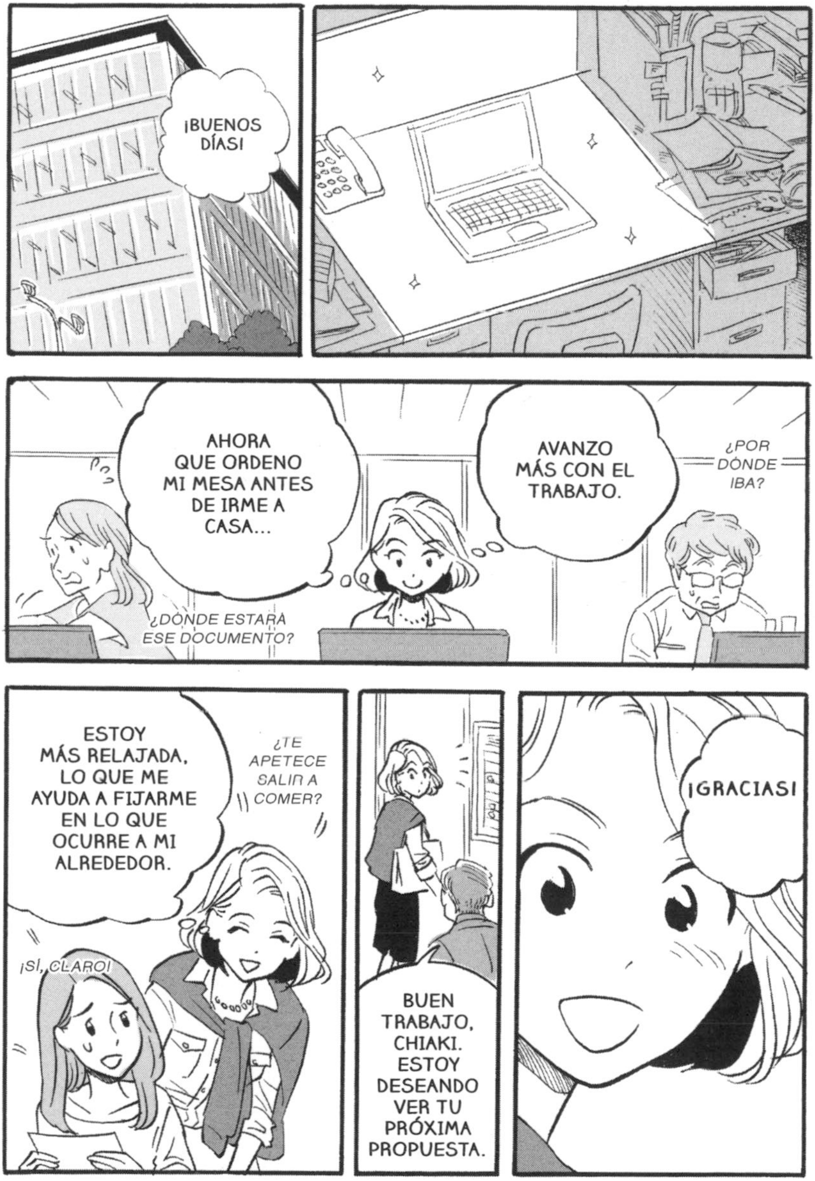
¡BUENOS DÍAS!
AHORA QUE ORDENO MI MESA ANTES DE IRME A CASA...
AVANZO MÁS CON EL TRABAJO.
¿POR DÓNDE IBA?
¿DÓNDE ESTARÁ ESE DOCUMENTO?
ESTOY MÁS RELAJADA, LO QUE ME AYUDA A FIJARME EN LO QUE OCURRE A MI ALREDEDOR.
¿TE APETECE SALIR A COMER?
¡SÍ, CLARO!
BUEN TRABAJO, CHIAKI. ESTOY DESEANDO VER TU PRÓXIMA PROPUESTA.
¡GRACIAS!

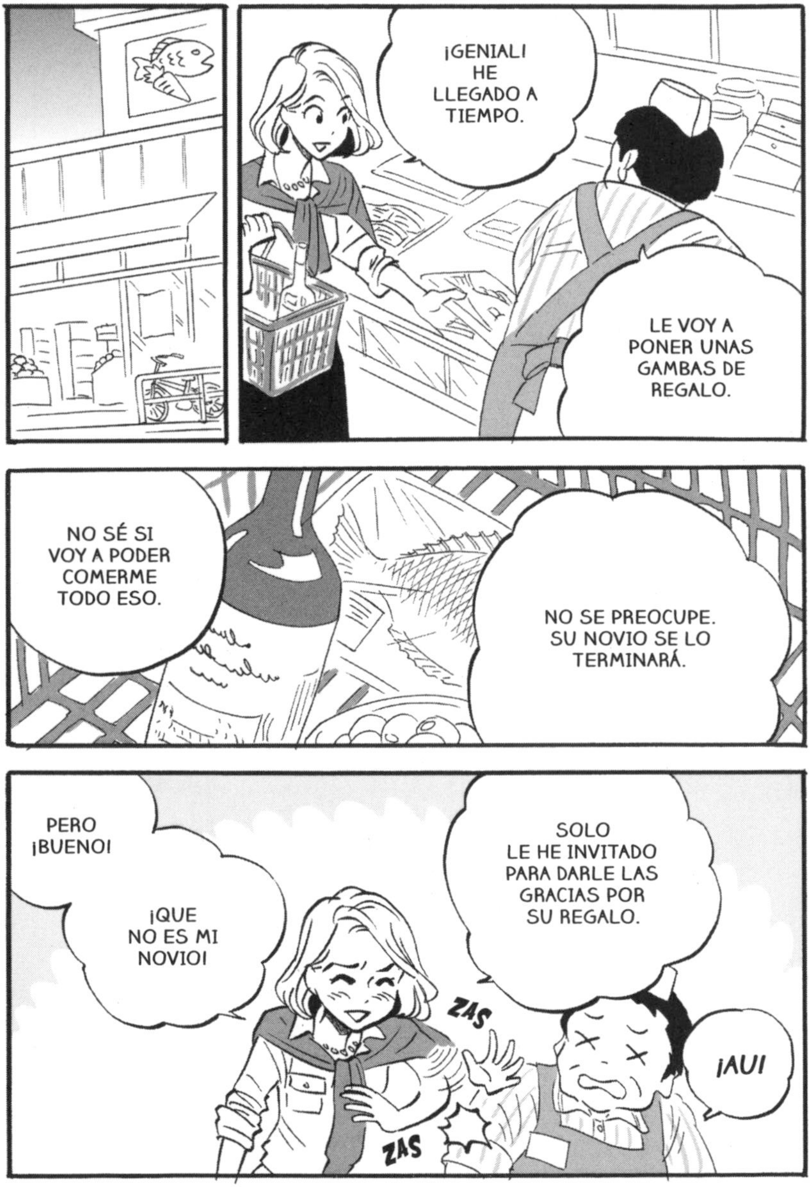
¡GENIAL! HE LLEGADO A TIEMPO.
LE VOY A PONER UNAS GAMBAS DE REGALO.
NO SÉ SI VOY A PODER COMERME TODO ESO.
NO SE PREOCUPE. SU NOVIO SE LO TERMINARÁ.
PERO ¡BUENO!
¡QUE NO ES MI NOVIO!
SOLO LE HE INVITADO PARA DARLE LAS GRACIAS POR SU REGALO.
ZAS
ZAS
¡AU!

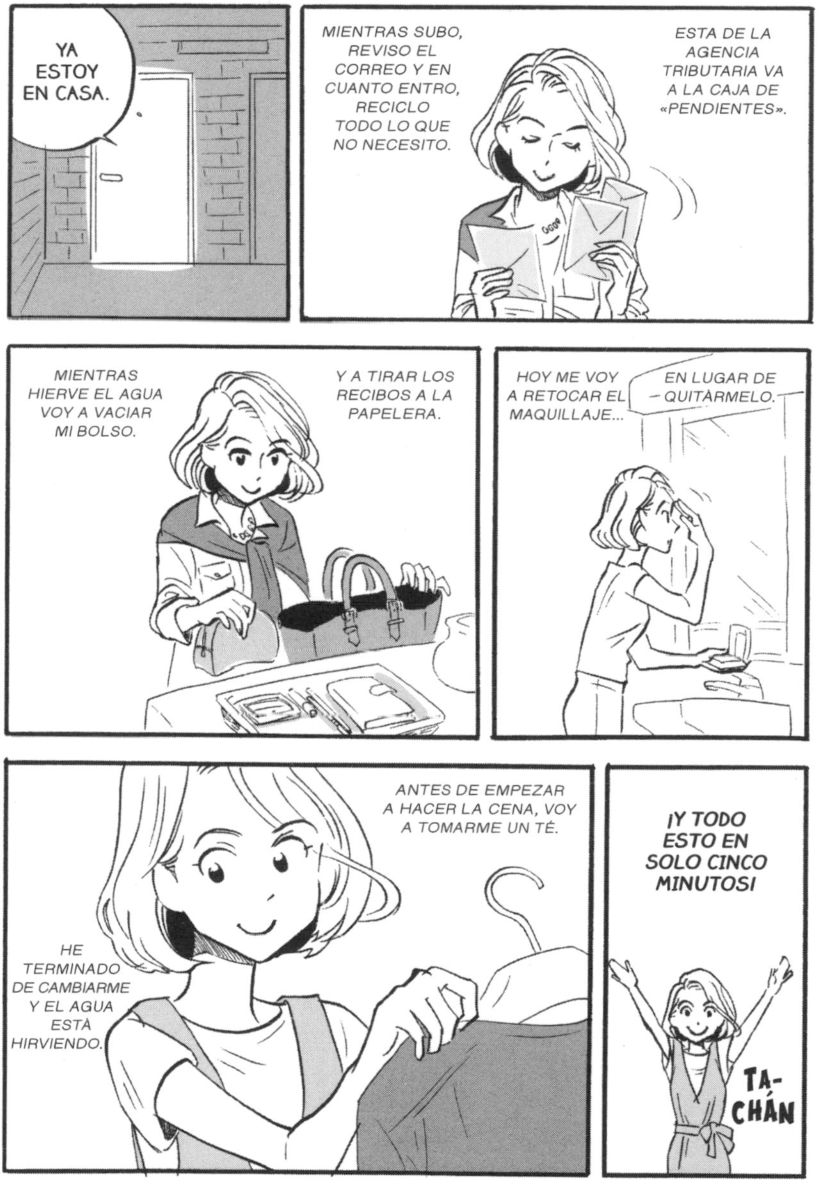
YA ESTOY EN CASA.
MIENTRAS SUBO, REVISO EL CORREO Y EN CUANTO ENTRO, RECICLO TODO LO QUE NO NECESITO.
ESTA DE LA AGENCIA TRIBUTARIA VA A LA CAJA DE «PENDIENTES».
MIENTRAS HIERVE EL AGUA VOY A VACIAR MI BOLSO.
Y A TIRAR LOS RECIBOS A LA PAPELERA.
HOY ME VOY A RETOCAR EL MAQUILLAJE...
EN LUGAR DE QUITÁRMELO.
ANTES DE EMPEZAR A HACER LA CENA, VOY A TOMARME UN TÉ.
HE TERMINADO DE CAMBIARME Y EL AGUA ESTÁ HIRVIENDO.
¡Y TODO ESTO EN SOLO CINCO MINUTOS!
TA-CHÁN

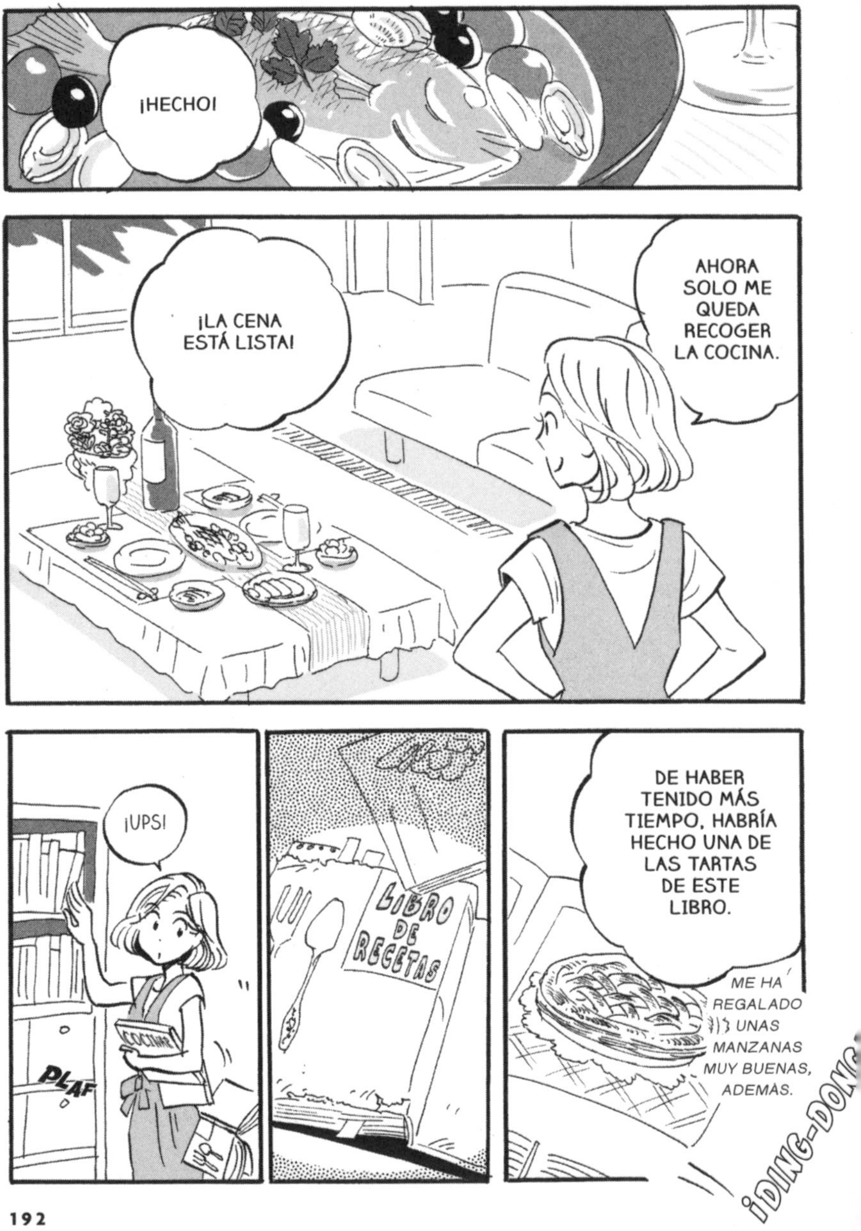
¡HECHO!
¡LA CENA ESTÁ LISTA!
AHORA SOLO ME QUEDA RECOGER LA COCINA.
¡UPS!
PLAF
LIBRO DE RECETAS
DE HABER TENIDO MÁS TIEMPO, HABRÍA HECHO UNA DE LAS TARTAS DE ESTE LIBRO.
ME HA REGALADO UNAS MANZANAS MUY BUENAS, ADEMÁS.
¡DING-DONG

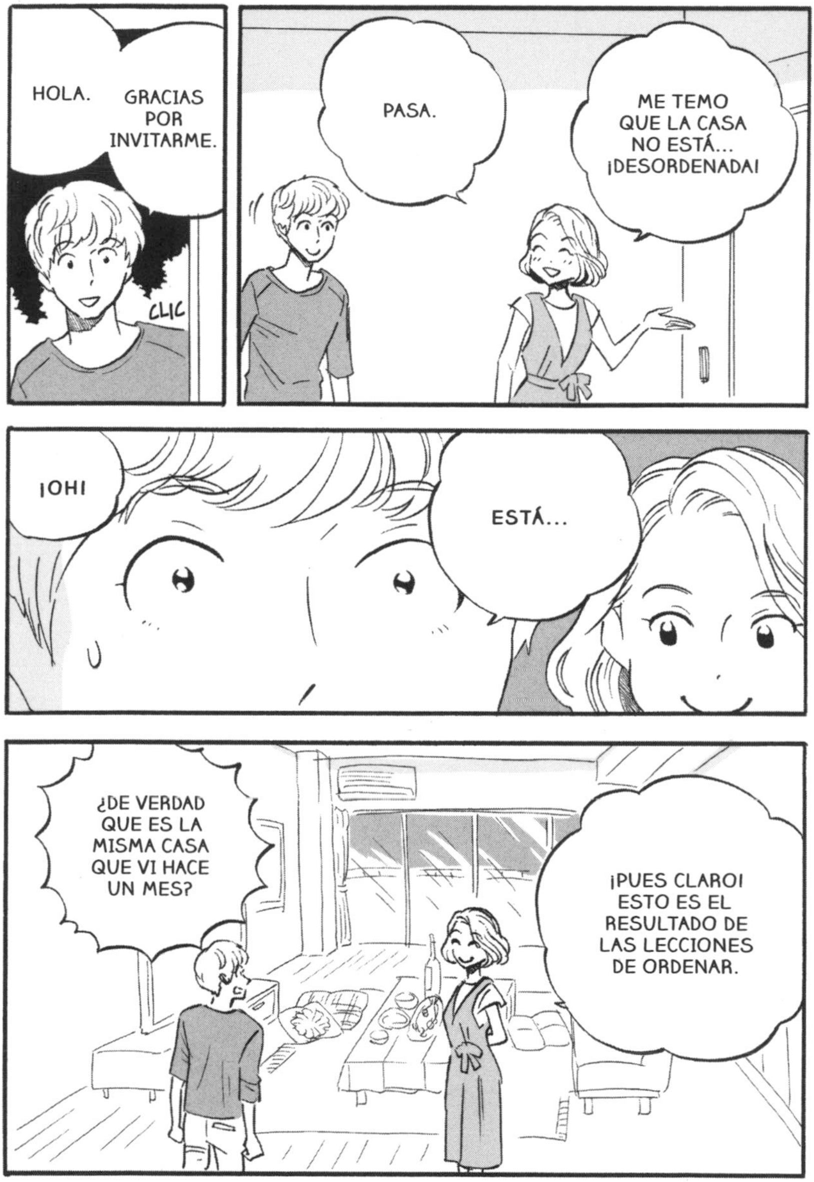
HOLA.
GRACIAS POR INVITARME.
CLIC
PASA.
ME TEMO QUE LA CASA NO ESTÁ... ¡DESORDENADA!
¡OH!
ESTÁ...
¿DE VERDAD QUE ES LA MISMA CASA QUE VI HACE UN MES?
¡PUES CLARO! ESTO ES EL RESULTADO DE LAS LECCIONES DE ORDENAR.

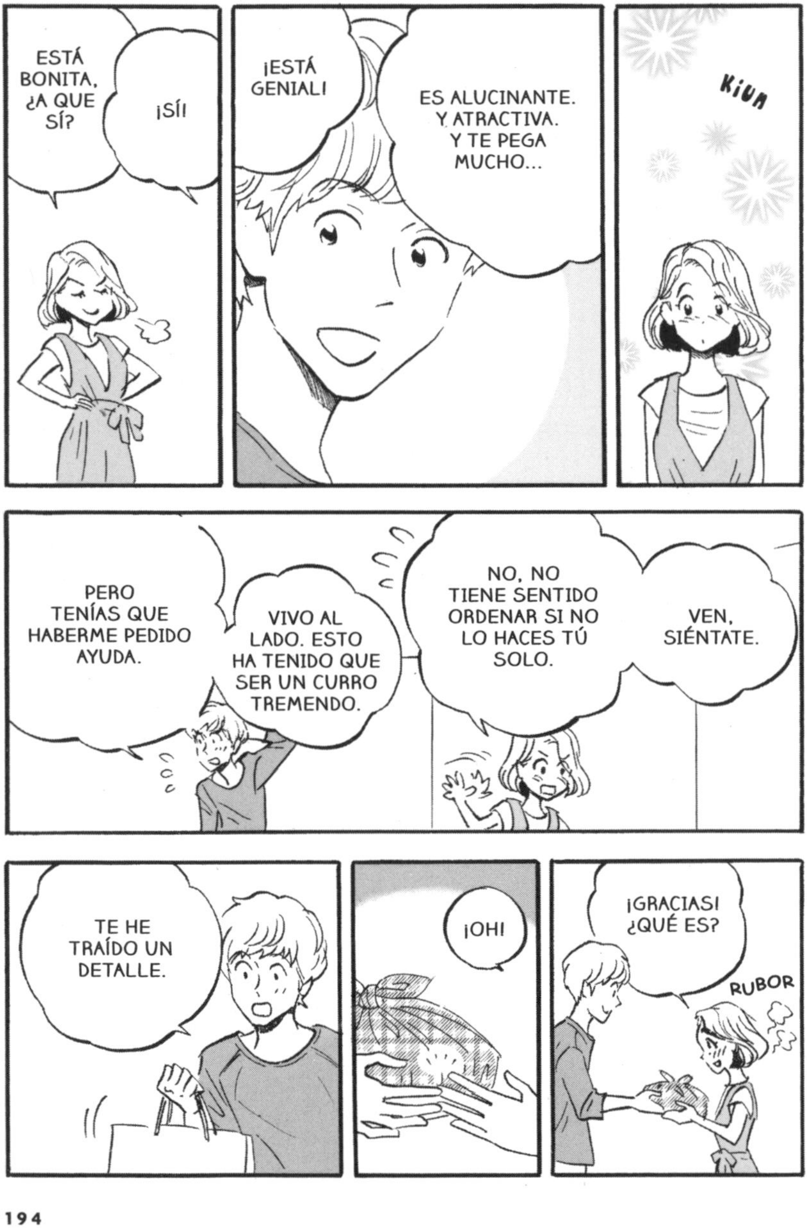
ESTÁ BONITA, ¿A QUE SÍ?
¡SÍ!
¡ESTÁ GENIAL!
ES ALUCINANTE. Y ATRACTIVA. Y TE PEGA MUCHO...
KIUN
PERO TENÍAS QUE HABERME PEDIDO AYUDA.
VIVO AL LADO. ESTO HA TENIDO QUE SER UN CURRO TREMENDO.
NO, NO TIENE SENTIDO ORDENAR SI NO LO HACES TÚ SOLO.
VEN, SIÉNTATE.
TE HE TRAÍDO UN DETALLE.
¡OH!
¡GRACIAS! ¿QUÉ ES?
RUBOR

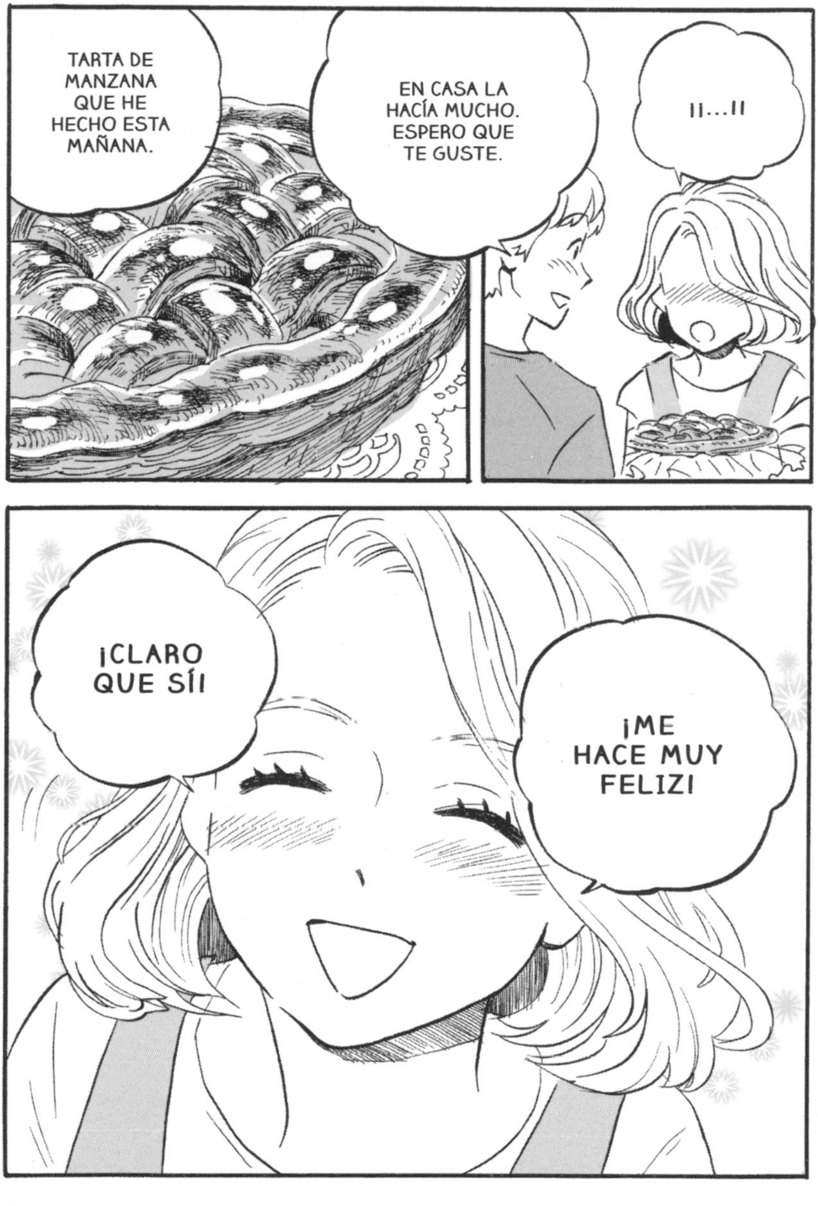
TARTA DE MANZANA QUE HE HECHO ESTA MAÑANA.
EN CASA LA HACÍA MUCHO. ESPERO QUE TE GUSTE.
¡¡...!!
¡CLARO QUE SÍ!
¡ME HACE MUY FELIZ!

epílogo

Como consultora de orden, he visto que ordenar trae felicidad a la vida de muchas personas.

El trabajo, las relaciones, enamorarse... La magia del orden influye positivamente en todos los aspectos de la vida.

Si quieres más felicidad en tu vida, prueba a ordenar siguiendo los consejos de este manga. El efecto será mayor de lo que te esperas.

Espero que ordenando experimentes felicidad todos los días de tu vida.